Revue

des

Langues Romanes

REVUE DES LANGUES ROMANES

*

La REVUE DES LANGUES ROMANES publie un tome annuel, numéroté en chiffres romains et livré en deux volumes.

*

Les ABONNEMENTS sont reçus pour une année, soit deux numéros.
Prix de l'abonnement pour 2015 :
Particuliers : 40 € – Prix à l'unité : 27 € – Libraires et institutions : 50 €.
Frais de port : – France : 9 € ; – Étranger : 10 €.

Le paiement peut se faire par chèque bancaire, chèque postal ou virement
TG10071 34000 00001003694 76
Le règlement est à adresser à M. le régisseur des recettes des PULM
Presses universitaires de la Méditerranée — PULM,
17 rue Abbé-de-l'Épée, F-34090 Montpellier (FRANCE)

Revue

des

Langues Romanes

Tome cxx

Annee 2015

N° 2

Presses universitaires de la Mediterranee

Table des matières

2. Varia

3. Critique

ASPECTS DU XVIIIe SIECLE OCCITAN

Études réunies par Jean-François COUROUAU

Présentation

Des trois siècles qui composent la période moderne (XVIe, XVIIe, XVIIIe siècles), le XVIIIe siècle a été sans conteste, jusqu'à présent, le moins étudié pour ce qui ressortit à la création dans ce que nous appelons, de nos jours, l'occitan ou langue d'oc. Coincé entre le moment « baroque » (fin XVIe-XVIIe siècle), identifié par Robert Lafont dans les années 1950-1970 et relativement travaillé depuis, et le renouveau du XIXe siècle, bien éloigné de la prestigieuse période médiévale, ce siècle n'a guère suscité de travaux en dehors des études magistrales d'Emmanuel Le Roy Ladurie et de Philippe Gardy sur Jean-Baptiste Fabre et du même Philippe Gardy sur Jean de Cabanes. La récente publication d'une synthèse sur cette période (*La langue partagée. Écrits et paroles d'oc. 1700-1789*, Genève Droz, 2015) devrait fournir l'occasion de porter un nouveau regard sur une production que, faute de l'avoir examinée de près, on a peut-être un peu rapidement classée dans les périodes d'atonie, voire de déclin. On sait ce que valent en général ces types de classification. Loin de cette idée reçue, la création de langue occitane au XVIIIe siècle ou, pour le dire vite : le XVIIIe siècle occitan, se signale par sa vitalité et sa diversité dans des domaines certes consacrés par la tradition littéraire, comme la poésie ou la comédie, mais aussi très largement renouvelés grâce à un ensemble hétérogène de pratiques qui nous apparaissent rétrospectivement comme autant d'expérimentations osées. Il faudra parfois attendre plusieurs décennies avant que ne soient à nouveau empruntées des voies que les auteurs du XVIIIe siècle semblent bien avoir été les premiers à ouvrir

Le dossier que nous présentons ici aux lecteurs de la *Revue des langues romanes* s'inscrit dans la continuité du projet réalisé dans le cadre de la Bibliothèque des Lumières des éditions Droz *La langue partagée…*). Dans ce dernier ouvrage, il est fait mention à plusieurs reprises d'un précieux manuscrit, conservé au CIRDOC, le *Recueil de vers provençaux de differens auteurs*, épais de 459 pages, rassemblant toutes sortes de textes (poésie, théâtre, chanson) du XVIIIe provençal. On doit l'identification de son auteur – ou maître d'œuvre – à l'historien Régis Bertrand. Celui-ci a le premier reconnu dans son possesseur la figure du collectionneur marseillais François Michel de Léon, autour duquel gravite tout un milieu marseillais que, grâce à l'étude que livre dans ce numéro Régis Bertrand, l'on cerne à présent infiniment mieux. Rassemblant 90 textes, la plupart totalement inédits, ce manuscrit constitue une source absolument remarquable pour l'étude de la poésie provençale du XVIIIe siècle et, en même temps, pour la connaissance d'une forme de sociabilité qui passe non seulement par la littérature – cela n'a rien de rare au XVIIIe siècle – mais aussi par la littérature *en provençal*. En identifiant, pour chaque pièce du manuscrit, les noms de personnes et de lieux qui y sont contenus, Régis Bertrand pose une nouvelle pierre d'une recherche qui s'annonce féconde.

Parmi les auteurs les plus présents dans ce manuscrit, directement ou à travers des jugements critiques, pas toujours laudateurs, du reste, figure en bonne place le poète marseillais Jean-Baptiste Germain. En m'appuyant sur un ensemble de textes imprimés conservés à la Bibliothèque Sainte-Geneviève à Paris, je tente, pour ma part, de retracer un itinéraire poétique qui n'est peut-être exemplaire que de lui-même, mais mérite, du fait de la position sociale de son auteur (il est consul au Levant et à Alger) et de la nature de sa production, qu'on s'y intéresse de près.

La vitalité de la comédie de langue occitane n'est plus à démontrer. Philippe Gardy revient sur une œuvre, *Lou Proucez de Caremmentrant*, qui s'inscrit dans la tradition carnavalesque à l'étude de laquelle il a consacré de nombreuses études fondatrices. Tirant profit d'une édition datée de 1700, conservée dans le fonds Coquebert de Montbret de la bibliothèque de Rouen, Ph. Gardy fait remonter d'un demi-siècle, quasiment, l'histoire d'un texte qu'on connaissait jusque là grâce à l'édition procurée en

1985 par Claude Mauron à partir d'un exemplaire de 1747. Ce faisant, il situe cette comédie dans un temps long qui plonge ses origines, au moins, dans les dernières années du XVIe siècle ou les premières du XVIIe – avec Claude Brueys – et descend jusqu'au cœur du XIXe siècle. Une telle fortune est le signe – sans doute parmi d'autres – d'une continuité qu'on aurait tort de croire interrompue par la Révolution.

Créer en occitan, ce n'est pas seulement écrire un texte littéraire en occitan. C'est aussi chanter. Xavier Bach et Pierre-Joan Bernard ont entrepris, depuis quelques années, de rassembler le vaste corpus des chansons profanes de langue occitane antérieures à la Révolution. De la masse abondante de données qu'ils ont ainsi accumulée et dont rendent régulièrement compte des contributions stimulantes, ils ont extrait une étude centrée sur un des rares auteurs de chansons dont on connaisse l'identité, l'abbé Morel, né en Provence mais attaché au Languedoc et, singulièrement à Montpellier.

L'une des grandes particularités, enfin, de l'activité déployée, au siècle des Lumières, autour de la langue d'oc, réside dans la vitalité de la pratique lexicographique. Au siècle de l'Encyclopédie, mais dès avant l'entreprise de Diderot et d'Alembert, les dictionnaires fleurissent. David Fabié complète la vaste description qu'il a réalisée dans le volume paru chez Droz par la découverte, à la bibliothèque de Clermont-Ferrand, d'un bref manuscrit qui se rattache aux milieux bas-languedociens, et, plus précisément, nîmois. L'auteur garde son mystère mais il évoque irrésistiblement les travaux – que visiblement il connaît – de cet abbé René Séguier, récemment exhumé par François Pugnière et Claire Torreilles.

Parmi les dictionnaires récemment découverts, celui conservé aux Archives départementales du Gard sous le titre de *Dictionnaire languedocien*, avait justement attiré l'attention de Claire Torreilles. Lorsqu'elle présentait, en 2014, ce volume à la communauté scientifique, l'auteur lui résistait. Ce n'est plus le cas aujourd'hui puisque Claire Torreilles, à force de ténacité, est parvenue à l'identifier. On n'en dira pas plus ici, le lecteur curieux lira sa contribution…

« Qui cherche, trouve », nous enseigne la sagesse des nations. Les quelques résultats présentés dans ce numéro attestent du bien-fondé d'une attitude qu'on n'avait guère adoptée à l'égard d'une matière bien plus vaste et bien plus riche qu'on ne l'avait cru. De nouveaux chantiers s'ouvrent, en attendant – espérons-le ! – d'autres belles découvertes.

Jean-François Courouau
Université Toulouse-Jean-Jaurès
PLH-ELH
LAHIC (IIAC, CNRS)

Le *Recueil de vers provençaux de differens auteurs* de François Michel de Léon (CIRDOC, ms. 1164) ou les loisirs des notables marseillais du XVIIIe s.

Le CIRDOC a acquis récemment un manuscrit de 459 pages intitulé *Recueil de vers provençaux de differens auteurs* qui porte désormais la cote ms. 1164. Il vient éclairer d'un jour nouveau la création et la sociabilité en provençal au sein d'une partie de l'élite marseillaise du XVIIIe siècle et il offre un ensemble important d'œuvres jusqu'ici inconnues. Afin d'aider les études que ces textes devraient susciter, je me suis efforcé d'identifier l'origine de ce manuscrit, de relever les mentions topographiques et les allusions historiques permettant de situer et dater certaines de ses pièces et de donner dans la mesure du possible quelques précisions biographiques sur les personnages qui y sont cités ou les auteurs auxquels sont attribuées certaines d'entre elles. Cette recherche, réalisée en un laps de temps très bref, est éminemment perfectible.

Ces relevés indiquent que le ms. 1164 est d'origine marseillaise. Sur la page qui précède le titre est collé un exemplaire d'un portrait gravé anonyme, qu'il est aisé de reconnaître comme celui du collectionneur et érudit marseillais François Michel de Léon, qui est d'ailleurs cité dans plusieurs textes. Il est reproduit par Teissier et Samat (1904, 121). Ces deux auteurs le donnent à C.-H. Watelet à la suite d'É. Perrier (1897, 357) alors que le manuscrit semblerait suggérer une attribution à un « sieur Evangelista ». Le titre manuscrit est dans un encadrement gravé (ici par Martinet à Paris) selon un principe que l'on retrouve dans d'autres manuscrits de Michel de Léon. L'écriture correspond à celle de ces manuscrits, qu'il s'agisse de sa propre main ou de celle d'un secrétaire. Ce recueil n'est pas tout à fait inconnu. Il a été signalé à la fin du XIXe siècle par le baron Perrier dans la notice qu'il a consacrée à Michel de Léon : son titre achève l'« énumération des ouvrages restés malheureusement inédits que

Michel de Léon avait composés pendant ses loisirs » (Perrier 1897, 358). É. Perrier se fondait sur un de ses manuscrits, le *Catalogue littéraire et raisonné de ma bibliothèque*, communiqué par le collectionneur aixois Paul Arbaud, qui est conservé au musée Arbaud (Académie d'Aix, MQ 206). Le musée étant en réfection, il est actuellement en caisse et n'a pu être consulté.

Michel de Léon est qualifié par Claude-François Achard (1787, IV, 3) de « vrai curieux dans tous les genres ». Il aurait possédé plus de 1800 ouvrages imprimés ou manuscrits sur la Provence. É. Perrier, qui a recueilli nombre de souvenirs oraux sur les collectionneurs des générations qui avaient précédé la sienne, assure que « ce qu'il ne pouvait posséder en original, Michel de Léon le faisait copier » (Perrier 1897, 355). Cela se vérifie assez bien dans ce recueil. S'y trouvent rassemblées des pièces qui semblent majoritairement inédites – certaines pouvant difficilement d'ailleurs être imprimées alors. Un petit nombre semblerait avoir connu l'édition, sous forme d'occasionnels ou dans une livraison de revue ou un recueil. On n'y trouve pas en revanche les *Fables* de Gros ou *La bourrido deis Dieoux* de Jean-Baptiste Germain, car Michel de Léon possédait sans doute un ou des exemplaires de l'ouvrage imprimé. On note deux versions successives de la même pièce de l'abbé Thobert, la première fortement corrigée. À cette date, ce livret n'est pas encore publié et ses éditions présentent des variantes avec les textes du manuscrit. D'autres recueils provenant du cabinet de Michel de Léon, qui ne publia rien, présentent cet aspect de manuscrit de travail.

Michel de Léon, collectionneur et érudit marseillais

François Michel, né à Marseille le 1er février 1727, mort dans la même ville le 17 janvier 1800, appartenait à une famille de notables originaire d'Allauch, bourg proche de Marseille, qui avait connu une lente ascension sociale par achat d'offices (Bertrand 1992, 44-45 ; Bertrand 2001, 232). Héritier en 1775 de son cousin germain, l'écuyer Joseph-Louis de Léon, il ajouta à son patronyme celui de Léon. Il fut d'abord juge d'Allauch. Ses biographes signalent qu'il fut subdélégué général de l'intendant de Provence ; il exerçait effectivement cette charge à la date du 18 janvier 1772 lorsqu'il fut reçu à l'Académie de peinture et sculpture de Marseille au titre de membre « honoraire amateur ». Le 9 mai 1777 enfin, F. Michel de Léon achetait un office de trésorier général de France au Bureau des finances d'Aix, charge peu absorbante qui allait lui permettre de se consacrer à ses collections.

F. Michel de Léon habitait à Marseille, rue de la Darse (23 rue Francis-Davso), dans un petit hôtel particulier de trois fenêtres de façade. Le mathématicien suisse Jean Bernoulli (1710-1790) qui lui rendit visite lors de son passage à Marseille en 1774 signale :

> la bibliothèque de M. Michel de Léon trésorier général de France en la généralité d'Aix. La partie de la littérature provençale y est très nombreuse. La bibliothèque est précédée d'un salon orné de beaux tableaux, de morceaux de sculpture, de pièces de mécanique, de porcelaines, et d'un cabinet en dessins et estampes précieuses. Cette collection referme aussi une jolie suite de monnaies marseilloises. Dans la cour de la maison de M. Michel, on voit deux bas-reliefs et deux cyppes trouvés dans Marseille ; tous ces monumens sont grecs. (Bernoulli 1777, II, 241)

Michel de Léon possédait également une bastide au quartier alors rural de Saint-Giniez. Il vendit ce domaine en 1786 au négociant Basile Samatan, dont on retrouve dans le manuscrit le nom, aux côtés d'autres de ses parents. B. Samatan la fit dessiner par J.-J.-X. Bidauld à la veille de la Révolution avec la légende « Château de l'Enclos, près la Garde, à Mr Samatan » (reproduction Aillaud et al. 2011, 90). Le dessin montre cette maison de campagne caractéristique de la Provence marseillaise et aixoise, au toit à quatre pentes, et les bâtiments de la ferme sur le côté, dans son environnement encore sylvestre, dominée par le fort et la chapelle de Notre-Dame de la Garde qui se profilent à l'horizon. La bastide de Michel de Léon subsista en bordure de la rue Daumier, issue d'une traverse aménagée au début du XIXe siècle au détriment de son parc. Elle était intégrée au lycée privé des Sœurs de Saint-Joseph de Cluny. Le Comité du Vieux-Marseille s'était ému en 2013 d'une pancarte annonçant une construction nouvelle placardée sur sa façade. La direction de l'établissement lui avait donné l'assurance qu'elle serait préservée. En fait il ne fallut que quelques heures à une pelle mécanique le 24 octobre 2013 pour la réduire à un tas de décombres.

La bibliothèque de François Michel de Léon semble avoir été vendue à partir de 1834, à la mort de son fils (Bertrand 1992, 45-47). Le nom du collectionneur n'a longtemps survécu que grâce à la « Collection Michel de Léon », recueil factice en 33 volumes où il a rassemblé la quasi-totalité des occasionnels et brochures publiés à Marseille entre 1789 et 1792 – dont quelques-uns en occitan, publiés dans Mauron-Emmanuelli (1986) et Rémuzat (1988). L'ensemble a été acquis par la bibliothèque de Marseille lors de la dispersion de la bibliothèque de Bouillon-Landais en 1873. D'autres manuscrits sont réapparus au cours du XXᵉ siècle. Trois, dont la version définitive de son précieux *Voyage pittoresque de Marseille*, ont été achetés par la bibliothèque de Marseille en 1990 (Bertrand 1992). D'autres sont au musée Arbaud à Aix ou à la Bibliothèque nationale de France.

Étude du manuscrit

Voici le relevé des patronymes et toponymes – si ces derniers ne sont pas davantage précisés, ils se situent à Marseille, en général dans le terroir. Cette recherche doit beaucoup à l'aide précieuse que m'a apportée Georges Reynaud, d'Aix-Marseille université, excellent connaisseur du XVIIIᵉ siècle marseillais. Outre les registres de l'état civil marseillais, désormais numérisés aux archives des Bouches-du-Rhône, ont été particulièrement utilisés Grosson (1779), Masson (1931), Stéfanini (1969), Carrière (1973) et Merle (1990). Sont mentionnées les pièces du recueil qui ont été ultérieurement publiées – non sans variantes par rapport à ce manuscrit –, par Jean-François et Théodose Achard, imprimeurs, fils du provençaliste C.-F. Achard, dans *Lou bouquet prouvençaou vo leis troubadours revioudas* (1823).

1 - *La Festo de Monsu Bernard, ou lou vol de la cavalo*, anonyme, p. 1-12. Évoque les fêtes à l'occasion de la naissance du dauphin Louis de France en 1729, « *dins lou cartié de San Geniè* » et apparemment dans la bastide de M. Bernard « *un cirurgien celebre* ». Il peut s'agir de son prénom car le texte est moqueur à son égard. *Bouquet prouvençaou*, 1-8.

2 - *A M. Germain sur son poëme intitulé : La bourido dei dioux*, anonyme, p. 13. Jean-Baptiste Germain, Marseille, 1701-1781, consul au Levant, agent de la Compagnie royale d'Afrique, auteur de *La Bourrido dei Dieoux, pouémo* (Marseille, 1760, 20 p. et *Bouquet*

prouvençaou, 68-86). Il était depuis 1757 honoraire amateur de l'Académie de peinture de Marseille, comme Michel de Léon (Grosson 1779, 261). Liste de ses œuvres : Achard, 1787, IV, 365.

3 -   *Critique du Poëme de M. Germain intitulé : La Bourido deis dioux par M. le chevalier de Cugis*, p. 14-20. En marge : « Imprimé ». Cite le Cours, *Mauchuan* (Melchior : surnom de Germain ? voir n° 51), Raspau – « empirique qui guérit les foux » selon une *marginalia* –, [Antoine-Louis de Chalamont de] La Visclède, 1692-1760, secrétaire perpétuel de l'Académie de Marseille, « *l'imbecillé Bétendié* » (sans doute le chevalier Jean-Baptiste de Baptendier, auteur de *Lou tableou de l'amour sacra et daou profane*, 1775, qui habitait Marseille), rappelle la localisation de la bastide évoquée par Germain, « *eis planos de San Troün, a santo Margarido* »[1]. Peut-être Surléon de Glandevès de Cuges, dernier de sa branche, qui sera marquis en 1771, ou un membre de la famille marseillaise Decuges/de Cuges ou Cugis ?

4 -   *Remountrançòs a Monseignour Louis Sextius de Jarente Eveque d'Ourleans*, anonyme, p. 20-26. Un prêtre « secondaire » se plaint de ses conditions de vie et demande que l'évêque lui attribue des bénéfices. L.-S. de Jarente, Marseille, 1706-Meung-sur-Loire, 1788, évêque de Digne (1747-1758) puis d'Orléans a été ministre de la feuille des bénéfices de 1757 à 1771. Louis XV, *lou ben amat*, est cité. D'après un imprimé de 1758 (Méjanes, F 884 (3) p. 12).

5 -   *Avanturo doou Lebraou*, anonyme, p. 27-34. *Bouquet prouvençaou*, 9-14 ; serait, selon la préface de cet ouvrage, d'un abbé anonyme et aurait été imprimée en 1756. D'après un imprimé daté de 1758 (Méjanes, F 884 (3) p. 10).

6 -   *Cansoun prouvençalo* (avec air noté), anonyme, p. 35-37. De 1756 : cite [Michel Barrin de] La Galissonnière, 1693-1756, vainqueur à Port-Mahon (*Mahoun*) en 1756. L'expédition de Minorque est partie de Toulon et y est revenue.

7 -   *Enigmo*, anonyme, p. 37. « Le mot de cette enigme est la *niero* ».

8 -   *Odo oou Rey de Prusso par M. Germain*, p. 38-44. Des notes précisent qu'il s'agit de Frédéric II le Grand, roi de 1740 à 1786, et que « l'auteur de cette ode réside à Alger ». Cite auprès du roi « *Voltaire, Maupertuis, d'Argent* (sic) », évoque les défaites de Charles-Alexandre de Lorraine en 1742 et 1745, fait allusion à la

paix d'Aix-la-Chapelle (1748). Antérieur au début de la guerre de Sept ans, où le roi de Prusse est adversaire de la France.

9 - *La Fayoulado, conté su la bourido de Madame B… par M. Germain*. p. 45-54. Une note marginale indique que cette œuvre est citée dans son *Apologie pour la Bourrido deis dieoux*, avec l'indication « *adressado à madamo veuzo Boule* ». Peut-être Élisabeth Durand, épouse le 10 novembre 1729 de François Boul(l)e, négociant, fils de Pierre Boule, premier échevin en 1707-1709, et d'Anne Nogaret ? Ce nom est suivi de la mention entre parenthèses : « petit paris », non élucidée.

10 - *Lettro*, anonyme, p. 55-56. Même texte que le n° 40.

11 - *Vers pour estre més au bas dau Pourtret de mestré Annibal, grava per Moussu Laurens*, anonyme ? p. 56. Portrait d'Annibal Camous, le pseudo-centenaire marseillais, Nice, 1669 et non 1638-Marseille, 1759 (Bertrand 1997), eau-forte de Laurent d'après Henry d'Arles, 25,5 x 24 cm, avec deux quatrains en français. Allusion à des portraits par Panon (un des fondateurs de l'académie de peinture de Marseille en 1752, œuvre non signalée à ce jour), Vernet (A. Camous est représenté dans l'*Entrée du port de Marseille*, 1754, Musée du Louvre). A. Camous a été « *cantat per Biscontin* » : auteur de ce texte ?

12 - *Le Nouveau Lutrin ou l'Evasion des filles du Refuge de Marseille : Poeme provençal par M. le chevalier d'Arvieux, cy devant ambassadeur de France à la Porte, commandeur de l'ordre de s. Lazare et conseiller d'Etat*, p. 57 (titre), 58-59 (« Argument » en français), p. 60-81. Laurent d'Arvieux, Marseille, 1635-1702, orientaliste, diplomate et voyageur, consul en Syrie et à Alger. Il se fixa en 1689 à Marseille. Il doit s'agir de la révolte et de l'évasion de 1696 (Espeut 1945, 22), les suivantes étant postérieures à sa mort. Cite l'abbé Bougerel, chanoine de la cathédrale (la Major), supérieur du Refuge, qui doit affronter les révoltées soutenues par la « populace marseillaise » ; Arvieux intervient alors – l'analogie avec le *Lutrin* de Boileau est lointaine. Il semble curieux que l'auteur soit d'Arvieux, dont le texte parle à la troisième personne et mentionne sa « *facho de mounino* ». Mais l'« Argument » l'affirme, de même qu'Achard (1786, III, 40) qui cite neuf vers, dont celui que l'on vient d'indiquer, par lesquels l'auteur se serait décrit. Michel de Léon est signalé en 1779 parmi les directeurs honoraires du Refuge (Grosson 1779, 133).

13 - *M. Germain, auteur des Dieux (sic) s'étant donné le titre d'avocat de la Bourido dans une partie de campagne, les personnes qui assistèrent à cette partie prirent pour répondre a cette partie le titre de tribunal des marbres devant qui la cause fut plaidée, cette première plaisanterie donna lieu au brevet suivant*, anonyme, p. 82-85. *Marbrés* dans le texte : au sens dérivé de *marbra*, « toqué, piqué » ? Cite Francoüer, défini en marge comme « soldat invalide qui par démence s'étoit emparé du château de Ratonneau après en avoir expulsé ses camarades » – cette occupation pendant deux jours d'une île de la rade eut lieu en octobre 1765 –, et « Bouëno esperanço », selon une *marginalia*, « mandiant anglais qui faisait des sermons ridicules dans les carrefours ».

14 - *Epigrammo su d'un bouticarié que vendiè de Liquours*, anonyme, p. 85-86.

15 - *Pourtré d'uno laido quaviè de pretentien sur tout*, anonyme, p. 86-87.

16 - *Vers par M. Germain sur quelques sermons preches a Marseille en 1771. Par le R.P. Hervier*, p. 87-90. Sans doute le P. Charles Hervier, Chaumont, 1743- ?, 1820, grand-augustin – précision donnée dans la seconde version au n° 86 –, surtout connu comme propagateur du mesmérisme. Suivi de *Reponse aux jaloux du Pere Hervier*, p. 90-91 (semblerait la fin du texte de Germain car n'est pas signalé dans la table – cette pièce n'est pas reprise au n° 86).

17 - *Noel*, « *Nautreis sian tres boumians* », p. 92-93. Célèbre noël, publié en particulier dans Dubreuil (127 sq). Voir au n° 88.

18 - *Satyre par M.* [un blanc] *Artaud, pere du feu avocat du Roy de la police de Marseille*, p. 94-103. Jean-Paul Artaud, père de Louis Artaud (1700-1763), ce dernier connu comme poète en provençal (Brun 1960).

19 - *La counversatien deis paurés eme sa querello per Moussu Izoüard*, p. 104-170. Semble des années 1720-1723. *In fine*, p. 170, un renvoi de 11 vers avec mention : « corrigé par Bambay ». Allusions à la peste, p. 147. Mentions de la Tourette, la collégiale Saint-Martin, Notre-Dame des Accoules, Saint-Ferréol. P. 112, « *aqueou Moussu d'Orlant* », Philippe d'Orléans, régent de 1715 à 1723. Un des personnages, La Terreur, ancien soldat mercenaire, a, selon ses propos, participé à la guerre de Succession d'Espagne. Peut être du père de Jean-Paul Izouard, négociant, 2ᵉ échevin en 1773, ancien intendant de la santé – ou éventuellement de ce dernier ; il a été en 1764 directeur du Bureau charitable (Michel de

Léon l'a été en 1759) ; lui succède en 1765 Joseph Marie Samatan, avocat (Grosson 1779, 143, 218 – et 178 : Nicolas Joseph Marie). *Bambaï ou Bambaÿ :* surnom que l'on peut rapprocher peut-être de *bamboio* « sornette ». La table porte cette indication à la ligne correspondant à la p. 327 : « *Bambai* (…) caché sous ce nom c'est Samatan cadet ». Je suggère l'hypothèse que Bambaï pourrait être ce Nicolas Joseph Marie Samatan. Né en 1742, il représente la branche cadette, dite « de Saint-Barthélemy »[2]. Au n° 76, il appelle Basile Samatan, issu de la branche aînée, « *moun cher cousin* » et ce dernier fait allusion à sa « garenne » de « *San Barthoumieou* ». Sur ce texte, v. Gardy 2015, 185-186.

20 - *Bouquet a Mad*[e] *Anne Michel de Léon pour le jour de sa fette par M. Girard pretre*, p. 171. Auteur non identifié. Ne figure pas dans Grosson 1779.

21 - *Vers pour être mis au bas du portrait de M. Michel de Léon gravé par le S*[r] *Evangelista par le meme*, p. 171. Artiste non identifié.

22 - *Vers sur M. Limojon de S*[t] *Didier et sur son poème comencé de Clovis*, anonyme, p. 172. Ignace-François Limojon de Saint-Didier, Avignon, 1669-1739, auteur de *Clovis, poème*, Genève, 1725 et de poésies provençales inédites (Stéfanini 1969, 382-383 ; Courouau 2015, 110-111). Texte antérieur à la publication. Cite Guillaume Sabatier, commissaire de quartier (d'Avignon ?). Serait dès lors le seul texte sans rapport avec Marseille.

23 - *Monsu Fresquiere Coumedie en un acte, en vers par M. Thobert*, p. 173-205 et 2 feuillets intercalés entre p. 192 et 193. Texte raturé et interligné, plusieurs pages cancellées. P. 204-205, vaudeville avec air noté. Note : « Cette comédie a été corrigée et mise telle qu'elle suit par M. Bambaï, voyez la page 411 – seconde version, n° 87. Père Pierre-Thomas Thobert, Gémenos, 1736-Marseille, 1777, prêtre du Sacré-Cœur, professeur de philosophie puis de théologie au séminaire du Bon-Pasteur à Marseille, a rédigé pour les pensionnaires et les congréganistes de la maison *Cristoou et Fresquiere ou la queue de l'âne arrachée* et *Mesté Mauchuan ou le Jugement de l'âne*, comédies bilingues. Son « noël », saynette paraliturgique faite de cantiques en latin et de noëls dialogués en français et provençal, est à l'origine de la *pastorale* marseillaise.

24 - *Cocq à l'ane en provençal*, anonyme, p. 207-220

25 - *Cansoun dei pelerins de San Zacharie*, anonyme, p. 220-224. Cite « *l'Uveaune* », qui traverse le terroir de cette ville du Var actuel.

26 - *Traduction du Psaume 1er Beatus vir qui non abiit in consilio impiorum par M. D. g. ville*, p. 225-226. Claude-Jacques Dageville ou d'Ageville, Marseille, 1723-1794, architecte, professeur d'architecture et de perspective à l'Académie de peinture de Marseille ; il en fut chancelier en 1782 et secrétaire perpétuel en 1790. Membre correspondant de l'Académie royale d'architecture, il dirigea à partir de 1753 les travaux de reconstruction de l'hôtel-Dieu sur les plans de Mansard de Sagonne, fut inspecteur du curage et des travaux du port, architecte de la ville et de la Chambre de commerce. Il publia aussi un *Éloge de Dandré-Bardon*. Connu comme provençalisant par la notice d'Achard (1787, t. IV, p. 504) et par celle du *Bouquet provençaou*, 87, qui donne plusieurs de ses textes, celui-ci est aux p. 103-105.

27 - *Paraphrase du Psaume [6] Domine ne in furore tuo arguas me etc, par M. D. g. Ville*, p. 227-229.

28 - *Le Temps ode par M. Corriol de Digne* [et en regard] *traduction de l'ode par M. D.g.ville*, p. 230-241. Hyacinthe Corriol, Digne 1710-1751, avocat au parlement, couronné deux fois par l'académie de Marseille et une fois par celle des Jeux floraux – pour cette ode, en 1744. Traduction reprise dans *Bouquet provençaou*, 93-98.

29 - *Vers a M. Jacques Floret, avocat en Parlement, de l'academie royalle des belles lettres, sciences et arts de Marseille en luy envoyant l'ode cy dessus* [par Dageville], p. 241-248. P. 245, l'auteur appelant le destinataire « *cher counfrero* », une note indique : « M. Floret et M. D.g.ville sont l'un et l'autre du Musée de Toulouse ». Jacques Floret, Marseille, 1729-Toulouse, vers 1799, négociant puis avocat au parlement de Toulouse. Élu le 27 décembre 1760 à l'Académie de Marseille, vétéran le 25 août 1782 lorsqu'il s'installe à Toulouse. *Bouquet provençaou*, 88-93.

30 - *Envoy a Mr Michel de Léon en luy addressant et l'ode et sa traduction et les vers a M. Floret*, p. 248-249. Dans le texte, mention de l'auteur, « Jacques (*lou mineur*) Dageville » et la date : 7 mars 1787.

31 - *Epitro a une Damo qu'ero partido per sa bastido, la veillo d'une pluegeo que duret cinq vo siès jours, et que fouguet tan fouèrto que la communicatien de la ville oou terradou fouguet qu'asy interceptado*, p. 250-253. « Par M. Dageville » selon la table. « *De san Loup prendrian lou camin / Courririan a vouestro bastido* ». Mention en ville de la « *carriero Baussenquo* ». Cite « Machuan Saquet » (?). Évoque

La Bourrido deis dieoux de Germain, « *de Gros succesour et rivau* ». L'auteur suggère que la pluie n'aura « *fin qu'en mille sept cens nonante* » et annonce sa visite pour « *dimenche que ven / vingt de septembre* ». Ce jour est un dimanche en 1789. *Bouquet provençaou*, 104-106.

32 - *Vers de M. le Cardinal de Bernis* [et en regard] *traduction des vers cy contre par M. D. g.ville*, p. 254-257.

33 - *Le Cadenat. Conte de Voltaire* [et en regard] *Lou Cadenau, conté de Voltaire traduit par M. D.g.ville*, p. 256-265.

34 - *Felicitatien a Marsillo, stanço irregulieros*, « par M. Demoulat » selon la table, p. 266-285. « *Quand anaras a la bastido* » « *l'Huveouno* » « *leis gens d'Allauch, leis gens d'Aubagno* », villes contiguës à Marseille. Pourrait être d'Antoine de Moulat, Marseille, 1674-1738, avocat au parlement, assesseur du conseil de ville en 1710, auteur d'une *Ode au maréchal de Villars*, qui eut le premier l'idée de former une académie à Marseille. Il était fils d'André de Moulat et de Catherine de Léon : parent de Michel de Léon ?

35 - *Miserere mei Deus. Psaume 50 par M. D. g. ville*, p. 285-290. Texte sur 2 colonnes, latin et provençal. *Bouquet provençaou*, 99-102.

36 - *Sounet aou debanaire de Françoun*, anonyme, p. 290-291.

37 - *Enigmo*, anonyme, p. 291-292, « dont le mot est scyphon ou tirevin », selon la table.

38 - *Vers adressés a l'auteur de l'Almanach historique de Marseille*, anonyme, p. 292-293. Publication annuelle de 1770 à 1790 par J.-B. Bernard Grosson, voir n° 47.

39 - *Vers a M. Germain*, anonyme, p. 293. L'auteur évoque « *moun ami Gros d'éternelle memori* » ; allusion à *La Bourrido deis dieoux*.

40 - *Lettre dune fille agée de 9 ans a sa mere, ecritte de sa pension*, anonyme, p. 294-295. Voir n° 10.

41 - *L'enfan glourious. Fablo*, anonyme, p. 295-297.

42 - *Cansoun*, anonyme, p. 298-299.

43 - *Autre chanson*, anonyme, p. 299-301.

Feuillet blanc, p. 302-303.

44 - *La Mouer d'aou pouerc de Méstré Noué. Pouëmo*, anonyme, p. 304-316. « *Din lou quartié quès noumma Monredoun (…) dounte ero sa bastido* ». *Méstré Noué* (apparemment Noël Renoux) est aussi appelé « *Mestré Caleno* ». L'auteur demande à « *son bouën ami magistrat* » s'il a jamais mangé à Paris « *un ragoux que vougué la*

bourrido » (qualifiée de « *ragoux deis dioux* ») ; une note p. 308 signale qu'il s'agit de « M. de Paul, lieutenant et Madᵉ de Paul » (Guillaume de Paul, Marseille 1738-1793, lieutenant général civil en la sénéchaussée, 2ᵉ échevin en 1759-1761, député du commerce, 1763-1768, collectionneur de tableaux, membre de l'Académie et honoraire amateur de celle de peinture). P. 308 mention d'« *un Sanjanen* » (habitant du quartier urbain de Saint-Jean) et p. 309 « *la crémo de nouyeou* » de « *Madame Amphoux* ». Également cités : « *Surian* » et « *Jean-Baptisto* » (voir ci-dessous), « *lou canonge Chabran* » (Jean Chabrand, chanoine de la collégiale Notre-Dame des Accoules, Grosson 1779, 95), « *Janet Greling* » (Jean-Marie, un des trois frères de Greling, négociants), Béyrés, cousin de Mme Paou, Milissy chirurgien (Pierre Mélicy, Marseille, 1732-1804, chirurgien et anatomiste à l'hôtel-Dieu), Zacharis (*marginalia* : « fameux comédien pour les rolles de valets comiques ») et p. 312, « *la bello Magalouno* », selon une note « Madame Magalon, puis Madame Surian de Bras » (Marie de Greling, veuve Magalon, épouse le 23 janvier 1782 de Jean-Baptiste Surian de Bras, négociant).

45 - *Epitro à Moussu Bernard, à Paris*, anonyme, p. 316-320. « *La bourido, deis delicis de la bastido* », « *la Gardi* ». Mentions de « *la glori que recebe Moussu German* », de Gros (*marginalia* : « fameux fabuliste provençal ») et de Bigounet (*marginalia* : « faiseur de prose rimée, imbecille* » ?). Bernard : peut-être membre de la famille de négociants de ce nom, parent d'Anne Bernard, seconde épouse d'Hugues Samatan, ce dernier né en 1671 (voir n° 49).

46 - *A Moussu Jean Hugues Samatan per lou jòur de l'an 1785 par le Marquis d'Archambauld*, p. 320-321. Charles-Louis Alphonse de Bonnaud d'Archimbaud, Pertuis, 1744-Avignon, 1794. Selon Carrière (1973, l089), J.-H. Samatan est le frère et associé de Basile (voir n° 67), tous deux fils de Nicolas et petits-fils de Hugues que l'on vient de citer.

47 - *Leis Pacoutillos ou Leis avus indiscrets par M. Grosson*, p. 322-326. Met en scène une madame Dru et son galant, Moundor (?) et leurs serviteurs. Jean-Baptiste Bernard Grosson, Marseille, 1733-Montefusco, Italie, 1800. Courtier royal (1759) puis notaire en 1782. Élu à l'Académie de Marseille le 10 mars 1773. Collectionneur de livres, minéraux, coquillages et médailles, éditeur de l'*Almanach historique de la ville de Marseille* (voir n° 38) et

du *Recueil des antiquités et monuments marseillais qui peuvent intéresser l'histoire et les arts*, paru à Marseille en 1773.

48 - *Conte, par M. Bambaï*, p. 327.

49 - *Epitro à Moussu Nicoulaou Huguès Samatan onclé, lou jour de sa festo, par M. Bambaÿ*, p. 327-330. « *O tu, de Santo Margarido, beau priou* » ; allusion à une *bourrido*, et p. 329. « *toun incoumparable bastido* » (énumération de ce qu'elle produit). *Marginalia* : « Bambaï étoit alors malade en Suisse ». Souhait d'atteindre « *leis ans d'Annibau* » (A. Camous, voir n° 11). P. 328, *marginalia* : « Il (N.-H. Samatan) avoit resté longtems ches sa tante s[ei]g[neur]r de S. Jean de Garguier » [commune de Gémenos] – « *ta tanto Jacudo, que laisset sa terro a Clapié* » – sans doute la dame Brun, veuve du sieur Bernard, usufruitière de cet arrière-fief, en procès en 1770 avec le coseigneur, le sieur de Clapiers ; p. 328, Samatan a pour « voisin de campagne » Bertrand (peut-être Dominique Bertrand, chef du bureau de l'Inde au ministère de la Marine puis directeur de la Compagnie royale d'Afrique de 1777 à 1794, membre de l'Académie) ; p. 330, *marginalia* : rappel que le dédicataire faisait le commerce de Tunis. Prénommé Hugues-Nicolas à son baptême, né en 1728 du second mariage le 18 juin 1720 de Hugues Samatan, veuf de Claire Silvy, avec Anne Bernard. Demi-frère de Nicolas et oncle de Basile et Jean-Hugues.

50 - *A Margarido*, anonyme, p. 331.

51 - *A Mauchuan sur son ouvrage intitulé : La Bourrido deis Dioux par M. Bambaï*, p. 332-335 *Mauchuan* : surnom de Germain ? Voir n° 3.

52 - *A Moussu Hugues Samatan a sóun retour de Tunis en 1769 par M. Curnier*, p. 333. Ce dernier l'appelle « *moun cadet* ». Voir n° 64. Sans doute Jean-Hugues Samatan déjà cité.

53 - *A la pinedo de La Gardi par M. Bambaï*, p. 335.

54 - *Despiech de Jan Jaousé M.* Bambaï, p. 336. Contre les « *moussurots (…) emé seis jargouns franciots* ».

55 - *Avisamen pour le meme M. Bambaï*, anonyme, p. 336.

56 - *Counseou de Mestré Mathieou Franc, paysan du térritoire d'aix par M. Bambaï*, p. 337-338. Est-ce Mathieu Franc, fils d'Antoine, travailleur illettré, et d'Anne Talon, né et baptisé à Aix le 24 avril 1746 ?

57 - *Lou Sépoun du meme Mathieu Franc mis au vers par le meme M. Bambaï*, p. 337-338. Mention de « *mestre André, maunier de San Lou* ».

58 - *A un amy ageat de cinquanto ans, que demandavo couseou à l'autour, s'espousarié uno jouino fillo que n'en avié que dex huech*, anonyme, p. 338-344. Mention : « *dessu lou cous l'ia ben bello assemblado* ».

59 - *A Moussu Hugues Samatan que m'avié demanda meis pouësies, par M. Grosson*, p. 344-349. Renvoi p. 346 à *Leis Pacoutillos*, n° 47. Cite « *Hugues, de San Genié, Jean doou Valoun vert* » (?).

60 - *A un marrit poüeto*, anonyme, p. 349.

61 - *A ma mestresso*, anonyme, p. 349-350.

62 - *L'huroux réprochi*, anonyme, p. 350

63 - *A Moussu Nicoulau Samatan sur sa nouminatien oou counsulat en 1764*, par M. Curnier, p. 350-353. Nicolas Samatan, Marseille, 1707-1793, époux le 16 janvier 1740 de Marie-Thérèse Merlet, père de Basile et Jean-Hugues, 2e échevin en 1754-1755, 1er échevin, 1763-1764, député du commerce, 1775-1779. L'auteur se dit « *(s)oun ami* ».

64 - *A Moussu Samatan lou consou, sur la neissenco dé soun pichot fieou, Nicoulau Estieou, par M. Cornier*, p. 353. Cornier ou Curnier ? Non identifié ou pseudonyme. Une famille Cornier a existé au XVIIe à Marseille mais on n'en n'a guère de traces après le début du XVIIIe.

65 - *A Madame Estiou sur l'acouchamen de soun fieou Nicoulau par M. Cornier*, p. 354-355. Anne-Félicité Samatan, fille de Nicolas, Marseille, 1750-1823, épouse le 3 juillet 1770 d'Antoine Estieu, négociant, ?-1808. Nicolas-Constantin Estieu est né dans la paroisse Saint-Ferréol le 13 novembre 1771.

66 - *A Moussu Huguès Samatan, sur uno cansoun qu'aviè fach à soun péro en 1783*, p. 355-356. « *Sur lou coulet de Mounredoun / Leis musos, per uno bourride / Qué ly mangeoun émé Apoullon / M'en fa venir de la bastide* », allusion au « *bravé consou Nicoulau* », père d'Hugues, à Gros et Germain « fameux poètes provençaux » selon une *marginalia*.

67 - *Lettro de Mestré Giraud, pero nouricié de Mousu Bazilo Samatan, a Madameiselle Timoun, prétendudo de soun fieou de Lach per Moussu Bambaï*, p. 356-359. Avant 1778. Basile Samatan, Marseille, 1743-1794, fils de Nicolas et de Thérèse Merlet, grand négociant, époux le 3 février 1778 de Marie Gabrielle Françoise Timon-David. Est 2e échevin en 1789-1790. Condamné par le tribunal révolutionnaire et guillotiné le 23 janvier 1794. Le père nourricier habite Septèmes, village contigu à Marseille.

68 - *Lis nouveaux Maridas*, anonyme, p. 360.

69 - *Dialoguo souto la reigné* [*lou régné* dans la table] *de Louis Ségé par M. Bambaï*, p. 360-361. La France est entrée dans la guerre d'Amérique : écrit entre 1778 et 1783.

70 - *La Boueno rispouesto per M. Bambaï*, p. 361-362. Bon mot de Mestré Franc, d'Aix.

71 - *Critiquo de l'Odo sur lou trioumphè de Marsillo*, anonyme, p. 362-365. Ode de Germain écrite et publiée après la prise de Port-Mahon en 1756. [Chalamont de] la Visclède est cité.

72 - *Lou Presidén tanqua par Moussu Bambaï*, p. 365-366. Autre bon mot de Mestré Franc.

73 - *A Madamo Audibert, qué m'avié mandat de mélouns par M. Bambaï*, p. 366-367. « *Leis mèlouns esquis què m'as manda de ta bastido* ». Cette déclaration d'amour peut-elle s'adresser à l'épouse d'un membre de la famille des négociants protestants Audibert ? Le patronyme est très courant. On penserait à l'épouse de l'auteur du *Fortuné marseillais*. Mais la première édition est de 1736 (Merle 1990, 963) et la dame est « *jouino, poulido* ».

74 - *La Degoustado*, anonyme, p. 367-368. *Seraphino de la Cioutat*.

75 - *A l'ay de Madameisello Clero de Roumieou, à sa partenso per la Santo Baumo, lou 24 may 1703*, anonyme, p. 368-373. Deux feuillets intercalés pour l'« Air notté de la romance… », lignes musicales vides. Écrit peut-être par le mari : « *pouertes la mita de ma vido* ». Membre de la famille de Romieu de Fos, qui résidait à Marseille au début du XVIIIᵉ ?

76 - *Lettro a Moussu Bazilo Samatan, sur ce qué m'escrivié plus quan eri a Tunis en 1766 par M. Bambaï*, p. 374-376. Texte dialogué, mal transcrit. B. Samatan avait été envoyé à Tunis à 21 ans. Il répond à partir du 3ᵉ vers de la p. 375 à Bambaï, qu'il appelle « *moun cher cousin* » et dont il évoque l'« *incoumparable garéno / d'oou quartié de San Barthoumieou* ».

77 - *Odo sur la necessitat de cagar par M. Bambaï*, p. 376-379.

78 - *Lou Gros malhur par M. Bambaï*, p. 379-380.

79 - *Romance. Lou Beou Tircis si proumenavo*, p. 380-385 et deux pages intercalées : *Air de la romanço cy avant*. Air noté. Avant le texte : « Nota : La romance suivante est un chef d'œuvre et il est rare de la rencontrer entiere telle que celle cy ». Son texte avait été en particulier publié avec une traduction française dans le *Mercure*

de France du 13 mai 1780, p. 50-56. *Bouquet provençaou*, 108-111 (Merle 1990, 119-120).

80 - *Leis souhets*, anonyme, p. 380-388. Préfiguration de la *Cansoun de Magali*.

81 - *Gayéta de l'ibrougno*, anonyme, p. 388.

82 - *Epitro a Moussu Michel de Léon, trésourié de Franço, que m'avié presta soun Recueilh de pouësies prouvençalos*, anonyme ? p. 389-392. Cite : « *un aoutour que signo Bambai / Lou couneissés tan et pui mai* ».

83 – *Imitation de l'epode secundo d'Horaço, Elogi de la vido rustiquo* par *M. Dag...le. Beatus ille qui procul negotiis*, p. 393-399. Par Dageville. *Bouquet prouvençaou*, 102-103.

84 - *Horaso* (sic) *Libre III : Odo eis Roumains : que l'oubly deis dioux et la corruptien deis moeurs an causa touteis lei maoux par J. Dageville*, p. 400-403.

85 - *Ode VII du IV Libre d'Horaço à Gensouren que leis loüangis deis poüetos soun d'un gran prés*, p. 404-407. Ode dédiée par Horace à Gensorinus.

86 - *Vers sur quelques sermouns prechés a Marseille en 1771 par le R. P. Hervier grand augustin par M. Germain*, p. 407-410 [voir première version au n° 16].

87 - *M. Fresquiere comedie par M. Thobert*, p. 411-434 [voir première version au n° 23].

88 - *Noël sur l'air des bohémiens*, p. 435. En note : « Il est copié à la page 92 de ce recueil » (n° 17). Cette pièce et les suivantes ne sont pas signalées par la table des matières.

89 - *Cansoun*, p. 436-439. « *Lou Savoyar quitto Turin…* ». Sans doute contemporaine de l'invasion de la Provence et du siège de Toulon en 1707, pendant la guerre de Succession d'Espagne. Cite *Sanpater* (Saint-Pater), *Gobrian* (L.-V. de Göesbrian), Dillon, Tessé, « *lou heros de Castilloun* » (bataille de Castiglione, 1er juin 1702), *Moungon* (Mongon), *Moussu de Grignan* (Charles d'Adhémar de Grignan, lieutenant-général) et « *nouestro intendant* » (Lebret), v. Martin 2010.

90 - *Trio Prouvenceau*, air noté sur neuf pages non numérotées.

Aspects de la sociabilité des parties méridionales du terroir marseillais

Il est possible de tirer parti des différences de plume et d'écriture pour suggérer des étapes dans la compilation de ce recueil. Un premier ensemble, du n° 1 à 23 (p. 1-205) est marqué par l'œuvre de Germain et plusieurs pièces des générations antérieures. Puis, entre les n° 24 et 44 environ (p. 207-316)[3], un second apport se dessine, où domine la production de Dageville. Un troisième à partir des n° 44-45 est fortement marqué par la famille Samatan avec les œuvres de ce provençalisant jusqu'ici inconnu qu'est Bambaï (qui n'apparaît auparavant dans le manuscrit que par des corrections de textes déjà transcrits). La vente de sa bastide à Basile Samatan a peut-être permis à Michel de Léon de découvrir ses talents. Les pièces 86 à 90 pourraient avoir été tardivement ajoutées – trois figuraient déjà dans le manuscrit.

On se bornera à souligner la grande richesse de ce recueil, ne serait-ce que pour son vocabulaire – à noter ainsi n° 24, l'emploi du mot très marseillais « nervi », que l'on aurait pu croire apparu au XIXe ou, au n° 76, l'expression « [n'avé] ni coquo ni moquo ». Il témoigne de l'engouement pour la vie à la bastide et la sociabilité épulaire « à la campagne » de l'élite marseillaise, qu'elle appartienne au commerce ou à la robe. La bourride semblerait y tenir la place qu'aura au siècle suivant la bouillabaisse. Mais ce plat constitue le principal rappel que Marseille est au bord de la mer. Mis à part quelques mentions du Cours (Belsunce et Saint-Louis), qui est au XVIIIe siècle le lieu majeur de la vie publique et du paraître (n° 58), la ville ne s'entrevoit guère que dans le n° 19, La couversatien deis paurés, et le port nullement. Si l'on excepte la garenne de Bambaï à Saint-Barthélemy et les réparties de Mestré Franc d'Aix, les localisations indiquées correspondent à une étroite zone méridionale du terroir dans la plaine de l'Huveaune et ses bordures, constituée de quartiers quasiment contigus : Saint-Giniez, où était la bastide Michel de Léon devenue Samatan, la colline de la Garde qui la domine, Sainte-Marguerite, Saint-Tronc, Saint-Loup, Montredon, Mazargues et, hors du terroir, les villes de la vallée de l'Huveaune, Aubagne, Saint-Zacharie – chemin de la Sainte-Baume –, et même Auriol, avec le « Sieou d'Auruou » qui termine le n° 71[4]. L'ensemble paraît suggérer une nette sociabilité de proximité, renforcée peut-être par les assemblées de possédants-biens des quartiers du terroir, qui gèrent les petites chapelles de secours où leurs membres se croisent lors de la messe dominicale. Autres lieux de sociabilité, les bureaux hospitaliers où siègent plusieurs personnages cités et l'Académie de peinture pour ceux qui en sont membres.

Ce manuscrit révèle une création provençale souvent anonyme (à moins que Michel de Léon n'ait écrit certaines des pièces sans nom d'auteur) ou bien émanant d'auteurs dont certains n'avaient jamais encore été cités comme provençalisants (Grosson) ou même étaient insoupçonnés. Outre l'usage libératoire et parfois leste de la langue indigène pour des écrits à diffusion restreinte[5], on entrevoit les connivences d'une partie de l'élite à évoquer des échanges ou des moments partagés dans la langue du terroir, à jouer les « troubadours » (au moins quatorze attestations dans le manuscrit). On notera aussi le prestige local dont jouit l'œuvre littéraire en provençal qui accède à l'impression, à travers les mentions louangeuses de Gros et – nettement plus contrastées, il est vrai – de Germain. Les pièces de Dageville sont particulièrement intéressantes par leurs ambitions car il traduit la poésie sacrée des psaumes, les genres nobles latins et français. Les quelques inédits qu'en procure le recueil sont précieux car, après son exécution le 26 février 1794 pour avoir siégé au tribunal révolutionnaire pendant la période fédéraliste, Achard s'efforça vainement de savoir ce qu'étaient devenus ses manuscrits.

Régis Bertrand
Aix-Marseille Université
UMR 7303 TELEMME AMU-CNRS (MMSH)

NOTES

[1] Sur le passage : « *A Vitrolle / Dins aquello celebro escollo / Leis asès ly passoun doctours...* », voir l'article « Vitrolles » du *Tresor dóu Felibrige*.

[2] Généalogie des deux branches des Samatan dans Archives départementales des Bouches-du-Rhône (dépôt de Marseille) 27 F 14, papiers de F. Timon-David, érudit dont la famille était alliée à la leur. Voir n° 67. Pas plus que lui, je n'ai pu retrouver pour l'heure l'acte de décès de Nicolas Joseph Marie Samatan.

[3] La p. 206 est blanche.

[4] Allusion à la version provençale du conte-type n°1834A de la classification internationale d'Aarne, Thompson et Uther (« L'auditeur que le sermon n'émeut pas »), mise en vers au siècle suivant par Pierre Bellot, « *Lou prédicatour encalat* », entre autres éditions dans son recueil *Lou galegeaire,* Marseille, V. Boy, 1855, 146-149. Le curé de Roquevaire veut prêcher sur l'enfer ; mais il s'embrouille dans son sermon, provoquant les rires des fidèles. Furieux, il conclut : « *Roquovairens, seres touteis damnats* ». Un membre de l'assistance répond : « *Yeou sieou d'Oouruou* [le bourg voisin], *m'en fouti* ».

[5] L'auteur du n° 52 note : « *Mon epitro n'es boueno à diré / Qu'en famillo après lou soupa* ». On en doute pour le n° 77 par exemple.

Références bibliographiques

ACHARD, Claude-François, *Dictionnaire de la Provence et du comté Venaissin*, tomes III-IV, *Contenant l'histoire des hommes illustres de la Provence*, Marseille, Jean Mossy, 1786-1787, 2 vol.

AILLAUD, Georges J./ BEAUMELLE, Marie-José / CARVIN, Henri et al., *Marseille : un territoire et ses bastides*, Marseille, Comité du Vieux-Marseille, 2011.

BERNOULLI, Jean, *Lettres sur differens sujets écrites pendant le cours d'un voyage par l'Allemagne, la Suisse, la France méridionale et l'Italie en 1774-1775*, Berlin, 1777.

BERTRAND, Régis, « L'entrée des manuscrits de Michel de Léon à la Bibliothèque de Marseille », *Marseille* 162, 1992, 44-49.

BERTRAND, Régis, « Le pseudo-centenaire marseillais Annibal Camous, ou le prestige du grand âge au XVIIIᵉ siècle », *Mélanges Michel Vovelle. Volume aixois. Sociétés et mentalités en France méridionale (XVᵉ-XXᵉ siècle)*, Aix, Publications de l'Université de Provence, 1997, 99-106.

BERTRAND, Régis, « Michel de Léon », Académie de Marseille (éd.), *Dictionnaire des Marseillais*, Aix-en-Provence, Édisud, 2001, 232.

Lou bouquet provençaou vo leis troubadours revioudas, Marseille, impr. J.-F. et T. Achard, 1823.

BRUN, Auguste, « Ode provençale inédite, 1734 », *Revue de Langue et Littérature provençales* 3, 1960, 69-78.

CARRIERE, Charles, *Négociants marseillais au XVIIIᵉ siècle*, Marseille, Institut historique de Provence, 1973, 2 vol.

COUROUAU, Jean-François, « Un grand siècle de poésie », *in* Jean-François COUROUAU (dir.), *La langue partagée. Écrits et paroles d'oc. 1700-1789*, Genève, Droz, 2015, 47-144.

DUBREUIL, Charles Mitre, *Choix de cantiques spirituels provençaux et françois*, Paris, Hué, 1759.

ESPEUT, Pierre, *Histoire du Refuge de Marseille*, Marseille, Oratoire Saint-Léon, 1945.

GARDY, Philippe, « Un théâtre traversé par deux langues », *in* Jean-François COUROUAU (dir.), *La langue partagée. Écrits et paroles d'oc. 1700-1789*, Genève, Droz, 2015, 145-195.

GROSSON, [Jean-Baptiste Bernard], *Almanach historique de Marseille*, Marseille, Jean Mossy. La livraison de 1779 a été dépouillée.

MARTIN, Jean-Marie, « La guerre de Succession d'Espagne : l'armée des Alpes et le siège de Toulon », *Revue historique des armées* 258, 2010, 89-98.

MASSON, Paul, *Les Bouches-du-Rhône, Encyclopédie départementale,* vol IV-2, *Dictionnaire biographique des origines à la Révolution*, Paris, Champion / Marseille, Archives des Bouches-du-Rhône, 1931.

MAURON, Claude / EMMANUELLI, François-Xavier (éds), *Textes politiques de l'époque révolutionnaire en langue provençale I - Textes en prose (Discours, adresses, traductions)*, Saint-Rémy-de-Provence, Centre de recherches et d'études méridionales, 1986.

MERLE, René, *L'écriture du provençal de 1775 à 1840*, Béziers, CIDO, 1990, 2 vol.

REMUZAT, J[ean]-B[aptiste], *La verita desplegado per un pouèto villageois* (1790), édition critique par Merle R., Bertrand R., Gardy P., La Seyne, Bulletin de la Société d'Études historiques du texte dialectal, 1988.

PERRIER, Émile, *Les bibliophiles et les collectionneurs provençaux anciens et modernes. Arrondissement de Marseille*, Marseille, impr. de Barthelet et Cie, 1897.

STEFANINI, Jean, *Un provençaliste marseillais. L'abbé Féraud. 1725-1807*, Aix-en-Provence, Publications de la faculté des lettres, 1969.

TEISSIER, Octave / SAMAT, Jean-Baptiste, *Marseille à travers les siècles*, Paris, L. Baschet, 1904.

Le poète des mots anciens :
Jean-Baptiste Germain (1701-1781)

Avec François-Toussaint Gros (1698-1748), son aîné de quelques années, Jean-Baptiste Germain (1701-1781) passe pour l'un des poètes les plus importants du XVIIIᵉ siècle provençal. Cette appréciation se fonde en partie sur la diffusion d'une œuvre qui peut ne pas paraître abondante. Sur les presque quarante années qui séparent son premier texte daté (*Odo su l'agriculturo*, 1739) et le dernier qu'on ait de lui (*Vers à l'occasion de l'arrivée de l'Empereur à Marseille*, 1777), la fréquence de la création, autant qu'on puisse en juger, s'établit en moyenne à une œuvre tous les trois ans et demi. Aucune de ces productions ne se signale par sa longueur. Si on s'en tient aux seuls textes imprimés, le plus court ne présente que 96 vers (*Odo su l'agriculturo*, 1739), alors que le plus long, la *Bourrido deis dieoux* (1760), qui assure sa notoriété aussi bien auprès de ses contemporains qu'aux yeux de l'histoire littéraire, en compte à peine 475. Au total, imprimés et manuscrits représentent, pour les textes conservés et accessibles, un ensemble de 1753 vers, à peine. C'est peu, mais c'est aussi beaucoup si l'on considère que l'écriture en provençal n'a cessé d'accompagner la vie de Germain. Neuf textes sur quatorze étant accessibles et dix étant datés, on peut ainsi suivre le déroulement non pas tant d'une « carrière littéraire » – Germain ne vit pas de sa plume provençale ; l'exercice de la littérature n'assure pas de revenus réguliers aux auteurs – que d'un « itinéraire » poétique.

Un Marseillais au Levant et en Barbarie

Jean-Baptiste Germain est né à Marseille en 1701. Nous ignorons tout de son milieu d'origine, mais nous savons, car il nous le dit dans *Lou trioumphe de Marsillo* (1756), qu'il a étudié au Collège de l'Oratoire. La probabilité est grande qu'il ait été négociant. À une date que nous ne connaissons pas avec précision, très probablement au début des années 1740 mais peut-être avant[1], il est chancelier sans brevet au consulat de Smyrne[2]. Il est ensuite nommé par brevet en 1744 consul à Salonique où il effectue un inventaire général des registres de la chancellerie (1746). C'est pendant son séjour à Salonique qu'il fait publier en France un *Recueil des formules pour les consuls des Echelles du Levant et de Barbarie* (Paris, 1744[3]), dédié au comte de Maurepas, ministre de la Marine. En 1748, il est nommé par brevet chancelier au consulat d'Alger. Également agent de la Compagnie Royale d'Afrique, il reçoit des marchandises destinées aux autorités d'Alger. En 1754 et 1755, pendant quinze mois, en l'absence du consul André-Alexandre Le Maire, il exerce les fonctions de consul. Il part ensuite en congé, du 21 mai 1756 au 15 novembre 1757. Après son retour à Alger, il ne reste pas très longtemps en place. Le 2 mai 1758, il prend un nouveau congé, pour raisons de santé, et il ne rejoindra plus son poste par la suite. Il démissionne en 1762. On ne sait rien de sa vie après son retour définitif à Marseille ; on ignore s'il exerce une activité (de négociant ?) ou s'il vit de ses rentes et/ou d'une pension[4]. Le fait est qu'il dispose à Marseille d'un réseau d'amis et paraît intégré à certains cercles de la sociabilité élitaire. Il meurt en 1781.

Les fonctions consulaires de Germain, rappelées dès son vivant dans une note du *Trioumphe de Marsillo*, mentionnées par les auteurs de dictionnaires biographiques (Bouche 1785, II, 361 ; Achard 1785, III, 365-366), font de lui un cas rare dans le paysage socio-professionnel des auteurs de langue occitane au XVIIIe siècle. Germain semble avoir accompli ses missions avec application. On imagine qu'il a dû passer du temps à dresser ses inventaires et à rédiger des ouvrages utilitaires. Ses supérieurs le jugent compétent mais peu modeste, « un sujet capable mais un peu trop prévenu de lui-même », nous dit un rapport (Mézin 1997, 320). À une exception près, la poésie qu'il compose en provençal (*Lou Viagi d'Epheso*, 1743), alors même qu'il se trouve au Levant ou sur les côtes barbaresques (Alger), ne porte que peu de marques de cette expatriation. Dès l'*Odo su l'argiculturo* (1739), elle se déploie dans les voies tracées par les "conventions" poétiques française et, sans doute aussi, provençale.

1. *Odo su l'agriculturo* (1739)

Douze strophes de huit décasyllabes à rimes croisées, soit 96 vers, composent ce poème, *Odo su l'agriculturo*. *Per Moussu Germain* qui répond à une offre de prix de l'Académie des Belles-Lettres en 1739. L'imprimé par lequel nous le connaissons, probablement marseillais (Mossy), figure dans un recueil factice conservé en *unicum* à la Bibliothèque Sainte-Geneviève, à Paris (coté 4 Y 485 (2) INV 681 RES), et doté d'un titre imprimé *Recuil de pouesies prouvençalos de Mr J.B. Germain de Marsillo* (ci-après *R*) dans lequel il occupe la deuxième position. La date de 1739 est donnée à la fin du texte. Le plan du poème est simple. Après une strophe d'introduction, la première partie décrit la Terre avant l'introduction de l'agriculture tandis que la seconde célèbre la beauté d'une nature maîtrisée et rentable pour l'homme. Le texte se caractérise par une certaine profusion lexicale, mise en valeur par le procédé de l'énumération :

> Es ansin que per la faturo
> L'Engien de l'Home a destapa
> Toüis lei secrets de la Naturo
> Que la Terro tenié aclapa.
> Carrageolos, Fenous, Cardellos,
> Gramés, Roumias, maudi Cardoun,
> Lou Ferri, quan farés lei bellos
> Vous saoura mettré à la resoun[5]. (Germain 1739, 4)

Il s'achève par une adresse convenue au jury dans laquelle le poète justifie son choix du provençal :

> Ai caba, letrudo Assemblado,
> De garachea lou Tarradou,
> Aurai ben gagna ma gatado
> Se dounas luego à n'estei mou :
> Marsillés, Paisans mi fau glori
> D'un parla qu'aou Brés m'an enprés ;
> Cadun aou Templé de memori
> Poou courré lei joïos tau qu'és[6]. (Germain 1739, 4)

Cette revendication d'autonomie (*Cadun... tau qu'es*) cache mal – mais ce n'est pas son but – l'emprunt que fait Germain de son argumentaire à son devancier, François-Toussaint Gros. Celui-ci, dans son *Recuil de pouesiés prouvençalos* paru à peine cinq ans auparavant, en 1734, adresse « Au Public » une longue justification dont la teneur générale et un passage en particulier ne peuvent qu'avoir inspiré Germain :

> Saches que parli *lou lengagi*
> *Qu'au Bres ma Maire m'a ensigna*,
> Que cade lengo a sa beouta ;
> N'en trobi souvent din la mieuno
> Qu'un autro pourrie pas exprima din la sieuno[7].
> (Gros 1734, 10 ; je souligne)

Au-delà de la formule du provençal langue du berceau, ce que Germain retient de Gros réside sans doute aussi dans cette idée qu'une langue dispose d'une beauté qui lui est propre. Celle-ci tire son origine de l'irréductibilité des mots et des constructions.

2. *Lou Viagi d'Epheso eme lou Conte de la matrouno d'aquello villo* (1743)

Cet imprimé (*R* 3), daté de 1743 et toujours sans nom d'imprimeur (probablement à nouveau Mossy), présente l'auteur recouvert par une périphrase (*Per l'OOUBRIE de l'ODO su l'AGRICULTURO presentado en 1739 à Messiés D. L. D. B. L. D. M.*[8] *per lou PREZ d'aquello Annado*). Il se compose de deux parties. La première, *Lou Viagi d'Epheso*, offre une suite de 102 vers, octosyllabes (majoritaires) et alexandrins. Le poème se présente comme le récit d'un voyage à Éphèse où l'auteur se rend, de Smyrne, à dos d'âne. La description n'est pas effectuée à partir d'un récit de voyageurs précédents[9], mais paraît bel et bien de première main. Le poète, soucieux au départ d'impressionner les curieux, avoue sa déception devant la confusion des ruines :

> Mai qu'aurié di que tant de Dieoux
> Qu'a n'aquello Villo avien Festo,
> Foussoun plus que Keiroun ! senso bras, senso testo,
> Per caire cantoun devengus,
> Seti, Terme, Bancau, mounte cadun s'arresto

Per destria dei Passan se degun n'en sau l'us[10]. (Germain
1743, 4)

La description, sommaire, comprend la grotte des Sept
Dormants, un grand portail ruiné, le temple de Diane, le cirque, le
théâtre, la vallée du Caystre. Alors qu'il espérait trouver quelque
chose à ramener (« de Medaillo, d'Idolo, / De Farramen sacra dei
Nichos de tei Dieoux »), il ne trouve qu'une épingle. De cette
épingle, il imagine d'abord qu'elle a pu servir à consommer
quelque fricassée d'escargots (*limassado*) ou qu'elle est tombée du
bandeau de la déesse Diane. Une vieille femme trouvée sur place
lui raconte l'histoire de la matrone d'Éphèse à laquelle cette
épingle, imagine à nouveau le poète, a pu appartenir. La
transition avec le second texte est faite.

L'histoire de la matrone d'Éphèse est connue depuis Pétrone.
Ses représentations dans les arts sont nombreuses. La Fontaine,
Saint-Évremond, Bussy-Rabutin l'ont illustrée. Elle a été repré-
sentée au théâtre dès la fin du XVIIe siècle avec *La Matrone
d'Éphèse ou Arlequin Grapignan* (1682) de Nolant de Fatouville
(Théâtre-Italien), puis, au siècle de Germain, par Houdar de La
Motte (1702, Comédie-Française) et Louis Fuzelier (1714, Foire
Saint-Germain). Parmi tous ces textes, celui dont s'inspirent le
plus les 300 octosyllabes à rimes plates qui composent le *Conte de
la Matrouno d'Epheso* de Germain, c'est La Fontaine (livre XII, fable
XXVI). L'incipit est calqué sur celui de la fable française (« Dins
Epheso l'avié autreifés » / « Dans Ephèse il fut autrefois ») et la
trame narrative est identique. Mais c'est tout. Pour le reste,
Germain, éliminant les prolepses et les interventions discursives
de La Fontaine, construit son récit selon un déroulement
progressif qui privilégie les effets de surprise. Le recours fréquent
au discours direct confère au poème un aspect dramatique qui
n'est peut-être pas sans rapport avec la faveur dont le sujet jouit
au théâtre. Des intermèdes sont ménagés, notamment un,
particulièrement curieux, sur l'usage des pleureuses profession-
nelles qui doit peut-être moins à une réminiscence des usages
antiques qu'à une observation de la réalite levantine. Le style
présente ce mélange d'écriture recherchée et de familiarité
spirituelle propre à la pratique du conte en vers, particulièrement
vivace en provençal, notamment chez Jean de Cabanes, et plus
largement, en occitan. Des différences de registres peuvent

apparaître, volontairement incluses dans le discours du narrateur ou dans la bouche des personnages comme le soldat ou la servante. Le poème se clôt en deux temps. D'abord par l'adoption d'un point de vue extérieur qui met l'accent sur le caractère *a priori* inexplicable et incompréhensible de l'acte final (la substitution du cadavre du mari de la matrone à celui volé à son amant, le soldat chargé de surveiller les pendus) :

> Et lou Poplé tout estouna
> De pa saupré coum'ero ana,
> Qu'un Moüer si fouguesso ana pendré,
> Coumenset de li ren entendré[11]. (Germain 1743, 19)

Un quatrain final, séparé du texte, tire ensuite une morale conventionnellement misogyne.

3. *La Barbarie d'un Angles per sa mestresso* (1749)

Ce troisième poème de Germain, également imprimé (*R* 4), également doté d'une périphrase recouvrant le nom de l'auteur (*Per l'Autour doou Conté de la Matrouno d'Epheso & de l'Odo su l'Agriculturo*), relève aussi du genre du conte versifié (266 octosyllabes à rimes plates). Germain indique même sa source : le discours IX paru dans la traduction française du *Spectateur* (1716) du journal anglais *The Spectator* de Richard Steele et Joseph Addison (1711). Dans l'original (anglais et français), le narrateur rend visite à une dame, Arietta. Celle-ci prend la défense des femmes face aux attaques dont elles sont victimes et raconte une histoire exemplaire, présentée comme vraie[12] : un jeune Anglais de vingt ans, nommé Thomas dans les *Spectator/Spectateur*, s'embarque pour l'Amérique afin de s'y livrer au commerce. Les passagers de son navire, à l'occasion d'une escale, débarquent sur une île, et sont tous massacrés par des Indiens, tous sauf trois, dont Thomas. Celui-ci est pris en charge par une jeune Indienne, nommée Yarico (également dans la version provençale) et une idylle naît entre les deux. Thomas promet à son amoureuse de l'emmener en Angleterre et d'y vivre avec elle dans l'opulence. Un jour, un navire anglais est au mouillage. Il recueille les deux jeunes gens et part à La Barbade. Là, Thomas vend Yarico comme esclave. Apprenant qu'elle est enceinte, il en tire même un meilleur prix.

Dans les trois versions (anglaise, française, provençale), le texte général est précédé d'un exergue tiré de Juvénal : « *Dat veniam corvis, vexat censura columbas* » (*Sat.* II, 63 ; La censure pardonne aux corbeaux et poursuit les colombes), glosée d'un point de vue favorable aux femmes. En français : « C'est-à-dire, *La rigueur des Loix tombe sur d'innocentes Femmes, & l'on épargne des Scélérats* » (*Le Spectateur* 1716, 58). Germain pousse plus loin la généralisation :

> L'Home en fasen lei Ley, si fe boueno escudello,
> Souto l'oumbro doou ben vouguet coumanda tout
> Et per n'en pusqué veni about
> Fé leva lengo à la Femello.
> De façoun, qué coum'un Maneou ;
> Li passet la man su l'Esquino ;
> La Paurasso, creset que li serié fideou ;
> Mai la troumpet, la fausso mino[13].

De son modèle, Germain conserve la trame narrative, comme il l'avait fait dans *La Matrouno d'Epheso* avec la fable de La Fontaine, et, en plus, un grand nombre de détails. Dans un quatrain final, la position féministe est mise en regard de celle adoptée à la fin du conte de 1743 :

> INGRAT, se moun Conte t'estouno,
> Ti rescrides plus tant su la Fidelita.
> Lour Tour que venes d'escouta
> Voou ben aqueou de la Matrouno[14]. (Germain 1749, 3)

Ce faisant, un équilibre est atteint entre les cibles, féminines et masculines, de sorte qu'on ne saurait, à ce stade, soupçonner Germain d'exploiter seulement le filon d'une écriture misogyne rétrograde, facile ou convenue. Au-delà de cet aspect, on observera que la situation du récit, en Amérique centrale, ses personnages, un Anglais, une Indienne, font pénétrer le conte d'oc, sous réserve d'inventaire, dans des terrains assez vierges. Écrit en toute rigueur alors que l'auteur se trouve à Alger, le poème est le signe d'une recherche d'exotisme dont on remarquera qu'il est situé sur le seul continent où Germain n'ait pas résidé.

4. *Odo oou Rey de Prusso* (entre 1748 et 1758)

On ne sait pas si ce poème a jamais été imprimé. On ne le connaît que par la copie qui en a été faite dans le manuscrit Michel de Léon (Béziers, CIRDOC, ms. 1164, f° 38-44). Huit strophes de dix octosyllabes égrennent les louanges du roi Frédéric II de Prusse. Une note du manuscrit précise à propos du vers « Dins lou foun de la Barbarié » [Dans le fond de la Barbarie] : « L'auteur de cette ode reside a Alger », ce qui en place la rédaction (et la publication ?[15]), en toute rigueur, entre 1748 et 1758. À cette époque, la renommée de Frédéric II est solidement établie en Europe. Germain célèbre tour à tour – et sans surprises – le roi militaire (Guerre de Succession d'Autriche), le roi philosophe, encensé par Voltaire, Maupertuis et le Provençal d'Argens, le roi éclairé qui protège l'orphelin, chasse la pauvreté et raccourcit les procès, le roi tolérant, enfin, qui autorise le culte catholique à Berlin (cathédrale Sainte-Hedwige). Sauf erreur, cet éloge de Frédéric II de Prusse est le seul qu'on puisse lire en occitan. Dans la dernière strophe, l'auteur justifie le choix du provençal par la référence, traditionnelle aux troubadours où perce le souvenir des forgeries de Jean de Nostredame :

> Gran Rey, se ma Muso Roumanço
> canto ta glori en prouvençau
> te diray qu'autreifés en franço
> ero lou Lingagi Royau
> leis Troubadours an pres neissenco
> ey millou villos de prouvenco
> Richar couër de Lien, rey anglés
> fet une Cansoun prouvencalo
> Se moun ode un jour ty regalo
> Souventi qu'es d'un Marsillois[16]. (CIRDOC, ms. 1164, f° 42)

5. *Lou trioumphe de Marsillo. Odo* (1756)

Ces quinze strophes d'octosyllabes formant une suite de 150 vers ont été imprimées (*R* 1), avec des notes infrapaginales en français et une petite présentation de l'auteur placée comme une note, mais indépendante d'elles, au bas de la page 6. Le poème, comme il apparaît dans la dernière strophe, semble destiné à être lu en ouverture des festivités données à Marseille pour célébrer la victoire de Mahon remportée sur les Anglais en mai 1756 à

Minorque[17]. Le rôle de la ville dans l'embarquement des troupes en un temps record est souligné, le port et l'activité commerçante de Marseille sont célébrés mais ce sont surtout les institutions de la ville qui retiennent l'attention : la Chambre de Commerce, l'évêché, le Collège de l'Oratoire, la Bourse, les hôpitaux, les Académies des Belles-Lettres, des Beaux-Arts et de Musique... L'ode est relativement brève, mais elle contient une foule de personnages, tous marseillais, hormis le roi et le gouverneur Villars.

6. *La Bourrido deis dieoux* (1760)

Si on fait le compte, lorsque paraît l'œuvre qui va assurer sa notoriété, en 1760, Germain est un auteur qui, malgré son éloignement, s'est déjà illustré dans deux grandes voies relativement balisées dans l'écriture (française, occitane, provençale) de son temps : le poème de la célébration officielle (*Odo su l'agriculturo, Odo oou Rey de Prusso, Lou trioumphe de Marsillo*) et le conte versifié (*Lou Conte de la Matrouno, La Barbarié d'un Anglés*). Le récit de base autobiographique contenu dans *Lou Viagi d'Epheso*, tout comme le conte situé en Amérique, montrent que l'auteur ne s'en est pourtant pas forcément tenu aux sentiers battus.

La Bourrido deis dieoux est un texte imprimé qui comprend sur 24 pages numérotées un poème de 475 vers (un vers manque) mêlant octosyllabes (majoritaires) et alexandrins. Pour ce poème de plus vaste ampleur, Germain retrouve le schéma métrique qu'il avait employé dans *Lou Viagi d'Epheso* et dont, avant lui, La Fontaine, côté français, et Gros, côté provençal, ont fourni le modèle. Un poème liminaire en provençal et un bref avertissement en français précèdent le texte lui-même. Le poème liminaire éclaire les conditions qui ont présidé à la naissance du poème :

A MOUSSU P. B.**
NEGOUCIANT, A MARSILLO.

Quu pourra jamay escarfa
Doou lusen Templé de Memori
L'hounour que touei lei Dieoux tan fa
De veni ti moustra sa glori !
Lei beoux *Panthéons* de l'histori

Van pariés emé toun jardin,
Din lou grand sepoun doou *Destin*
Es escrit : que din ta bastido,
Lei Dieoux mangeroun la BOURRIDO[18].

J.B.G.

A Marsillo, lou 20 Septembré 1760.

On apprendra, dans le corps du poème, que cette bastide (maison de campagne) est située en périphérie de la ville, à Saint-Tronc. D'après les recherches de Georges Reynaud, les initiales P. B. ont de fortes chances d'être celles du négociant marseillais Pierre Berton (v. 1729-apr. 1793)[19]. C'est donc là, dans la bastide de son ami que le poète a consommé une bourride, ce plat provençal qui mêle divers poissons et un aïoli. L'argument du poème, fort simple, est donné. Lassés de l'Olympe, les dieux qui ont entendu vanter les mérites de la bourride mais n'en ont jamais mangé, décident de descendre sur terre, précisément dans la bastide mentionnée dans le poème liminaire. Ce sont les dieux eux-mêmes qui vont assurer la préparation du plat, chacun mettant, si on peut dire, la main à la pâte.

Robert Lafont et Christian Anatole (1970, 454) ont suggéré que Germain pouvait s'être inspiré du poème italien de *La Secchia rapita* d'Alexandre Tassoni, publié à diverses reprises à partir de 1622. On sait que ce texte, encore lu au XVIIIᵉ siècle, a inspiré, à Carpentras, quelques années avant la *Bourrido* de Germain, un auteur (ou des auteurs) comme Dominique Brutinel dont *La Pate enlevade* (1740), explicitement inspirée de Tassoni, est, semble-t-il, un texte assez répandu. Traduite en français à deux reprises, en 1678, par Charles Perrault et, juste en 1758-1759 par un certain M. de Cedors, le texte est aussi lu et apprécié en français. Le poème italien pourrait pourtant sembler assez éloigné de la thématique choisie par Germain. On sait qu'il s'agit de (longuement) narrer dans ce poème la guerre qui mit aux prises les villes de Modène et de Bologne après le vol d'un seau (*secchia*). Tassoni, cependant, fait intervenir les dieux dans ce conflit, dès le livre II (sur douze). La façon dont ils sont présentés dans l'Olympe relève d'une esthétique burlesquisante :

Non intervenne men Giunon Lucina ;
Che il capo allora si volea lavare.
Menippo sovrastante alla cucina
Di Giove, andò le Parche ad iscusare,
Che facevano il pan quella mattina,
Indi avean molta stoppa da filare.
Sileno cantinier restò di fuori,
Per innacquar il vin de' servidori[20].
(laisse XXXVI, v. 285-292)

Vénus, Mars et Bacchus descendent sur terre. Ils vont à Modène, dorment à l'auberge et, surtout, ils y font ripaille :

Poscia che passeggiata a parte a parte
Ebber gli Dei quella città fetente,
E ben considerato il sito, e l'arte
Del guerreggiare, e 'l cor di quella gente ;
A un'osteria si trassero in disparte,
Ch'avea un trebbian di Dio dolce e rodente:
E con capponi e starne e quel buon vino
Cenaron tutti e tre da paladino. (laisse LXIII, v. 501-510)

Le traducteur de 1758 (121-123) se plaît d'ailleurs à insister sur l'aspect non seulement gastronomique mais aussi spirituel du repas :

Les Dieux s'étant promenés assez longtemps dans cette ville empestée afin d'examiner son assiette, le courage de ses habitans, & leur maniere de faire la guerre, se retirerent dans une hôtellerie. Ils y trouverent des bouteilles d'un vin pétillant & frais, qui, joint à deux fines poulardes & quelques perdreaux, leur offrit un souper déliceux. Tandis qu'ils mangeoient avec un appétit de Paladin, égayant le repas avec le sel des propos...

On comprend que la *Bourrido* de Germain, peut-être inspirée par Tassoni et sa nouvelle traduction, ait pu paraître relever de l'écriture burlesque[21]. Les dieux sont présentés dans des activités culinaires triviales. Le récit est rythmé par l'entrée en lice des différentes divinités et l'insertion de discours directs. Ainsi, la préparation de l'aïoli, assurée par Vénus sur l'ordre de Jupiter :

> Quand s'atrouberon tous dins aquelo countrado,
> Jupiter li diguet : eh ben, quu fa l'Ailhet ?
> N'est pas lou tout, foou la Brandado ;
> Quu de vaoutré sooura boulega lou pougnet ?
> Tu, *Venus*, que fas l'enjuguido
> Tu siés cargado doou mourtié ;
> [...]
> Venus diguet alors oou bellas *Cupidoun* :
> Moun fieou, douno-mi lou trissoun ;
> *Nymphos*, prenez lou res, pella-mi quauquei venos,
> L'amour vous fara seis estrenos[22]. (Germain 1760, 12)

Néanmoins, le ton n'est jamais trivial, voire bas comme dans le burlesque et la forme est marquée par une versification particulièrement complexe de sorte qu'on paraît ici plus près de l'héroï-comique que du burlesque proprement dit[23]. La satire n'est pas très présente, en dehors d'un bref passage sur les élégants du temps et, à vrai dire, comme dans maint "poème comique" du siècle, la question du genre ne paraît guère pertinente.

On a pu qualifier le ton de l'œuvre de « primesautier » (Lafont/Anatole 1970, 454). Le caractère enlevé de la narration, l'enchaînement rapide des séquences, la jovialité de l'écriture participent effectivement à cette légèreté. En même temps qu'elle est légère, cependant, cette écriture se signale par une extrême profusion qui se marque par un personnel mythologique particulièrement nombreux (dans l'ordre d'apparition avec numéro de page) : Apollon (7, 16), Mercure (8, 18, 21, 22), Jupiter (8, 12, 13, 14, 16, 18, 19, 20, 21, 22), Vulcain (9, 10, 19), Vénus (9, 11, 12, 13, 18, 19, 20), Amour-Cupidon (9, 12, 17, 20), Junon (9, 12, 13, 18, 19, 20, 22), Discorde (9), les Harpies (9), Charon (9), les Furies (9), le Soleil (10, 19), la Nuit (10), la Chimère (10), Cérès (10), Bacchus (10, 16), Neptune (10, 21), Mars (10, 19), Comus (11), Minerve (11), Pluton (11), Thémis (11, 20), Pan (11, 13), Cybèle (11), Attis (12), les Nymphes (12, 17), les Muses (14), Crepitus (14), Bellone (14), Janus (15), Saturne (15), Flore (15), Automne (15), Pomone (15), les Satyres (16), Faunus (16), Marsyas (16), Hercule (16), Écho (17), Hébé (18), Ganymède (18), Priape (18), Momus (19, 20), le Styx

(19), Europe (20), les Sirènes (21), Argus (22), Actéon (22), Diane (22, 23), Esculape (22), Éole (23), Morphée (23), Silène (23), Endymion (23), la Lune (23), le Jour (24), figures auxquelles on pourrait ajouter des allégories également signalées typographiquement, dans le texte imprimé, par des italiques (liste non exhaustive) : le Temps (9), le Travail (10), la Douleur (10), l'Envie (10), la Colère (10), les douleurs de l'Enfantement (10), les Fièvres (10), l'Incommodité (10), la Sagesse (11), la Pauvreté (11), les Jeux (14), le Gros Rire (14), la Tendresse (14), le Moment (19), la Mort (19).

À cette abondance de personnages en répond une autre, celle des mots. La langue de Germain est recherchée, complexe. Elle évite soigneusement les francismes dont on sait qu'ils abondaient dans la langue au moins urbaine du temps. Dans l'« Avertissement » en français de la *Bourrido*, Germain justifie son choix linguistique à la fois par rapport au français – c'est l'argument des troubadours – et du point de vue de sa qualité, en référence, cette fois, au provençal courant :

> Le langage que j'y ai employé, m'a paru convenir au sujet, et au lieu de l'action. C'est celui de nos anciens *Troubadours*, les premiers inventeurs de la Rime, et les premiers Poëtes de notre Nation. On y trouvera peut-être des termes peu usités aujourd'hui, parce que tout s'altère, et que les langues suivent pour l'ordinaire les révolutions des mœurs ; mais ce sont des termes dont se servaient nos anciens Marseillais, et j'ose même avancer qu'ils sont plus énergiques et plus expressifs que ceux qu'on leur a substitués.

La recherche de formes authentiques, voire des archaïsmes – parfois difficiles pour nous à identifier – relève d'un travail sur la nature de la langue. Or il semblerait que pour Germain la qualité n'aille pas sans la quantité.

7. Le *Dictionnaire provençal et françois historique* (sans date)

Tout récemment, David Fabié a rappelé que Germain avait amassé la matière d'un dictionnaire, à présent perdu, qui servira après sa mort à Achard pour son propre travail lexicographique. Son titre, abondant à souhait, rend compte de son ambition :

> *Dictionnaire provençal et françois historique contenant l'explication de chaque mot considéré dans les diverses acceptions provençales avec des exemples pour en faire connoître le vrai sens, l'étimologie de plusieurs mots et termes dérivés du grec, du celte, du latin, de l'italien et de l'espagnol. Les proverbes, maximes et sentences du peuple avec le sens moral, des explications et plusieurs anecdotes à ce sujet curieuses et divertissantes ; des détails concernant les animaux quadrupèdes, domestiques et sauvages et les insectes, les noms des oiseaux terrestres et aquatiques qui naissent en Provence et ceux de passage ; les noms des poissons de la Méditerranée connus dans les halles et marchés de Provence, du Languedoc, d'Espagne et d'Italie ; les noms des arbres, des arbrisseaux, des fleurs, des fruits du pays, tout ce qui est relatif au commerce à la marine et aux arts et métiers dont les termes et les détails sont exposés dans le plus grand jour, avec l'explication des mots tecniques et des outils. La description géographique et historique de toutes les villes, villages, bourgs, parroisses, fleuves, bois, étangs, etc, de la haute et basse Provence, dans les diocèses et vigueries où les villes sont situées, et diverses époques intéressantes qui les concernent, avec les noms des sçavans et hommes illustres qu'elles ont produit et dont les troubadours ont chanté les hauts faits, par M. Germain de Marseille ancien chancelier de la compagnie royale d'Affrique et proconsul de France à Alger. Au cabinet de l'auteur qui s'annonce ici pour poète provençal et auteur de plusieurs pièces de vers en ce langage.* (cité *in* Fabié 2015, 338-339)

L'écriture de Germain, telle qu'elle apparaît dans la *Bourrido* mais aussi dans ses œuvres antérieures, tire une partie de son efficacité de cette recherche lexicale, menée à la fois dans un but quantitatif et avec une ambition portant sur la qualité même d'une langue appréciée pour ce qu'elle peut avoir d'irréductible.

8. *La Fayoulado* (entre 1760 et 1769)

Ce poème de 175 vers, octosyllabes et alexandrins, comme dans la *Bourrido*, n'est connu que par le manuscrit Michel de Léon où il a été copié (f° 45-54), peut-être d'après un imprimé. Dans l'*Apoulougio de la Bourrido* (1769), Germain le mentionne de telle façon :

> La bourrido es d'uno coumpousicien simplo, unido, plano, salutari ; ce que a fa dire aou troubadou Germain dins sa faïoulado adrissado à Madamo la veouzo Boulo, (petit paris) page 3. Ligno 2. [suit une première citation] Et pu bas : [une seconde citation] (Germain 1769, 6-7)

qu'on a l'impression que le texte a fait l'objet d'une publication. C'est un conte qui met en scène une gourmande, friande de bourride. Son voisin (Jean) n'en a pas, mais veut lui jouer un tour. Il l'invite, puis la fait inviter par son cousin (Bernard). Le jour venu, elle va chez le voisin dire qu'elle ne peut pas rester et refuse la bourride qu'on lui propose. Elle se rend ensuite chez le cousin qui lui sert un plat de haricots (*fayoulado*). Germain se sert d'une double recette, si l'on ose dire : celle de la *Bourrido* qui a fait sa renommée et celle du conte qu'il maîtrise depuis ses débuts en poésie.

9. *Apoulougio de la Bourrido dei Dioux en formo de playdeja* (1769)

Imprimée en 1769, l'*Apoulougio de la Bourrido dei Dioux en formo de playdeja. Per Germain* se compose de 16 pages de prose provençale. C'est la première fois – et la seule – que le poète marseillais abandonne le genre poétique pour se lancer dans l'aventure – le mot n'est pas trop fort dans le cas de la littérature occitane – de l'écriture en prose[24]. Le texte se présente comme le plaidoyer prononcé par l'avocat de dame Bourrido traînée en justice par les dindes, les andouilles, les boudins, les saucisses et autres grillades[25]. L'éloge de l'huile et celui de l'ail constituent le cœur d'une démonstration mobilisant une érudition qui mêle autorités reconnues et personnalités factices. La liste des premières, sur le modèle établi pour les personnages de la *Bourrido*, requerrait trop de place ici. Elle comprendrait des personnalités de la médecine, du droit, de l'histoire, des amiraux, des princes, des familles nobles, des figures de l'Antiquité et de la Bible, un roi de France, mais pas forcément celui qu'on attendrait : Louis XIV mange des sardines à l'huile offertes par les prud'hommes (confrèrie des pêcheurs) de Marseille. La parenté avec les textes carnavalesques anciens (Brueys) ou avec Rabelais est évidente, tout comme celle qui unit finalement ce texte avec la *Bourrido* dont il est le prolongement, et comme le commentaire, en prose. Le tour de force de Germain, dans ce texte, ne repose pas que sur l'accumulation des références (pseudo-)érudites, loin s'en faut, mais sur l'articulation, comme dans la *Bourrido*, d'un enchevêtrement de figures, ici humaines, et de mots.

10. *Vers sur quelques sermons preches a Marseille en 1771 par le R.P. Hervier* **(1771)**

Le manuscrit Michel de Léon contient plusieurs poèmes, tous brefs et copiés à deux reprises, que Germain a composés en hommage aux prédications du père Charles Hervier (1743-1820), bibliothécaire des Grands Augustins de Paris :

> *Sur le sermon de l'amour divin* (f° 87-88 et 407-408)
> 12 vers – octosyllabes et alexandrins
> *Sur le sermon de la vertu* (f° 88-89 et 408)
> 12 vers – octosyllabes et alexandrins
> *Sur le sermon de la Religion* (f° 89 et 408-409)
> 12 vers – octosyllabes
> *Sur le sermon du pardon des Ennemis* (f° 90 et 409)
> 4 vers - octosyllabes et alexandrins
> *Sur le sermon de l'Amitié* (f° 90 et 409-410)
> 4 vers – octosyllabes et alexandrins
> *Reponse aux jaloux du pere Hervier* (f° 90-91 et 410)
> 12 vers – octosyllabes et alexandrins

Ces textes se distinguent par leur dépouillement lexical.

11. *Leis Delicis doou Terradou* **(1773)**

Ce texte est mentionné par Bouche (1785, II, 361) et par Achard (1785, III, 365-366), ainsi que par René Merle (1990, 31) qui semble l'avoir vu. Il s'agirait d'un imprimé.

12. *Vers à l'occasion de l'arrivée de l'Empereur à Marseille* **(1777)**

Ce petit poème de 54 octosyllabes ne semble pas avoir jamais été imprimé. On le connaît par un manuscrit (Aix, Musée Arbaud, MQ 309). Il a été transcrit par Merle (1990, 58-59). Germain a été chargé de le composer et, sans doute, de le lire à l'occasion de la venue de l'empereur Joseph II, en visite à Marseille (10 juillet 1777).

13. *Vers à Mlle Sainval* (sans date)

On ne sait pas précisément à laquelle des deux sœurs Sainval, toutes deux actrices parisiennes, ces vers à présent perdus (?), s'adressaient. C'est en pensant à eux et à ceux en l'honneur de Joseph II qu'Achard, dans sa notice sur Germain, formule un jugement négatif à propos de la vieillesse du poète : « Mais ces dernières productions se ressentent de l'âge auquel il les composa » (Achard 1785, III, 360).

14. *Paraphraso doou Psaume de David 108 Deus laudem meam* (sans date)

Signalée par Achard et Bouche, cette paraphrase de psaume, perdue à ce jour, permet d'associer Germain à l'architecte marseillais Claude Dageville (1723-1794) dont les traductions de psaumes sont consignées dans le manuscrit Michel de Léon, une d'entre elles étant imprimée dans le *Bouquet prouvençaou* de 1823, aux côtés notamment de la *Bourrido* de Germain.

*

Germain est un disciple de Gros dont il a retenu la leçon. Plus encore que son maître, toutefois, il a le goût de l'expérimentation. Il ne crée pas de genres à proprement parler, mais il explore des possibilités thématiques et formelles. De lui, l'histoire littéraire n'a retenu que sa *Bourrido*, peut-être parce qu'elle ouvre la voie à une certaine association qui sera faite par la suite, en Provence et ailleurs en pays d'oc, entre langue, littérature et gastronomie : *L'Aioli* de Frédéric Mistral (1891) est le lointain descendant de la *Bourrido* de Jean-Baptiste Germain. L'œuvre de ce poète marseillais ne se réduit pourtant pas à ce texte éclatant. C'est une œuvre globale qui prend son sens dans son déroulement. Elle est dotée d'une unité profonde, avec deux grandes réussites, la *Bourrido* et son *Apoulougio* en prose. Germain n'est pas un professionnel des lettres – en occitan, redisons-le, il n'y en a pas –, c'est un amateur éclairé qu'on aurait tort de prendre pour un dilettante. En multipliant les accumulations tourbillonnantes, en recherchant les effets de surprise et en cultivant, dans une forme très travaillée, complexe, voire hermétique, un esprit fait de gaieté et de légèreté, il développe une esthétique qu'on serait presque tenté d'appeler « baroque », à moins que, pour être plus en accord avec la période, il ne faille dire « rococo ». Cette esthétique se fonde sur la mise en mouvement, la mise en langue des mots provençaux qu'il ne se contente pas de collectionner, comme il le fait, nous dit Achard, des objets d'histoire naturelle et des tableaux (Perrier 1897, 205), mais qu'il anime d'un souffle puissant.

Jean-François Courouau
Université Toulouse-Jean-Jaurès
PLH-ELH
LAHIC (IIAC, CNRS)

NOTES

[1] Perrier (1897, 205) donne comme première nomination Smyrne en 1733 mais sans indication de sources.

[2] On doit toutes ces précieuses indications biographiques au travail d'Anne Mézin (1997, 320-321) sur les consuls de France au XVIIIᵉ siècle.

[3] Un seul exemplaire conservé : Paris, Ministère des Affaires étrangères (Rés. A 49). Réédité en 1757 et 1783. La BM de Marseille possède le manuscrit d'apparat offert à Maurepas lors de son passage à Marseille en juin 1744 (ms. 1314). Plus tard, Germain aurait publié un *Arrangement de minutes à savoir la procédure, les requêtes, les règlements d'avanie, les manifestes de marchandises d'entrée et de sortie et les procès verbaux (1690 à 1749)*, d'après Mézin (1997, 320). Dans la note biographique placée au bas de la p. 6 du *Trioumphe de Marsillo* (1756), il est précisé : « Le même a dédié à M. Pignon, Inspecteur Général du Commerce du Levant & de Barbarie, &c. un *Mémoire pour servir d'Instruction au Chancelier du Consulat de France & Agent de la Compagnie Royale d'Afrique à Alger*. Cet Ouvrage est in Folio, il a été présenté à Mgr le Garde des Sceaux en 1751 ».

[4] Selon Perrier (1897, 205), il continue à Marseille d'exercer la fonction d'agent de la Compagnie royale d'Afrique.

[5] « C'est ainsi que par le labour / Le génie de l'homme a dévoilé / Tous les secrets de la Nature / Que la Terre tenait enfouis. / Liserons, fenouils, laiterons, / Chiendents, ronciers, maudit chardon, / Le fer, quand vous ferez les fiers, / Saura vous mettre à la raison ».

[6] « J'ai terminé, lettrée assemblée, / De labourer le terroir ; / J'aurai bien gagné ma pause / Si vous faites une place à ces mots : / Marseillais, paysans, je me fais gloire / D'un parler qu'on m'a appris au berceau ; / Chacun au temple de Mémoire / Peut concourir tel qu'il est ». Pour le lexique, je reprends les sens donnés par Mistral : *garracha* « jachérer, défoncer, convertir en guéret, labourer une jachère, cultiver », *gatado*, « échappée, moment pendant lequel on quitte son travail ; moment perdu qu'un journalier emploie à cultiver son propre bien ».

[7] « Sachez que je parle le langage / Que ma mère m'a enseigné au berceau, / Que chaque langue a sa beauté ; / J'en trouve souvent dans la mienne / Qu'une autre ne pourrait pas exprimer dans la sienne ».

[8] De L'[Académie] Des Belles-Lettres De Marseille. L'abréviation est courante. Je remercie Régis Bertrand pour cette précision.

[9] Peu de Français ont alors décrit les ruines d'Éphèse, en dehors du Provençal Joseph Pitton de Tournefort (1656-1708) dont la *Relation d'un voyage au Levant* a paru en 1717. Celui-ci note à propos de Smyrne : « La langue Provençale y brille beaucoup sur toutes les autres, parce qu'il y a beaucoup plus de Provençaux que d'autres nations » (II, 498).

[10] « Mais qui aurait dit que tant de dieux / Qu'on célébrait dans cette ville / Ne seraient devenus que des tas de pierre, sans bras, sans tête, / À chaque coin ; / Siège, therme, banc où chacun s'arrête / Pour voir s'il est un passant qui en connaît l'usage ».

[11] « Et le peuple tout étonné / De ne pas savoir comment il avait été possible / Qu'un mort fût allé se pendre / Commença à n'y rien comprendre ».

[12] L'origine de l'histoire se situe en fait au XVIIe siècle. On la touve dans *A True and Exact History of the Island of Barbadoes* (1657) de Charles Lingon (1585 ?-1662).

[13] « L'Homme, en faisant les lois, s'est bien servi ; / Sous le prétexte du bien, il voulut commander à toute chose / Et, pour y parvenir, / Il fit taire la Femme / De sorte que, comme un flatteur, / il la cajole ; / La pauvre, elle crut qu'il lui serait fidèle / Mais lui, la fausse mine, il la trompa ».

[14] « Ingrat, si mon conte t'étonne, / Ne te récrie plus tant sur la fidélité. / Le tour que tu viens d'écouter / Vaut bien celui de la Matrone ».

[15] La présence de notes et particulièrement de celle-ci, rédigée au présent, suggère l'existence d'un imprimé.

[16] « Grand roi, si ma Muse romance / Chante ta gloire en provençal, / Je te dirai qu'autrefois en France / C'était le langage royal. / Les troubadours ont pris naissance / dans les meilleures villes de Provence. / Richard Cœur de Lion, roi anglais, / Fit une chanson provençale. / Si mon ode un jour te régale, / Souviens-toi qu'elle est d'un Marseillais ». L'appellation *romance* pour le provençal n'est pas rare au XVIIIe siècle, v. Fabié 2015, 317, 322, 324 et 352.

[17] L'événement donne partout lieu à des manifestations de joie, notamment à Marseille, par des chansons imprimées (et chantées) en provençal (Pélissier 1962).

[18] « Qui pourra jamais effacer / Du brillant temple de Mémoire / L'honneur que tous les dieux t'ont fait / De venir te montrer leur gloire ? / Les beaux Panthéons de l'histoire / S'accordent avec ton jardin ; / Sur le grand pilier du Destin, / Il est écrit que dans ta bastide / Les dieux mangèrent la Bourride ».

[19] Georges Reynaud a considrablement complété les recherches de Luppi (1983) sur les bastides marseillaises. Selon les renseignements qu'il m'a transmis par l'aimable entremise de Régis Bertrand – je les remercie tous deux chaleureusement –, cette propriété se trouvait dans le quartier Saint-Tronc (dans l'actuel 10e arrondissement), au début de l'actuelle rue Verdillon. En 1791, elle comprenait un corps central à deux étages, trois travées, une ferme et des dépendances sur huit hectares.

[20] Trad. 1758 (97-99) : « Junon Lucine, qui vouloit se laver la tête s'absenta. Ménippe, sur-Intendant de la cuisine de Jupiter, excusa les Parques, sur ce qu'elles avoient à pétrir le pain, & beaucoup d'étoupe à filer. Silene demeura pour baptiser le vin des laquais ».

[21] C'est ce qu'affirment Lafont/Anatole (1970, 454), mais aussi un des auteurs présents dans le manuscrit Michel de Léon, le chevalier de Cugis, qui reproche à Germain sa « Burlesquo Bourrido » (CIRDOC, ms. 1164, f° 14).

[22] « Quand ils [les dieux] se trouvèrent dans cette contrée, / Jupiter leur dit : « Eh bien, qui fait l'aïoli ? / Qui de vous saura remuer le poignet ? / Toi, Vénus, qui aimes bien t'amuser, / C'est toi qui es chargée du mortier ; [...] Vénus dit alors au superbe Cupidon : « Mon fils, donne-moi le pilon ! / Nymphes, prenez le chapelet d'aulx, pelez-moi quelques gousses ; / L'Amour vous fera ses étrennes ».

[23] De façon caractéristique, dans le titre de la traduction de *La Secchia rapita* de 1758, l'œuvre est qualifiée de *Poème héroï-satiro comique*.

[24] Sur la difficulté de l'écriture en prose en occitan, v. Gardy 1986, 1989a ; Courouau 2015.

[25] Texte peu lu, peu cité et peu commenté, en dehors de Gardy 1989b, 514-51 ; Merle 1990, 56-57 ; Gardy 1997, 223 et Courouau 2015, 417-418.

Références bibliographiques

ACHARD, Claude-François, *Dictionnaire de la Provence et du Comté-Venaissin*, Marseille, J. Mossy, 1785-1787, 4 vol. [I : *Vocabulaire français-provençal* 1785a ; II : *Vocabulaire provençal-français* 1785b ; III-IV : *Histoire des hommes illustres de la Provence*].

BOUCHE, Charles-François, *Essai sur l'histoire de la Provence suivi d'une notice des Provençaux célèbres*, Marseille, J. Mossy, 1785, 2 vol.

COUROUAU, Jean-François, « La prose : un météore dans un ciel (presque) vide », *in* Jean-François Courouau (dir.), *La langue partagée. Écrits et paroles d'oc. 1700-1789*, Genève Droz, 2015, 393-434.

FABIÉ, David, « L'essor des études lexicographiques et grammatico-graphiques », *in* Jean-François Courouau (dir.), *La langue partagée. Écrits et paroles d'oc. 1700-1789*, Genève Droz, 2015, 307-392.

FABIÉ, David, « Les troubadours dans la lexicographie provençale du XVIII· siècle », *in* Isabelle Luciani / Jean-François Courouau (éds), *La réception des troubadours en Provence (XVI·-XVIII· siècle)*, Paris, Classiques Garnier, à paraître.

GARDY, Philippe, *L'écriture occitane aux XVI·, XVII· et XVIII· siècles. Origine et développement d'un théâtre occitan à Aix-en-Provence. L'œuvre de Jean de Cabanes*, Béziers, CIDO, 1986, 2 vol.

GARDY, Philippe, « La prose impossible », *Lengas revue de sociolinguistique* 26, 1989a, 95-110.

GARDY, Philippe, « Les modèles d'écriture : ruptures et continuités », *in* Henri Boyer / Georges Fournier / Philippe Gardy / Philippe Martel / René Merle / François Pic, *Le texte occitan de la période révolutionnaire*, Montpellier, SFAIEO, 1989b, 473-516.

GARDY, Philippe, *Histoire et anthologie de la littérature occitane*, t. II, *L'âge du baroque. 1500-1789*, Montpellier, Presses du Languedoc, 1997.

GARDY, Philippe, « Les écrivains provençaux d'expression occitane et les troubadours de la fin du XVI· siècle aux années 1780 », *in* Isabelle Luciani / Jean-François Courouau (éds), *La réception des troubadours en Provence (XVI·-XVIII· siècle)*, Paris, Classiques Garnier, à paraître.

LAFONT, Robert / ANATOLE, Christian, *Nouvelle histoire de la littérature occitane*, Paris, PUF, 1970, 2 vol.

LUPPI, Henry, *Les bastides, joyaux du terroir marseillais. Sainte-Marguerite*, Marseille, Comité du vieux Marseille, 1983.

MERLE, René, *L'écriture du provençal de 1775 à 1840. Inventaire du texte occitan publié ou manuscrit dans la zone culturelle provençale et ses franges*, Béziers, CIDO, 1990, 2 vol.

MEZIN, Anne, *Les consuls de France au Siècle des Lumières (1715-1792)*, Paris, Ministère des Affaires étrangères, 1997.

PELISSIER, Jean, « Quatre chansons sur la prise de Mahon (1756) », *Revue de langue et littérature d'oc* 10, 2ᵉ trim. 1962, 47-58.

PERRIER, Émile, *Les bibliophiles et les collectionneurs provençaux. Anciens et modernes. Arrondissement de Marseille*, Marseille, Barthelet, 1897.

Autour du *Proucez de Carementran*
(Comtat Venaissin, XVIIe-XIXe siècles)
Remarques et hypothèses

La pièce de théâtre *Lou Proucez de Carementran*[1] est l'un des rares textes (dramatiques) occitans qui traversent tout le XVIIIe siècle[2]. La première impression répertoriée de cette œuvre, à un seul exemplaire il est vrai, est datée de l'année 1700. Les impressions les plus récentes, à l'exception, bien entendu, de la réédition, d'une autre nature, qu'en a procurée Claude Mauron en 1985[3], débordent quant à elles assez largement sur le XIXe siècle. Il ne s'agit pas là d'un phénomène unique : d'autres compositions utilisant l'occitan, partiellement ou très majoritairement, ont connu une vogue comparable, ainsi que l'a encore montré récemment, preuves bibliographiques à l'appui, François Pic, dans une importante étude encore inédite. Mais le fait est là : cette courte pièce de théâtre a fait l'objet, en Provence, et plus particulièrement dans le Comtat Venaissin, de réimpressions relativement nombreuses qui témoignent de l'intérêt qu'elle a dû susciter pendant au moins plus d'un siècle, aussi bien du côté des lecteurs que de celui des amateurs de théâtre. Des témoignages, en particulier celui découvert par Émile Bonnel (1993) dans les archives du Comtat, attestent, s'il en était besoin, qu'elle a été représentée. Et les circonstances plus que probables de ces représentations, comme celles qui ont sans aucun doute présidé à son écriture, expliquent la nature de ce succès[4]. Rédigé comme un jugement de carnaval, *Lou Proucez de Carementran* s'inscrit dans une longue et féconde lignée, qui s'étend, pour s'en tenir aux écrits de langue d'oc, entre les dernières décennies du XVIe siècle et l'époque actuelle. Le champ de la littérature carnavalesque, lié aux fêtes du Mardi gras et à l'entrée dans la période du Carême, est très vaste. En pays d'oc, et plus spécifiquement en Provence, les publications et les études d'ordre divers (linguistiques, littéraires, historiques, ethnographiques...) sur le sujet ne manquent pas. Claude Mauron, dans l'avertissement très informé de son édition du *Proucez*, en a mentionné un certain nombre[5]. On en trouvera d'autres recensées dans nombre de publications faisant autorité. Je ne rappellerai, pour leur valeur sommative, que celles de l'anthropologue Daniel Fabre, qui concernent aussi bien l'univers vaste et multiple du carnaval dans le temps et dans l'espace français et européen, avec une attention plus particulière portée sur les pays d'oc et, tout spécialement, la zone bas-languedocienne, limitrophe de la partie comtadine de la Provence qui nous intéresse ici[6].

Du XVe siècle au milieu du XIXe : une lignée rhodanienne d'écrits carnavalesques

Le *Proucez de Carementran* se situe à la croisée de deux moments forts du rituel carnavalesque dont on peut observer le déroulement depuis le XVIe siècle jusqu'à nos jours. L'un est le « combat de Carnaval et de Carême », tel qu'il a été mis en scène par le peintre Pieter Bruegel, dit « l'Ancien », dans un tableau célèbre (1559) étudié, notamment, par Claude Gaignebet dans une analyse exemplaire, à la fois contestée et indispensable. L'autre est le jugement, ou procès, de Carnaval, suivi de sa mise à mort, par noyade, crémation, voire pendaison ou exécution[7]. Ces deux moments y sont largement développés par un auteur demeuré anonyme malgré la fortune assez remarquable de son œuvre. Cet auteur, sur les qualités duquel Claude Mauron a insisté à juste raison dans l'avertissement de son édition, s'inscrivait dans une tradition d'écriture carnavalesque provençale dont il est difficile de savoir s'il en avait eu directement connaissance. On connaît, grâce à Paul Aebischer (1972) et plus récemment à Jean-Claude Aubailly (1978), ce *Testament de Carmentrant* attribué à un notaire de Pont-Saint-Esprit, dans la basse vallée du Rhône[8], Jehan d'Abundance[9]. Ce jeu dramatique est écrit en français, sans doute un peu plus d'un siècle, *grosso modo*, avant qu'ait été composé le *Procez*[10]. On connaît aussi les diverses compositions carnavalesques en provençal intégrées par l'Aixois Claude Brueys en 1628 dans les deux volumes de son *Jardin deys Musos provensalos. Divisat en quatre partidos*[11], où il avait rassemblé, pour l'essentiel, des « œuvres de jeunesse[12] ». Citons notamment : *Ordonansos de Caramantran a quatre personnagis (Lou Prologue, L'Embeissadour, lou*

Secretari, et Caramantran), vaste composition dramatique dont l'action, essentiellement verbale, se situe au début de la période carnavalesque, puisque Caramantrant y fait connaître les règles instituées pour son règne éphémère mais hors du temps et des contraintes du quotidien ; et à l'opposé, *Harenguo funebro sur la mouort de Caramentran*, un long monologue déplorant le départ de celui qui avait un court moment voulu changer la vie de ses sujets de quelques jours. Deux textes destinés à la représentation publique, sans doute écrits et joués à la fin du XVIe siècle dans la ville natale de l'auteur, et dont l'impression avait aidé à la pérennisation. Si les œuvres de Jehan d'Abundance signalent l'existence déjà ancienne d'une tradition d'écriture dramatique autour des moments forts des rituels carnavalesques locaux, celles de Claude Brueys, plus tardives, peuvent laisser penser que l'auteur du *Procez*, quelques dizaines d'années plus tard seulement, dans le Comtat tout proche, a pu en avoir eu connaissance et s'en soit, encore que de loin, inspiré. D'autant que tous ces textes, conservés sous la forme de manuscrits ou d'imprimés, ne sont probablement que les traces parvenues jusqu'à nous d'une tradition autrement plus étoffée. Bien entendu, le *Proucez* n'appartient visiblement pas à la même époque que Jehan d'Abundance ou Claude Brueys : les références nombreuses qui fleurissent dans les œuvres directement carnavalesques de ce dernier, empruntées à l'Antiquité, au Moyen Âge ou encore à la Renaissance, n'y sont plus présentes ; et le lexique lié aux réjouissances du carnaval a lui aussi, en partie au moins, évolué. Mais, outre la langue, les principaux thèmes demeurent et le vocabulaire lié aux nourritures grasses, comme celui relatif aux privations et aux aliments peu engageants de la période du Carême, sont les mêmes, ce qui n'a rien de surprenant. Sans néanmoins qu'y subsistent encore les images et les constructions verbales émerveillées dont Brueys faisait son miel avec une réelle gourmandise langagière, par exemple – et ce n'est qu'un exemple – dans la longue description du château de Cocagne (« *Casteou de Coucagnos* »), placée sous le signe de la nostalgie (il fut détruit par un incendie malencontreux), vers la fin des *Ordonansos de Caramantran*[13].

À tous ces égards, le *Proucez* est déjà, largement, d'une autre époque : la seconde moitié du XVIIe siècle sans doute, celle où il paraît avoir été écrit puis imprimé et représenté, sans qu'il soit possible de savoir avec précision dans quelles circonstances.

La carrière de cette pièce, on l'a dit, a débordé assez largement sur le XIXᵉ siècle. Parmi la grosse dizaine d'impressions repérées et décrites par François Pic, plusieurs ont été réalisées et diffusées au-delà des années 1800. Pour autant qu'il soit possible de les dater plus précisément, grâce au nom de l'imprimeur quand celui-ci est mentionné, ou encore à l'aide de certaines caractéristiques matérielles, on s'aperçoit que ces impressions ont dû s'étendre sur toute la première moitié du siècle, et sans doute au-delà. Ainsi Offray aîné, membre d'une longue lignée d'imprimeurs avignonnais (Bailly s.d.), met en circulation, aux confins des XVIIIᵉ et XIXᵉ siècles, un livret contenant, outre le *Proucez*, deux autres textes de nature à la fois différente et complémentaire[14] : le *Dialogue de feu M. l'abbé de Nant avec son valet Antoine* (paginé de façon autonome de 1 à 15) ; l'*Éloge funèbre de feu Michel Morin*, suivi du *Testament et dernières paroles remarquables de Michel Morin* (paginé de 1 à 31). Antoine Jean-Baptiste Peyri, imprimeur-libraire à Avignon autour de 1850, fabrique et diffuse lui aussi une impression du *Proucez*[15]. Gaudibert Penne, imprimeur à Carpentras, met en vente à la même époque le premier acte de notre pièce[16].

Ces impressions du *Proucez* se présentent toutes sous la forme de brochures de petit format, fabriquées sans grand soin, et visiblement destinées à un public peu fortuné, susceptible de les acheter et d'en faire un double usage : la lecture, probablement souvent à voix haute, et la mise en bouche, en vue de mises en scène et de représentations, à l'occasion des célébrations carnavalesques annuelles. L'exemplaire produit par Offray aîné que j'ai sous les yeux, regroupant le *Proucez*, en provençal, le *Dialogue de feu M. l'abbé de Nant*, en languedocien et en français, ainsi que les deux textes concernant Michel Morin, en français seulement, suggère et confirme, sous sa couverture de papier rose, des usages de cette sorte. On pourrait rapprocher cette impression avignonnaise d'une autre, sans lieu ni date, dans laquelle le texte du *Proucez* a été complété par une autre pièce sans doute jugée susceptible par l'imprimeur-libraire qui l'a mise en vente d'apporter un plus au jeu dramatique carnavalesque comtadin : *Lou Proucez de Carmentran, coumedie en quatre actes. Ougmenta de la Coumplentou sur la mort dou Dimar-gras*[17]. De cet ajout final, la page de titre fournit d'ailleurs une idée un peu trompeuse : la complainte annoncée en provençal est en réalité le texte d'une chanson... en français, *Complainte sur la mort du Mardi-Gras, Sur l'Air de la Prose des Morts* (c'est-à-dire du *Dies Iræ*). Ces douze strophes de trois octosyllabes déroulent, aux pages 12 et 13 de ce mince imprimé, les principaux motifs attachés à la disparition de Mardi-Gras, personnification de Carnaval. La tristesse est revenue (*harengs, lentilles, navets...*) et c'en est fini de l'abondance et du temps des plaisirs (*pâtés, fricandeaux, gigots...*) évoqués dans la plus grande partie du texte après les déplorations du début :

> Il est donc mort le Mardi-Gras,
> A son décès plus de repas,
> Je ne m'en consolerai pas.

L'occasion faisant le larron, on peut estimer que c'est par souci de « compléter » le texte de la pièce et d'atteindre ainsi un total de 14 pages, couverture en papier comprise, que cet ajout a été effectué avec les moyens du bord. Quoique beaucoup plus « parisienne » (Faure 1978) que comtadine, motifs et langue additionnés, la complainte finale vient souligner l'importance que revêtait la thématique carnavalesque dans les choix de l'imprimeur.

D'autres impressions, toujours difficiles à dater et à localiser précisément, ont été répertoriées par François Pic entre la fin du XVIIIe siècle et les premières décennies du XIXe. On peut penser qu'une recension encore plus minutieuse des exemplaires conservés çà et là du *Proucez* révélerait l'existence d'autres brochures plus ou moins différentes, et viendrait ainsi confirmer la diffusion importante, autour d'Avignon, pendant une assez longue période, de cette œuvre à la fois banale par son sujet et exceptionnelle par l'intérêt commercial et intellectuel qu'elle a suscité.

Le nombre appréciable de ces impressions, dont nous ignorons tout du tirage, ne doit pas empêcher de s'interroger également sur l'existence d'une tradition manuscrite, il est vrai beaucoup moins documentée, mais probable. J'ai rencontré, dans une bibliothèque (comtadine : Avignon, Carpentras ?), au moins une version manuscrite du *Proucez*, il y a plusieurs dizaines d'années. La photocopie qui m'en a alors été fournie (ill. 1) est toujours en ma possession, mais je n'ai pas réussi, faute de l'avoir notée sur le moment, à en savoir la provenance. Ce manuscrit, soigné, d'une belle écriture, a été numéroté après reliure, dans le recueil factice où il a été inséré, de 286 à 307[18]. Il semble s'inscrire dans une lignée à laquelle appartiendrait aussi l'impression augmentée de la complainte de Mardi-Gras : l'acte trois y est réduit comme dans celle-ci à sa plus simple expression (une page unique, soit 24 vers). De la même façon, la femme Carême, que les compagnons de Carementran veulent intercepter, y est réputée, à l'acte 1 (voir p. 44-45 de l'édition Mauron), être en provenance « *de terre nove* » (de Terre-Neuve, un lieu associé à la pêche à la morue, nourriture de Carême par excellence avec les harengs et les anchois). Or ces deux éléments sont absents dans l'impression de 1747 suivie par Mauron : l'acte 3 y est plus développé, et Carême y est dite en provenance « *dei comun*[19] ».

Autour d'Avignon, à l'évidence, ce bref jeu dramatique[20], le plus souvent raccourci, a dû constituer, pendant un siècle et demi au moins, un objet de curiosité et d'intérêt indéniable. Plusieurs ateliers d'imprimerie n'ont pas hésité à le faire figurer sur leur catalogue, sans que nous puissions en évaluer véritablement le succès public, et des acheteurs sans doute assez nombreux ont permis à la pièce de demeurer vivante, d'une année sur l'autre.

Mais quand s'est interrompue en terre du Comtat cette tradition liée à l'impression et à la représentation du *Proucez* ? Très certainement dans la première moitié du XIXe siècle. Sauf bien sûr à retrouver des traces de représentations « régulières » plus avant dans le temps. Mais un fait est plus assuré : dans le Comtat et plus largement en Vaucluse, les rituels liés au carnaval, s'ils ont dû connaître des interruptions et des reprises, comme c'est souvent le cas, n'ont pas disparu. Et d'autres événements théâtraux leur ont été associés dans le sillage du *Proucez*. L'un d'entre eux est assez bien connu, grâce notamment au témoignage et aux recherches de Guy Mathieu, ethnographe formé à l'école de Jean-Claude Bouvier. Il s'agit du *Rescontre de Carema e de Carementrant* de Jérôme (ou Gérôme) Sédallian. Hormis que cet auteur est né en 1802 et mort en 1873 à Saint-Martin-de-Brasque, non loin d'Apt, Guy Mathieu ne nous en apprend guère davantage à son propos dans les deux éditions en graphie modernisée qu'il a publiées de ce texte, dont la première version connue fut imprimée en 1861 dans une publication collective marseillaise, *Lou Rabaiaire*[21]. En revanche, il fournit plusieurs attestations de représentations de sa courte comédie sur un sujet similaire à celui du *Proucez*, et ce jusque dans les années 1970, en Lubéron. Il mentionne aussi l'existence de copies manuscrites attestant de la circulation de ce texte pendant une assez longue période après sa première impression, sans qu'il soit possible de savoir comment sa transmission s'est effectuée, à partir de son impression en 1861, ou par d'autres canaux, plus locaux.

La comédie de Sédallian, écrite plus d'un siècle après le *Proucez*, appartient déjà pour partie à un autre monde, malgré les traits communs qui les réunissent et renvoient bien sûr à la syntaxe et au vocabulaire de la fête carnavalesque. Un de ses intérêts pour nous réside en tout cas dans ce qu'elle peut nous apprendre sur les modalités de transmission d'une œuvre dramatique dans un contexte ritualisé.

Avant et après 1747, les tribulations du *Proucez*

Après d'autres, Claude Mauron a estimé avec raison que l'impression de 1747 (ill. 2) du *Proucez* pouvait servir de base à une réédition scientifique, étant « plus complète que les autres » (Mauron 1985, 8). Toutes les éditions connues semblent bien en effet, quoique non datées (mais plus ou moins datables en fonction des ateliers d'imprimerie qui les ont réalisées, quand ceux-ci sont explicitement mentionnés), avoir dérivé de celle-ci, sans pour autant en proposer, nous avons pu le constater, un texte semblable à celui de 1747.

Pour faire simple et rapide, ces différences concernent la graphie (les finales atones en -ou, -o ou -e par exemple), la lettre de certains passages du texte (légères différences morphologiques ou lexicales), et bien sûr et surtout les dimensions de l'œuvre, celle-ci ayant systématiquement été ramenée à un nombre de vers moindre, par la suppression de passages ou de scènes entières. Comment et pourquoi ces aménagements ont-ils été effectués, nous n'en savons rien. On peut au mieux émettre l'hypothèse que les changements linguistiques observables d'une impression à l'autre ont eu pour origine le lieu d'impression, en liaison avec la connaissance du provençal comtadin du typographe ou du libraire, comme d'ailleurs avec les conventions graphiques en vigueur dans tel atelier quand on y produisait d'autres ouvrages en provençal. Seule une étude comparée minutieuse des diverses impressions conservées aiderait peut-être à préciser les conditions de ces divergences.

En ce qui concerne les dimensions de la pièce, on ne peut également que formuler des hypothèses. Si l'impression de 1747 a servi de modèle aux autres (par quel cheminement et à travers quels enchaînements ?), les réductions observables pourraient renvoyer aussi bien à l'état dans lequel se trouvait le (ou les) exemplaire(s) utilisé(s) à cet effet qu'à une volonté, plus probable à première vue, de disposer d'un texte plus bref, pour des raisons renvoyant aussi bien aux préoccupations économiques de l'imprimeur et des lecteurs qu'à des contraintes liées aux représentations.

J'ai fait brièvement allusion plus haut à la découverte, par Émile Bonnel, dans un des deux seuls registres du Tribunal de l'Inquisition conservé aux Archives de Vaucluse, du compte rendu d'un jugement concernant une représentation du *Proucez* dans le village d'Aubignan, situé à quelques kilomètres de Carpentras[22] (Bonnel 1993, 45). Ce jugement, daté du 1er août 1751, condamne une petite dizaine de personnes. Et Bonnel explique cette condamnation par le fait qu'« ici nous sommes en terre papale ». En outre, poursuit-il, elle « explique pourquoi les éditions de la comédie sont rarement localisées et ne mentionnent jamais le nom de l'imprimeur » (Bonnel 1993, 52). Cette hypothèse est intéressante, bien que difficile à vérifier. Des brochures plus ou moins comparables, publiées sans aucune adresse ni localisation, ou avec une adresse fantaisiste, comme c'est le cas pour le *Proucez*, existent à la même époque, y compris en Provence ou en Languedoc. Mais leur contenu, il est vrai, ne présente pas de références carnavalesques aussi explicites, et donc, pour l'Église, aussi clairement condamnables. L'impression de 1747 joue sur une adresse « plaisante », peu identifiable, malgré la mention « Au Bourg », bien vague. Une autre impression, que les bibliographes datent, sans plus de précision, du XVIIIe siècle, affiche le nom de Venasque, dans le Comtat, à une dizaine de kilomètres de Carpentras. Mais les autres mentions, « Chez Crasseux, rue Malpropre, à l'Enseigne du dégoutant », suffisent à brouiller les pistes et décrédibiliser fortement la localisation proposée[23].

Le jugement de 1751 est certainement à rapporter à l'impression de 1747, toute récente donc, qui aurait en quelque sorte pu servir de détonateur pour cette représentation comme, supposons-le, pour d'autres, avant ou après. Si l'écriture du *Proucez* a été liée à l'origine au village de Bédarrides, il n'y a rien d'étonnant à ce que la pièce ait été jouée dans un village tout proche. Nous ne pouvons pas savoir si le texte joué à Aubignan était conforme à celui de 1747, ou s'il s'agissait déjà d'une version modifiée, raccourcie ou adaptée au lieu, telles qu'en témoignent les impressions réalisées ultérieurement. Mais notons avec Bonnel, se fondant sur le texte « canonique » de 1747, que « cette tragi-comédie a tous les aspects d'une pièce classique, des caractères bien définis, une action rapide et le principe respecté des trois unités » (Bonnel 1993, 61). Ces constatations menaient Bonnel à imaginer pour le *Proucez* un auteur appartenant « à un milieu cultivé, peut-être un des ces clercs de la bazoche, habitué à la fois aux abstractions de style du palais et aux organisations de fêtes ».

Claude Mauron note que plusieurs bibliographies signalaient l'existence d'impression datées de 1700 (ou 1701) du *Proucez*, ce qui ferait remonter de près d'un demi-siècle au moins l'écriture de cette pièce. Ainsi, Jacques-Charles Brunet, dans son *Manuel du libraire et de l'amateur de livres*[24], à propos de la pièce de Jehan d'Abundance, mentionnait dès le début du XIXe siècle l'ouvrage suivant : *Lou Proucès de Carementran, comedie nouvello et galanto, per servir de divertissement eiz espritz curieoux et galans*, Paris, 1700, in-12. Or un exemplaire au moins de cet ouvrage existe bel et bien, recueilli et conservé dans la riche collection de textes et documents sur les patois rassemblée par Charles-Étienne Coquebert de Montbret et son fils Eugène[25]. Sur la première page de l'ouvrage (ill. 3), on peut lire :

> Lou / Procez / de / Carementran / comedie / nouvello et galanto. / Per servi de divertissemen eiz esprits / curieoux / & galans. /
> [corbeille de fruits]
> A Paris, / Chez Antoine Barbin, / Marchand Libraire à la Grand / Salle du Palais, 1700.
> (36 pp. + p. titre)

Si la première partie du titre est conforme aux impressions suivantes (jusqu'à la forme *procez*, reprise sur la page de titre en 1747, mais pas comme on l'a vu dans les titres courants, où l'on ne trouve que *proucez*), dans la seconde partie, la comédie est qualifiée à l'aide d'un certains nombres de déterminants dont le déroulement inscrit le *Proucez* dans toute une tradition remontant au XVIe siècle. La pièce est ainsi, successivement : *nouvelle*, donc très certainement jamais imprimée auparavant (elle date donc de 1700 ou de la toute fin des années 1690) ; *galante,* au sens de « raffiné, élégant, de bon goût » ; divertissante, et destinée aux esprits animés de curiosité. La gravure disposée au centre de la page divise celle-ci en deux parties, et donne à l'ensemble un aspect plaisant. La corbeille de fruits constitue elle aussi un motif ancien et souvent utilisé qui rehausse et en même temps banalise le texte ainsi annoncé[26]. Reste, à propos de cette page de titre, l'adresse occupant la partie inférieure de la page. Celle-ci pourrait paraître tout aussi banale, et c'est peut-être l'effet premier qui a été recherché. Le nom de l'imprimeur, Barbin, est bien connu, comme l'est aussi sa domiciliation (la Grand Salle du Palais). Mais si l'on y regarde de plus près, tout cela paraît moins clair : Claude Barbin est un imprimeur-libraire parisien clairement identifié (Reed 1974), comme l'est aussi, après son décès, sa veuve, elle-même disparue en 1707 (Barbier et alii 2007). Mais, dans cette lignée de gens du livre parisiens, autour de 1700, nul Antoine Barbin du côté de la Cour du Palais, sur le Perron de la Sainte-Chapelle, où étaient situées les boutiques des imprimeurs regroupés en ce lieu.

Que déduire de tels éléments ? Que cette adresse parisienne est sans doute, mais cela reste bien entendu à prouver, une fausse adresse destinée tout à la fois à donner un certain prestige à la comédie alors imprimée pour la première fois et à l'éloigner par la même occasion de son lieu d'écriture ou, à tout le moins, de celui de l'action qui s'y déroule. Les éléments de localisation relevés et situés par les éditeurs (Mauron) et commentateurs (Bonnel) du *Proucez,* soit la rivière Ouvèze et les lieux qui s'y rattacheraient sur la commune actuelle de Bédarrides, y sont déjà présents. Et la langue n'est en rien différente, en gros, de celle des impressions plus récentes. Quant au texte proprement dit, il est pour l'essentiel en conformité avec celui de l'impression de 1747 qui a servi de base à la réédition de Claude Mauron. Sans l'être cependant totalement. Il est vrai qu'un intervalle d'une petite cinquantaine d'années sépare la date des deux premières impressions connues du *Proucez.* Une ou d'autres impressions ont-elles été réalisées dans cet intervalle ? Rien ne permet de l'affirmer. Et pourquoi, si les dates de 1700 et 1747 sont fiables, des différences, quoique légères, entre l'une et l'autre ?

Ces différences apparaissent, passée la page de titre, dès la p. 2, avec la liste des

Actours
Carementran.
Lou Debauchat.
Lou Jougadou
Lou Dansaire.
Caresme.
L'Avocat de Caresme.
Lou Juge
Un Noutary.
Doux Sargens.

Cette liste disparaît en 1747 et par la suite. Quant au notaire et aux deux sergents mentionnés en dernier lieu, ils ne prennent pas la parole et leur présence n'est que sous-entendue dans le texte, y compris en 1700[27].

Sans entrer dans une étude de détail des différences entre ces deux impressions, on peut avancer quelques remarques d'ensemble à ce sujet. Et noter, d'abord, que les corrections apportées dans l'édition Mauron semblent bien être en général le fait d'une mauvaise reproduction de ce qui peut être considéré comme la version originale de référence. Mais parfois c'est bien déjà la version initiale de 1700 qui présente un texte difficile. Ainsi « *De la clare(te),& dau vin blanc* » (Mauron 16) renvoie à « *De la Clarete & dou vin blan* » (1700, 4) ; « *Grand duc & per(e) dei cabaret,* » (Mauron 16) à « *Grand Duc, & pere dey Cabaret,* » ; « *Lou gran ami (dei) flautaire, / Dei timbales & de(i) tambourin, / Tu que sies lest comme un turpin* » (Mauron, 18) à « *Lou grand amy dey flautaire, / Dei timbales & dey tambourin, / Tu que sies lest comme un tupin* » (1700, 5) ; « *Lei femme n'an pas tant (de) vice,* » (Mauron, 26) à « *Lei feme nan pas tant de vice,* » (1700, 9) ; « *Mai que non fai [pas] leis yous de gau ?* » (Mauron 28) à « *Mai que non fai pas lei yous dey gau,* » (1700, 11) ; « *Quan per quere(lle) aqueou que gagne,* » (Mauron 46) à « *Quan per querele aqueou que gaine,* » (1700, 21) ; « *Un desbauchat, [es] encaro pire*[28] » (Mauron 48) à « *Un Desbauchat es encaro pire,* » (1700, 21) ; « *Contro vous & [toutei] vostrei sargen* » (Mauron 78) à « *Contro vous & toutei vouestri sargen,* » (1700, 34). On relèvera, inversement, que *tupin* a été rectifié en *turpin*, qui semble effectivement apporter un sens plus clair (voir la note éd. Mauron 1985, 19). Mais en général, c'est bien la version 1700 qui permet de corriger 1747. Ainsi quand Mauron (32) rétablit Carementran comme étant celui qui prend la parole au vers « *Que maugrabieu sie lei couquin !* », on constate que son nom n'a pas été omis en 1700 (p. 14). De la même façon encore, 1700 aide à mieux comprendre le passage de l'acte 3 dont il a été question plus haut, à propos du « côté » d'où vient Carême (éd. Mauron 1985, 43) : 1700, 19 ne propose ni « *Dei coumun* » (version 1747), ni « *de terre nove* », correction plus récente généralement adoptée ensuite, mais la formule beaucoup plus comtadine : « *De Coûmon* », soit de Caumont, aujourd'hui Caumont-sur-Durance, village proche d'Avignon[29].

L'édition de Claude Mauron relève l'absence probable de certains vers, signalée par des rimes orphelines, à plusieurs reprises. On aurait pu penser que 1700 aiderait à rétablir un texte plus complet et plus cohérent, mais tel n'est pourtant pas le cas. Ainsi, le vers qui semble manquer dans l'éd. Mauron 1985, 38, après ou avant « *Per yeou n'ai pas jamai trambla.* » est tout aussi manquant dans 1700, 17. Même chose pour Mauron 72 (« *Que Car[e]mentran li a vougu faire.* ») : 1700, 30 n'apporte aucun complément à cette rime orpheline. Mauron, 80 présente une autre rime orpheline (non signalée : « *Qu'en quauque bon vieillard d'armite* »). Mais cette fois 1700, 34 aide à rétablir la cohérence des rimes : « *Quen quauquey bon viellar d'Armite, / Ou ben en quauques hypocrite,* »). Dans un ordre d'idées similaire, 1700, 36 donne quatre vers absents dans Mauron 82 : « *Lou grand Emperour dei Jougaire, / Dei debauchats, dei caleinaire, / L'ami dou divertissamen, / Et l'ennemi dei pensamen, / Gouvernour de la bonno chiero* » (ce dernier vers étant lui présent sous une autre forme : « *Amatour de la bonne chiere,* »). Quelques vers plus avant, 1700, 36, après « *Et l'y sauva son argen,* », fournit un texte plus complet : « *Per lou mouyen de l'abstinenci, / Dau juni & de la penitenci* ».

En fait, il semble que ce soit toute la fin de la pièce qui ait pâti de coupures et de réfections en 1747, probablement parce qu'il fallait à tout prix faire entrer la fin du texte dans les pages 23 et 24, déjà surchargées. Le responsable de l'impression de 1747 en a en même temps profité pour simplifier le dénouement, notamment en faisant disparaître les allusions au personnage (simple figurant certes) du greffier. En 1700, en effet, c'est explicitement à un greffier que le juge s'adresse pour que la sentence soit exécutée prestement[30] après le tour de l'âne infligé d'abord à Carementran : « *Greffie couchas en deligenco / Le teneur d'aquesto sentenco, / Yeou l'y fau graci dey despen, / Puisque lou pauret s'en repen.* » (p. 36). En 1747, la pièce s'achève semblablement, mais avec une rédaction modifiée : « *Que sie coucha en deligence, / La tenour d'aquelle sentence, / Yeou li fau credi dei despen, / Puisque lou paure s'en desfen ?* » (éd. Mauron 1985, 84). Le greffier de la version initiale ne fait-il qu'un avec le notaire mentionné dans la liste initiale des acteurs ? Probablement. Et les deux sergents également nommés dans cette liste assistaient également à la scène, pour accompagner Carementran au cours de ses ultimes tribulations[31].

*

De toutes les impressions du *Proucez* que j'ai pu consulter, seule, semble-t-il, celle de 1700 se présente comme un ouvrage d'une certaine tenue matérielle. L'adresse parisienne, quelles que soient les raisons de sa présence, vient en tout cas apporter sa caution à cette recherche de qualité éditoriale, que la corbeille de fruits de la page de titre et l'usage de frises venant rythmer le découpage en actes de la pièce complètent heureusement. Cette tenue, toute relative, est, on l'a noté, à nuancer : l'imprimeur a dû baisser le corps utilisé pour le texte sur deux pages afin de ne pas dépasser le compte final à respecter. Cela dit, elle est la seule, ou une des seules, qui se présente sous une forme qui n'est pas exactement celle de ces brochures de type « Bibliothèque bleue » que plusieurs imprimeurs avignonnais, au cours du XVIIIe siècle, fabriquent et diffusent. René Moulinas signale le cas du fonds de librairie de feu Labaye, dont la vente, en 1750, laisse apparaître des « titres qui relèvent indiscutablement de ce genre de littérature populaire à bon marché » (Moulinas 1974, 166). Parmi ces titres, outre des « classiques » de cette sorte de littérature (*Robert le Diable, Pierre de Provence, Fortunatus, Bonhomme Misère*, etc.), on découvre, non pas le *Proucez*, mais une brochure intitulée *Les Noces de Carementrant*. Je n'ai pas trouvé trace de cet imprimé, qui a dû faire l'objet d'une certaine diffusion alors. Mais sa présence dans ce fonds de libraire d'Avignon laisse à penser que le *Proucez*, à la même époque, a pu faire son entrée lui aussi dans cette sorte de production : l'impression de 1747 en présente, à tout le moins, la plupart des caractéristiques[32].

Si cette hypothèse avait quelque chance d'être juste, il resterait à savoir quelle a pu être l'origine de cette pièce de théâtre liée au rituel du carnaval en terre comtadine et finalement vouée à une réelle fortune éditoriale et sur la scène de longues années durant. Dans la première moitié du XVIIIe siècle, la production littéraire d'expression provençale est assez abondante dans le Comtat (Dubled 1977), autour de personnalités telles que l'avocat avignonnais Louis-Bernard Royer, qui cultiva, dans ses poèmes et ses compositions dramatiques, essentiellement parvenues jusqu'à nous grâce aux copies manuscrites, une thématique parfois proche de celle du carnaval. Ou encore Ignace-François Limojon de Saint-Didier, co-seigneur de Venasque (Avignon 1668-1730). Dans la seconde partie du siècle précédent, c'est le noëliste Nicolas Saboly qui impose sa marque (Moucadel 2014). C'est probablement dans un tel environnement favorable que le *Proucez* a pu voir le jour, entre littérature « savante » et célébration d'une fête « populaire » très largement partagée.

Philippe Gardy
LAHIC (IIAC, CNRS)
Université Paul Valéry, Montpellier

1. Copie manuscrite, XVIIIe siècle (?), localisation indéterminée.

2. 1747, page de titre. Marseille, Bibliothèque de l'Alcazar, fonds patrimoniaux, cote 11461.

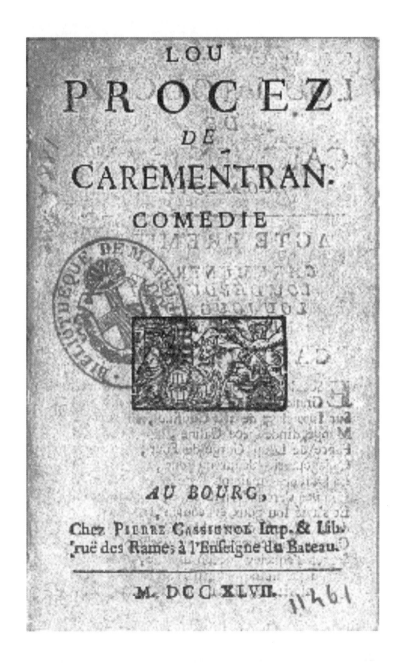

3. 1700, page de titre. Rouen, Bibliothèque patrimoniale Jacques Villon, fonds Coquebert de Montbret, cote Mt p 6882.

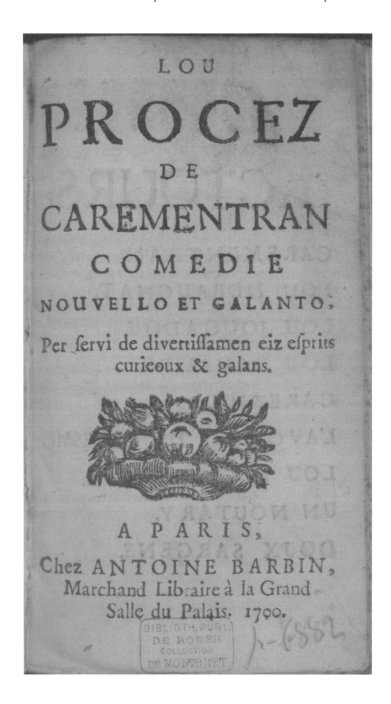

NOTES

[1] Ce titre est celui utilisé comme titre courant dans l'impression de 1747, Au Bourg, / chez Pierre Cassignol, Imp. & Lib. / ruë des Rames, à l'enseigne du Bateau. (Exemplaire consulté : Marseille, Bibliothèque L'Alcazar, 11461), à partir de laquelle a été réalisée l'édition de Claude Mauron (1985). La page de titre proprement dite porte : *Lou / Procez / de / Carementran*. La formulation de ce titre a pu légèrement varier d'une impression à l'autre, comme on le verra plus loin. Cette impression comporte, sur la page de titre, un bois gravé (très probablement « de récupération »), où l'on peut être tenté de voir deux scènes en rapport avec la thématique du *Proucez* : à gauche une femme, semble-t-il appliquée à mettre en caque des poissons, harengs ou anchois, et à droite, une autre femme en train de traire une vache ; à ses côtés une chèvre et un cochon. Ces deux scènes renverraient, si cette identification est la bonne, aux deux personnages antagonistes de Carême et de Carnaval.

[2] La rédaction de ces pages n'aurait pas été possible sans le concours de François Pic qui m'a permis d'utiliser ses recherches bibliographiques sur le sujet. Je dois aussi adresser tous mes remerciements aux conservateurs et personnels des sections « Patrimoine » des bibliothèques d'Avignon (Michel Chazottes), Carpentras (Jean-François Delmas) et Marseille (Martine Pinet), grâce auxquels j'ai pu accéder, récemment ou plus anciennement, aux exemplaires du *Proucez* conservés dans leurs établissements respectifs. Je ne saurais oublier Jean-François Courouau et Alexandra Markovic : sans eux je n'aurais pas pu prendre connaissance à temps des deux exemplaires figurant dans le fonds Coquebert de Montbret de la bibliothèque de Rouen.

[3] Je renvoie le lecteur qui désirerait prendre connaissance du texte de la pièce à cette réédition critique, d'accès facile. On trouvera un résumé du *Proucez* à la suite de Mathieu 1982 (p. 73-74, « *Lou Proucés de Carmentrant* : structure dramatique ») ou dans l'étude d'Émile Bonnel (1993, 43-44). On pourra aussi se reporter à Eygun 2003, 115-117 (notice n° 109).

[4] L'intitulé de l'une des impressions connues confirme si besoin était que la pièce a été jouée : « *Lou / Proucez / de / Carmentran, / Comedie / En quatre Actes. / Representade à Bonieu, / Per une troupe Couquieu* » (S. l., s. n., s. d.). Exemplaire consulté : Avignon BM, 8° 25237. Le village de Bonnieux se situe sur le versant septentrional du massif du Luberon, non loin d'Apt. Il faisait partie du Comtat Venaissin. Cette impression est certainement postérieure au rattachement du Comtat à la France : cela expliquerait l'allusion faite à la représentation de la pièce dans le titre, si l'on admet l'hypothèse formulée par Bonnel (voir plus loin) d'une interdiction d'imprimer et de jouer la pièce édictée par les autorités pontificales. En revanche, la mention *Couquieu*, destinée à qualifier la troupe demeure peu claire. S'agissait-il du

nom de cette troupe ? Mais celle-ci est désignée comme *une*, parmi d'autres. Et pourquoi mentionner dans cet imprimé que la pièce a été représentée ?

[5] Voir en particulier les travaux de Jean-Marc Chouraqui, et, dans une optique plus ethnographique qu'historique, ceux de Guy Mathieu.

[6] Fabre 1976 ; 1977, 1990 ; 1992. Pour tout l'arrière-plan chronologique, dans une région proche, voir l'essai magistral d'Emmanuel Le Roy Ladurie (1979) sur le carnaval de Romans (en particulier p. 340-343).

[7] Dans le *Proucez*, il est question, à la toute fin de la pièce, que Carementran, après avoir été promené monté à l'envers sur un âne, soit « jeté comme un cabas / depuis la plus haute tour jusqu'en bas » (« *gita comme un cabas / De la plus haute tour en bas* »). Probablement dans la rivière (l'Ouvèze en l'occurrence).

[8] Sur la rive droite du fleuve, à la hauteur, *grosso modo*, sur la rive gauche, de Vaison-la-Romaine, localité traversée par l'Ouvèze. La pièce attribuée à Jehan d'Abundance, à tous ces égards, peut ainsi être considérée comme quasi « comtadine ».

[9] Ou d'Abondance (Abondance en Savoie ?). Émile Bonnel, à partir des travaux toujours précieux de l'érudit avignonnais Pierre Pansier, a souligné l'importance du texte de Jehan d'Abundance parmi ceux qui ont précédé le *Proucez* dans son environnement géographique proche.

[10] Aubailly (1977, IX) propose, après Aebischer, « vers 1540 » pour le *Testament*. Il importe de noter que ce texte n'est connu que par une copie tardive « datant sans doute du XVIIIᵉ siècle » (Aubailly 1977, IX), conservée aujourd'hui à la BnF, *via* la fameuse Collection de Soleinne. L'existence de cette copie et sa date de confection inclineraient à penser que ce court jeu dramatique (un peu plus de 300 vers) était encore connu à l'époque où a dû être composé le *Proucez*. Il faut encore préciser que « la pièce a dû être représentée près d'Avignon » (Aubailly 1977, 71, n. 2), le nom de cette ville étant mentionné au vers 229 (où le mot *justerie* est plutôt à lire comme *juterie/jucterie* et donc à comprendre comme « quartier (carrière) des juifs ». Une étude serrée de la langue et des allusions contenues dans le texte (noms propres, situations...) aiderait probablement à mieux cerner le cadre de ce *Testament*.

[11] Aix, Par Estienne David Imprimeur du Roy, & de ladite Ville. Heritier de I. Tholosan.

[12] « La priere de quelques uns de mes amis a tiré cet ouvrage de la poussière, où il estoit depuis vingt-cinq ou trente ans que la fougue de la jeunesse me donnoit du temps, et de l'humeur pour m'y appliquer »... (Début de l'avertissement « Au Lecteur »). Ce qui renvoie l'écriture de l'essentiel de l'œuvre de Claude Brueys autour de 1600.

[13] Parmi les nombreuses études consacrées à ce motif majeur, lié au combat de Carnaval et de Carême, on se reportera à Júnior (2013), qui explore notamment les rapports étroits entre le rituel carnavalesque et la thématique du Pays de Cocagne. Le *Proucez*, à cet égard, constitue un écho, déjà lointain et atténué, des principaux thèmes développés dans la pièce de Jehan d'Abundance et dans la *Bataille de Sainct Pensard à l'encontre de Caresme*

également réédité à partir d'un *unicum* imprimé (datable de 1490) par Jean-Claude Aubailly (ce dernier texte étant lui d'origine issoudunaise avérée, bien qu'imprimé à Paris ; titre complet : *La dure et cruelle Bataille et paix du glorieux sainct Pensard a l'encontre de Caresme*).

[14] Exemplaire consulté : Bordeaux, collection privée.

[15] Exemplaire consulté : Avignon BM, 8°57490.

[16] Exemplaire consulté : Béziers, CIRDOC, CR BO7-10 (daté de 1799?).

[17] Exemplaire consulté : Rouen, Montbret br. 26103. La présence de cette impression dans le fonds Coquebert de Montbret pourrait laisser supposer qu'elle a été réalisée à la fin du XVIIIe siècle ou plus vraisemblablement au début du siècle suivant.

[18] Cette copie manuscrite est ornée de trois vignettes imprimées, dont j'ignore quand elles ont été disposées, sur certaines pages (« S. Cassien, Evêque » p. 286 ; rébus avec dessin d'un enfant jouant avec une femme p. 301 ; « Céline, avec plaisir Monsieur »... p. 307 et dernière).

[19] Cette version ne semble pas avoir été conservée ultérieurement, la version (correction) « Terre-Neuve » paraissant avoir été à peu près toujours adoptée, sans doute parce qu'elle présentait un sens plus clair et surtout plus imagé, dans le contexte, que *« dei coumun »* *(« des communs », trad. Claude Mauron)*. Il en va de même pour le raccourcissement de l'acte 3, lui aussi unanimement reconduit. On retrouve ces deux éléments dans la version du *Proucez* dont l'intitulé précise *« Lou / Proucez / de / Carmentran, / Comedie / En quatre Actes. / Representade à Bonieu, / Per une troupe Couquieu »*.

[20] Le copiste, sous la liste des « personnages de la Comedie », a fait figurer la mention : « La senne se passe dans la province du Contat ». Carême apparaît dans cette liste comme *« Lou Careme »* (ailleurs : *« Caremo »*) et les deux hommes de lois comme *« Un juge, un avocat »*). La forme *« Carmontran »*, présente une seule fois dans l'impression de 1747 et commentée par Mauron (éd. 1985, 55, n. 3), apparaît ici dans le titre de la pièce, mais pas ensuite.

[21] Sur cette publication marseillaise animée par Marius Féraud, voir Barsotti 1981 ; Bonifassi 2003, 91 et suiv. La pièce de Sédallian est dédiée à Rodolphe Serre (1823-1894), collaborateur du *Rabaiaire* et auteur de « chansons, déclamations et scènes comiques données dans les théâtres marseillais » (Barsotti 1981, 90). Bonifassi (1981, 351), dans la liste qu'il fournit des collaborateurs du *Rabaiaire*, ne mentionne qu'un Sédaillan, Honoré. Je n'ai pas pu consulter cette publication.

[22] Bonnel, de surcroît, propose (p. 44), avec de bons arguments, le nom du village de Bédarrides, situé « à vingt kilomètres au nord d'Avignon », sur les bords de la rivière Ouvèze (dont le nom apparaît dans la pièce), comme localisation primitive du *Proucez*.

[23] Exemplaire consulté : Carpentras BM, 30 Rés Barjavel. Cependant, comme l'a montré René Moulinas (1974, 72 et suiv.), les pouvoirs de la censure et des autorités pontificales n'étaient pas aussi importants qu'on a pu le laisser croire. Mais peut-être le carnaval et les désordres de divers ordres qu'il pouvait

entraîner faisaient-ils davantage peur que la publication d'ouvrages jugés scandaleux ou entachés d'hérésie.

[24] Vol. 1, quatrième édition, Bruxelles, Société belge de librairie, p. 6.

[25] Ködel 2013. Je remercie François Pic de m'avoir fourni cette référence. Exemplaire consulté (sur seule numérisation photographique) : Rouen BM, Montbret P 6882.

[26] Autre trait distinctif à cet égard : la présence de plusieurs éléments de décoration (frises simples, mais de diverses sortes) qui viennent rythmer la mise en page du texte (au-dessus de la liste des Acteurs, p. 2 ; sous le titre repris avant le texte proprement dit, p. 3 ; au-dessus de l'indication « *Acte second* », p. 22 ; au-dessus de l'indication « *Acte troisieme* », en bas de la p. 25 ; au-dessus de l'indication « *Acte dernier* », en bas de la p. 29). En revanche, le corps du texte a été notablement réduit aux p. 35 et 36, sans aucun doute pour que ne soit pas dépassé le total de 36 pages de l'ouvrage. Pour cette raison, les deux titres courants (« *Lou Procez de Carementran* » en page de gauche, « *Comedie* » en page de droite (tous deux en italique), ont été regroupés à la p. 36 (« *Lou Procez de Carementran Comedie* »). Ajoutons encore la présence, p. 3, au début du texte, quand Carementran prend la parole pour la première fois, d'une imposante lettrine E à la gauche des quatre premiers vers, pour cette raison placés en retrait vers la droite : « *Escoule pot mon Chancelie* »...

[27] Notons que, dans l'exemplaire rouennais, les pages 11-12 apparaissent immédiatement après la liste des acteurs (concrètement, de : « *Es-ti Turque, ou Chrestiano* » à « *Ligat de contre sa centure* » (= éd. Mauron 1985, 21-32) ; c'est seulement après elles qu'arrive la page 3. Seul un examen matériel de l'exemplaire permettrait de savoir si ce défaut provient de la reliure de l'ouvrage, visiblement postérieure à 1700, ou d'une erreur de l'imprimeur.

[28] On pourrait ici conserver la version que donnent 1700 et 1747 en comptant « *Desbauchat es* » pour trois syllabes seulement. De la même façon, la forme *Carementran*, commune à 1700 et 1747, peut être le support d'une réalisation à trois (*Carmentran*) ou quatre syllabes (*Caramentran*) selon les exigences de la versification. Les diverses impressions hésitent souvent entre ces deux formes également recevables.

[29] Il s'agissait peut-être là d'une façon de se moquer des habitants de cette localité. Remarquons que 1700 vient confirmer les trois toponymes sur la mention desquels s'appuie la localisation de la pièce à Bédarrides par Bonnel : 1700, 44 : « *Dedin lou vala dei Verdau, / Ou prez dou gour de l'Espitau* » (éd. Mauron 1985, 44 et 45, n. 11) ; et 1700, 32, « *De la gitta dedin Louveso* » (éd. Mauron 1985, 74).

[30] « *Davant qu'ello fugue dounado, / Vole que tu fagues paillado, / Dessus un ase à reculon,* », lit-on en 1700, 36 à propos de la mort à laquelle Carementran vient d'être condamné ; tandis qu'en 1747 ce passage est devenu : « *Davant qu'une houre sie passade, / Vole que tu fasses payade, / Dessus un ase de reculon,* » (éd. Mauron 1985, 84).

[31] C'est eux que le Jougadou désigne explicitement quand il s'adresse, à la fin du dernier acte, à l'avocat de Carême (« *Contro vous & toutei vouestri sargen,* » (1700, 34 ; éd. Mauron 1985, 78). *Sargen* est ici à prendre dans le sens d'huissier, au service du Juge dont ils aident à l'exécution des sentences.

[32] Les inventaires des « livres bleus » que j'ai pu consulter ne mentionnent pas le *Proucez*, malgré, par exemple, l'existence de l'impression avignonnaise où se trouvent également plusieurs textes concernant le personnage de Michel Morin, et souvent répertoriés comme tels. En revanche, des textes en occitan ont pu être intégrés à ces inventaires (voir par exemple le « Répertoire des titres » annexé à leur ouvrage par Andries et Bollème (2003).

Références bibliographiques

Éditions de textes

Lou Proucez de Caramentran, comédie, texte provençal de l'édition de 1747, traduit et présenté par Claude MAURON, Saint-Rémy-de-Provence, Centre d'Études et de Recherches méridionales.

SABOLY, Nicolas, *Recueil des Noëls provençaux. Lou Reviro-meinage,* présentation traduction, notes par Henri MOUCADEL, Montfaucon, A l'asard Bautezar !, 2014.

SEDALLIAN, Jeròme, *Rescòntre de Carema e de Caramentrant,* transcripcion en grafia classica, presentacion e nòtas de Gui MATIEU, s. l., Edicions dau Grata-cuòu, 2007.

Études

AEBISCHER, Paul, « À propos du *Gouvert d'Humanité* de Jean d'Abondance », *Neuf études sur le théâtre médiéval,* Genève, Droz, 1972.

ANDRIES, Lise / BOLLEME, Geneviève, *La Bibliothèque Bleue. Littérature de colportage,* Paris, Robert Laffont (« Bouquins »), 2003.

AUBAILLY, Jean-Claude, *Deux jeux de carnaval de la fin du Moyen Âge : La* Bataille de Sainct Pensard à l'encontre de Caresme *et le* Testament de Carmentrant, Genève, Droz, 1977.

BAILLY, Robert, *Des Offray d'Avignon, imprimeurs du Saint-Père et du Saint-Office, aux Barthélémy, 1659-1987,* Avignon, Alain Barthélémy, s.d.

BARBIER, Frédéric / JURATIC, Sabine / MELLERIO, Annick, *Dictionnaire des imprimeurs, libraires et gens du livre à Paris. 1701-1789. A-C,* Genève, Droz, 2007.

BONNEL, Émile, 1993. « Autour de Carnaval et du *Proucez de Caramentran* », *L'Astrado* 28, 1993, 43-63.

BARSOTTI, Glaudi, « Un segle de premsa occitana a Marselha (1840-1940). Primiera partida », *Lengas revue de sociolinguistique* 9, 1981, 39-91.

BONIFASSI, Georges, *La presse régionale de Provence en langue d'oc des origines à 1914,* Paris, Presses de l'université de Paris-Sorbonne, 2003.

CHOURAQUI, Jean-Marc, « "Le combat de Carnaval et de Carême" en Provence du XVIIe au XIXe siècle », *Provence historique* 28/III, 1978, 3-13.

CHOURAQUI, Jean-Marc, *Le combat de Carnaval et de Carême en Provence de 1650 à 1830*, thèse de l'Université de Provence (dir. Michel Vovelle), 1981, 2 vol.

DUBLED, Henri, « La littérature provençale dans le Comtat Venaissin et particulièrement Carpentras du XVIe au XVIIIe siècle », *Revue des langues romanes* LXXXII/1, 1977, 57-73.

EYGUN, Jean, « Repertòri deu teatre occitan (1550-1800) », *Tèxtes occitans* 5, 2003.

FABRE, Daniel, « Le monde du carnaval », *Annales, Économies, Sociétés, Civilisations* 2, mars-avril 1976, 389-406.

FABRE, Daniel / CAMBEROQUE, Charles, *La fête en Languedoc*, Toulouse, Privat, 1977, ²1990 (deuxième édition refondue et mise à jour).

FABRE, Daniel, *Carnaval ou le monde à l'envers*, Paris, Gallimard (« Découvertes » n° 135), 1992.

FAURE, Alain, *Paris Carême-Prenant. Du carnaval à Paris au XIXe siècle*, Paris, Hachette, 1978.

GAIGNEBET, Claude, « Le combat de Carnaval et de Carême », *Annales. Économies, Sociétés, Civilisations* 2, 1972, 313-345 (en ligne : revues.org).

GARDY, Philippe, « Une scène linguistique : le théâtre d'oc en Provence au XVIIIe siècle », *Lengas revue de sociolinguistique* 10, 1981, 63-84.

GARDY, Philippe, *L'écriture occitane aux XVIe, XVIIe et XVIIIe siècles. Origine et développement d'un théâtre occitan à Aix-en-Provence. L'œuvre de Jean de Cabanes*, Béziers, Centre international de Documentation occitane, 1986, 2 vol.

GARDY, Philippe, « Un théâtre traversé par deux langues », *in* Jean-François Courouau (dir.), *La langue partagée. Écrits et paroles d'oc. 1700-1789*, Genève Droz, 2015, 145-195.

JUNIOR, Hilário Franco, *Cocagne, histoire d'un pays imaginaire*, préface de Jacques Le Goff, Paris, Les éditions Arkhê, 2013 (¹São Paulo, Companhía das Letras, 1998).

KÖDEL, Sven, *L'Enquête Coquebert de Montbret (1806-1812) sur les langues et dialectes de France et la représentation de l'espace linguistique français sous le Premier Empire*, thèse de l'Université Paris-Diderot (dir. Marie-Noëlle Burguet et Martin Haase), Paris 7, 2013.

LACROIX, Jacques, « Le discours carnavalesque : à propos du *Jutjament de Bolega* », *Via Domitia* XV, 1970, 73-116.

LE ROY LADURIE, Emmanuel, *Le carnaval de Romans. De la Chandeleur au mercredi des Cendres (1579-1580)*, Paris, Gallimard, 1979 (²Folio histoire, 1986).

MATHIEU, Guiu, « *Rescòntre de Carema e de Caramentrant* », *Matèrias occitanas*, [Avignon ?], Seccion de Vauclusa de l'Institut d'Estudis occitans, s. d. [1976 ou 1977], n. p., [11-26].

MATHIEU, Guy, « Théâtre et carnaval en Provence du XVIIIe au XXe siècles », *Revue d'histoire du théâtre* 1, 1982, 66-74 [sur *Lou proucez de Carmentran* et le *Rescontre de Caremo et de Caramantran* de Jérôme Sédallian, 1802-1873].

MOULINAS, René, *L'imprimerie, la librairie et la presse à Avignon au XVIIIe siècle*, Presses universitaires de Grenoble, 1974.

PIC, François, « Critères et données bibliographiques pour la constitution d'un corpus d'imprimés de 'colportage'/'de grande diffusion' en occitan (17e-19e siècles) », à paraître.

REED, Gervais E., *Claude Barbin, libraire de Paris sous le règne de Louis XIV*, Genève, Droz, 1974.

Les menus plaisirs de l'abbé Morel (1706-1778)

Introduction

L'abbé Morel est un auteur absent de toute histoire de la littérature occitane. Il est l'auteur ou le compositeur de chansons, dont trois seulement ont été conservées, et il est mentionné plusieurs fois dans des recueils de textes et de chansons au XVIIIe siècle, sans aucune information à son propos (Capelle 1818 ; Combes 1862 ; G ; Mercure 1737 ; Mercure 1756). Surtout, les trois chansons conservées sont très diffusées, et l'une d'elles au moins sert régulièrement de timbre jusqu'au XIXe siècle. Mais cet abbé est un chanoine actif à Montpellier, qui prend part à la vie culturelle de la ville. Il nous a semblé important, d'une part, pour reconstituer au plus près l'histoire littéraire et culturelle occitane dans le Montpellier du XVIIIe siècle de retracer son parcours : il est après tout le contemporain d'un autre ecclésiastique, l'abbé Fabre, mais aussi des lexicographes Sauvages et Bonnet[1], des abbés Plomet et Guilleminet, lorsqu'il arrive à Montpellier, et d'autres moins connus comme Sarrau. D'autre part, un grand nombre de chansons nous sont connues pour cette période (Bach / Bernard 2011a&b, 2014, 2015), mais Morel est le seul auteur associé à des chansons précises et le seul dont on soit certain qu'il ait composé de la musique, et en particulier la musique des chansons occitanes qui nous sont parvenues.

Dans cet article, nous nous proposons de présenter sa vie et sa carrière comme chanoine, ainsi qu'un aperçu de ses activités de musicien. Nous évoquons également deux publications imprimées, l'une retraçant ses recherches sur la voix humaine, l'autre à propos de l'abjuration de Molines, dit Fléchier. Enfin, nous présentons deux des trois chansons qui nous sont parvenues, en proposant une analyse de leur circulation, ainsi que la transcription de l'un des témoins conservés.

L'homme et le chanoine

Pierre Morel est né le 28 décembre 1706 à Fréjus[2]. Son père, Louis Morel, bourgeois, était originaire de Montpellier et sa mère, Claire Madeleine Geoffroy, était native du Muy où ils s'étaient mariés le 15 janvier 1704[3]. Son père est un homme de confiance d'André-Hercule de Fleury (1653-1743), qu'il suit d'abord à Fréjus en 1701 lorsqu'il y est nommé évêque, puis à Paris où il devient précepteur du jeune Louis XV en 1715, et premier ministre et cardinal en 1726[4]. On ne sait rien sur sa jeunesse ou son éducation, mais on peut déduire qu'il a vécu à Fréjus, puis à Paris, tout en gardant des attaches à Montpellier où son père possédait une maison[5].

La carrière de Morel semble largement favorisée par les liens de son père avec le cardinal de Fleury. En tant que fils cadet, il est probablement destiné jeune à l'Église. En 1721, il est fait clerc tonsuré du diocèse d'Agde, le minimum pour prétendre à une charge ecclésiastique. Le 18 décembre 1724, il obtient du roi un brevet de canonicat qui lui donne droit de prétendre à la prochaine prébende vacante dans le chapitre cathédral de Montpellier. Sa nomination à Montpellier apparaît comme politique. En effet, Fleury est opposé à l'évêque Joachim de Colbert, janséniste notoire, et il a voulu placer dans son chapitre un homme qui lui soit acquis et qui puisse peser en sa faveur au moment opportun. Ce choix revêt une importance symbolique pour Fleury qui a commencé sa carrière comme chanoine à Montpellier en 1668. Le moment se présente en 1731, en plein débat sur la constitution *Unigenitus*, que le chapitre de Montpellier vient d'adopter sans unanimité et contre l'avis de l'évêque[6].

Le 7 janvier 1731, le chanoine François Reversat de Célès, grand archidiacre et chanoine théologal, décède tôt dans la nuit. Le chanoine théologal est un homme clé du chapitre pour les questions spirituelles et il est probable qu'il ait été en faveur d'*Unigenitus*, ce qui souligne l'importance du choix de son successeur dans la balance des pouvoirs au chapitre. À sept heures du matin, Joseph de Sarret, docteur en Sorbonne, issu de la bonne noblesse de robe languedocienne, est désigné d'autorité successeur de Reversat de Célès par l'évêque Colbert, sans en référer au chapitre. Le même jour, à sept heures trois-quart du matin, Antoine Pélissier, chanoine de l'église Saint-Sauveur de Montpellier, porteur d'une procuration de Pierre Morel, qui réside à Paris, se présente chez l'évêque Colbert pour faire valoir ses droits à la prébende vacante. Il est éconduit par l'évêque qui lui exhibe les titres conférant la prébende à Sarret (rédigés en un temps record !). Sarret prend donc possession de la prébende, mais n'est pas installé par le chapitre. Morel en appelle à l'archevêque de Narbonne, René François de Beauvau, supérieur direct de Colbert et acquis au parti du roi, et donc au cardinal de Fleury. Celui-ci lui donne provisions, ce qui lui permet de prendre possession de la prébende, ce que fait son procureur fondé, Antoine Pélissier, le 30 février (*sic*). Mais un troisième homme se présente devant l'évêque le 6 mars 1731, Pierre Panisse, curé de Saint-Gély-du-Fesc, gradué en théologie, possiblement poussé par le chapitre, irrité de n'avoir pas été consulté pour la nomination de Sarret. Colbert lui signifie aussi avoir déjà pourvu le canonicat vacant, et Panisse se tourne pareillement vers l'archevêque, qui lui procure les mêmes provisions qu'à Morel.

Morel, qui pendant tous ces événements est resté à Paris[7], porte l'affaire devant le roi et obtient une commission du Conseil pour assigner Sarret et Panisse en justice le 27 avril 1731. Mais il n'a pour lui que le brevet du roi, n'est même pas prêtre, seulement acolyte, et n'a pas de titres universitaires, à l'inverse de ses opposants, Sarret, sorbonnard, et Panisse, qui est, lui, le plus ancien gradué du diocèse et a étudié cinq ans la théologie. Entre temps, Sarret se désiste au profit de Panisse. Morel est, en toute logique, débouté de sa plainte. Le 16 octobre 1731, c'est donc Panisse qui est installé comme chanoine, mais il ne siègera que quelques mois. Morel conteste à nouveau cette 'usurpation', devant le Grand Conseil du Roi qui rend un arrêt le 31 janvier 1732 en sa faveur cette fois-ci.

Le 3 mars 1732, Morel fait valoir l'arrêt du Conseil et ses titres devant le chapitre cathédral, qui lui accorde des lettres convocatoires pour sa réception. Il est installé chanoine le lendemain, 4 mars, après plus d'un an de procédure. Au cours de la cérémonie d'installation dans la cathédrale Saint-Pierre, ses titres sont lus devant le collège des chanoines qui le reçoit formellement après qu'il a prêté serment, en lui donnant sa pelisse et son chapeau, lui montrant ses places, et en le faisant s'acquitter de 150 livres. Sarret, lui, est reçu quelques jours après, le 14 mars, en remplacement d'un autre chanoine décédé.

Quant à Panisse il obtient plus tard une prébende à la collégiale Sainte-Anne de Montpellier[8].

Le canonicat de Morel inclut la distinction de sous-diacre, pour laquelle il pétitionne, et dont il obtient l'octroi définitif le 10 juin 1732[9]. On ignore s'il a été ordonné prêtre par la suite. Sous l'épiscopat de Colbert (1697-1738), il semble que Morel reste un chanoine discret, qui ne participe pas aux querelles qui opposent l'évêque aux chanoines ou aux musiciens de la Chapelle. Mais il paraît avoir repris sa liberté avec ses successeurs, car il s'attire par son comportement les foudres des jansénistes qui s'attaquent à lui en 1750[10] (voir *citra*).

Il prend part davantage à l'administration matérielle du chapitre qu'à des charges spirituelles et se rend ainsi indispensable. Il est syndic du chapitre à de nombreuses reprises, en 1736-37, 1751-52, 1754, 1760-61, 1766-67 et 1772[11]. Il a en charge notamment de tenir les comptes et de diriger les assemblées capitulaires. Il semble qu'il ait gardé certaines responsabilités concernant les finances du chapitre en dehors de ces périodes de co-syndicat[12]. C'est sans doute à ce titre qu'il dépose de la vaisselle à la monnaie de Montpellier en 1759[13], et se rend à Toulouse pour suivre des procès impliquant le chapitre devant le Parlement en 1762 et 1763[14]. Le 3 mars 1760, il est également nommé archivaire, mais il ne reste que quelques mois à cette fonction. Il est enfin membre du bureau de l'Hôpital général de Montpellier, chargé d'administrer cet établissement de charité entre 1772 et 1774, en qualité d'intendant avec plusieurs autres chanoines du chapitre Saint-Pierre[15].

En 1745, Morel s'absente plusieurs mois pour se rendre à Paris et il en profite pour faire imprimer chez Prault son travail sur la voix humaine (*cf. citra*)[16]. Un peu plus tard, en 1752, alors qu'il est syndic du chapitre, survient à Montpellier un événement qui fait grand bruit : l'abjuration de Jean Molines, dit Fléchier, ancien pasteur protestant. La lettre contenant les motifs de sa conversion et le texte de son abjuration sont largement diffusés et connaissent plusieurs éditions dans tout le royaume. Dans les exemplaires publiés à Paris, toujours chez Prault, et à Caen chez Chalopin, est inséré un texte de Morel sur les circonstances de cet événement[17]. L'implication de Morel dans cette histoire semble toutefois s'être limitée à faire jouer son réseau éditorial à Paris.

À compter du 4 juillet 1775, il signe comme chanoine doyen, et le 8 février 1777 est exempté du service de matines, en raison de son âge. Il meurt le 12 janvier 1778, sans que l'on sache où exactement[18].

Entré à 25 ans au chapitre cathédral, Morel a passé 46 années à Montpellier. Il y a accompli une longue carrière de chanoine, certes sans accéder à de hautes dignités, mais en exerçant des tâches administratives importantes qui lui ont donné la confiance et l'estime de ses collègues et des évêques successifs.

Le musicien

Pierre Morel est aussi un musicien, un « faiseur de cantatilles » selon ses détracteurs, qui compose des chansons en plus d'œuvres religieuses, ainsi qu'un traité théorique sur la nature de la voix humaine.

On sait de lui qu'il a composé quelques pièces vocales en français, toutes perdues, et l'air d'au moins une chanson en français[19], ainsi que plusieurs chansons en occitan. Vers 1750, il menait par ailleurs un concert profane, c'est-à-dire qu'il dirigeait un orchestre en ville, qui jouait ses œuvres, ce qui lui vaut les attaques des jansénistes dans *Les Nouvelles ecclésiastiques* :

> M. l'Evêque (de Morel de Villeneuve-Mons) [...] laisse subsister dans sa ville épiscopale un Concert dont le sieur Morel, chanoine de la cathédrale, est en quelque sorte le principal Tenant. Les Musiciens de la même église s'y rendent pour chanter [*en françois*] ce qu'on appelle des *Cantatilles*, qui souvent sont l'ouvrage du Chanoine, & dont les sujets (nous ne pouvons nous empêcher de le dire) sont pris dans la dépravation du cœur. Par respect pour nos Lecteurs, nous nous garderons bien de rapporter les titres infâmes de ces malheureuses pièces, quoiqu'ils nous soient très-connus. Ils sont bien certainement compris dans la classe des choses que l'Apôtre ne veut pas qu'on nomme parmi des Chrétiens. Néanmoins M. de Villeneuve Evêq. de Montpellier est distrait [...] sur ce scandale. (*Nouvelles ecclésiastiques*, 1750, 64)

Son œuvre religieuse, également perdue, est citée par l'auteur anonyme de la description de Montpellier en 1768. Elle semble marquée par l'influence de la musique profane :

> L'abbé Morel, chanoine de la Cathédrale, musicien profond. Il a composé une infinité d'ouvrages dans un goût singulier et original. Son motet *Laudate eum in firmamento virtutis ejus* force à danser malgré soy. Son *Credo* fait faire la confession de foy à chaque musicien en particulier. Son *Magnificat* en vaudeville ressemble assés aux divertissemens des corps de garde. Sa musique n'inspire pas la dévotion, mais elle réjouit beaucoup. (Berthelé 1920, 63)

Milieu, relations et autres musiciens

On ignore quelle a été sa formation musicale, mais il rencontre à Montpellier un milieu de musiciens et d'amateurs florissant. La Chapelle de la cathédrale est le principal vivier de musiciens de la ville. Il noue sans doute des liens étroits avec la famille Mallet, aux commandes de celle-ci depuis 1675 : André Mallet, maître de musique de la cathédrale Saint-Pierre et des États de Languedoc de 1703 à 1733, auteur notamment avec l'abbé Plomet d'une *Cantate patoise*[20], et surtout ses enfants Jean Mallet (1706-1788), son exact contemporain, qui prend la succession de son père en 1733, Mallet cadet, violoniste de la Chapelle, et mademoiselle Mallet, qui s'occupe des enfants de chœur (Vaisse 2012, 20). Il se lie également avec les autres musiciens de la cathédrale, qu'il entraîne dans ses virées en ville, mais il est contraint d'y mettre fin en 1752[21].

Son arrivée coïncide avec création par l'aristocratie locale en 1734 du premier concert à Montpellier, dont font partie plusieurs musiciens laïcs de la cathédrale. Cette situation déplaît fortement à l'évêque Joachim de Colbert qui met tout en œuvre pour interdire aux musiciens de la Chapelle d'aller « chanter au Concert établi dans cette ville » et impose au chapitre des mesures coercitives[22]. La réaction violente de l'évêque a pour résultat de réduire à néant cette première tentative. La position de Morel dans cette affaire est inconnue, du moins semble-t-il s'en être tenu à l'écart. La situation redevient favorable à Montpellier sous le gouvernement du duc de Richelieu (1738-1755) et des intendants Le Nain (1743-1750) et Saint-Priest (1751-1785), ce qui aboutit à partir de 1752 à l'établissement d'un concert public, la création d'une académie de musique et l'édification d'une salle de concert (Gervais 1982). Morel fréquente très probablement ces cercles élitaires. Il dirige vers 1750, on l'a vu, un concert en ville, où il peut donner ses œuvres profanes ou sacrées. En outre, la partition de sa pièce *Lous plaisis de Boutonnet* est copiée à la même époque dans un manuscrit de chansons dans l'entourage de l'intendant Le Nain (*W* 316).

Au chapitre, même s'il n'intervient pas directement dans la conduite de la Chapelle – c'est au maître de musique Mallet de composer messes et motets pour l'ordinaire, fêtes et cérémonies –, Morel essaie de jouer de son influence dans l'apparat musical de la liturgie, quand il en a l'occasion. Ainsi, il donne volontiers son avis à l'évêque, par exemple sur la façon de chanter les Leçons des Ténèbres durant la semaine sainte[23]. Alors qu'il est syndic, en 1751, il fait adopter un nouveau règlement pour le chœur, afin « de contribuer à la dessence et à la diginité de l'office divin, de maintenir l'uniformité dans le chœur et de reformer quelques nouveaux abus capables de troubler l'attention et le recueillement necessaire pour s'en acquiter avec edification[24] ». Dans ses années de syndicat, il rappelle souvent, lors des assemblées capitulaires, quel cantique doit être chanté ce jour-là. En 1760 enfin, il lègue mille livres pour doter les enfants de chœur de la cathédrale, à condition qu'ils chantent l'*ave maria*[25].

La *Nouvelle théorie physique de la voix* (1746)

Morel semble prendre une part active aux recherches de son temps sur la voix humaine, et publie en 1746 un petit opuscule, la *Nouvelle théorie physique de la voix* où il entend démontrer quelle est la nature du mode de production de la voix humaine. La plupart des théoriciens avant le XVIIIᵉ siècle se référaient à Aristote en considérant que la voix était produite sur le principe d'un instrument à vent, de façon assez proche d'un orgue. Avec la découverte en 1741 des cordes vocales par Ferrein, une nouvelle théorie est proposée, qui présente la voix comme produite par le frottement de l'air sur les cordes vocales, l'air faisant office d'archet. En se fondant principalement sur la division des voix de coffre et de tête, Morel propose que les deux mécanismes soient à l'œuvre en même temps dans la voix humaine, ce qui explique à la fois la mue (la voix de coffre s'ajoute à la voix de tête) et le fait que les deux types de voix sont présents chez un même individu. Son approche s'attache plus aux propriétés de la voix qu'à l'anatomie de sa production et tente de réconcilier les théories de Dodart avec celles de Ferrein. Sa théorie se place dans les débats de son temps et elle est discutée dans les journaux scientifiques.

Ses œuvres, ses plaisirs, chansons en occitan

Cette dernière partie va s'attacher à présenter deux des trois chansons en occitan qui ont été conservées, *La nourissa éndourmida* et *Lous plaisis dé Boutounet*. Ces trois chansons présentent trois aspects très différents de l'œuvre de Morel, et laissent penser, si l'on y ajoute qu'il a aussi composé des œuvres religieuses, que ses talents de compositeur étaient polymorphes : on a ici affaire à une chanson d'amour raffinée, une chanson sur les plaisirs de la vie dans les faubourgs de Montpellier et enfin une cantatille burlesque sur un homme mal marié. La romance *Au leva de l'aurore* est sans conteste, avec la chanson provençale *Lou beou Tircis*, le 'tube' de la deuxième moitié du XVIIIe siècle, dans le domaine de la chanson en langue occitane. Mais c'est aussi celle dont l'histoire est la plus difficile à appréhender. Nous en présenterons l'histoire et le texte dans un article à venir.

Pour chaque chanson, nous livrons une analyse succincte du texte et de la musique qui s'appuie en partie sur les renseignements fournis par Louis-Augustin Gache vers 1827 dans les notes de son recueil de chansons languedociennes (*G*) qui sont précieuses pour en apprécier la pratique et la diffusion. Nous donnons ensuite l'état de la tradition manuscrite et imprimée, en nous bornant aux attestations antérieures à 1900, suivi par la transcription d'un des états du texte accompagné par les éventuelles variantes de texte, signalées pour chaque manuscrit ou édition antérieure à la Révolution[26].

Les plaisirs de Boutonnet

La première attestation de cette chanson est fournie par *W*. La musique y est notée sans les paroles. Elle est copiée à la fin du recueil, après une série de chansons datées de 1750. C'est autour de cette date qu'il faut placer sa composition. Gache l'attribue à Morel. L'auteur « porte le petit-collet », expression consacrée pour parler d'un abbé, ce qui va dans le sens de cette attribution.

Si la tradition reste centrée principalement autour de Montpellier, on relève toutefois de nombreuses variantes textuelles. Du moins, on observe une structure de trois couplets canoniques (version *B*) présents dans tous les témoins et des parties ajoutées à la fin ou insérées au milieu de la seconde strophe. Quant à la musique, elle ne présente pas de variantes particulières entre les deux témoins connus. La partition de *W*, écrite en clé de fa4, indique une composition pour voix d'homme. C'est un air de menuet, à la fois joyeux et assez léger, mais qui requiert une certaine technicité, avec des vocalises placées en fin de phrase. La deuxième partie musicale n'est pas sans rappeler le célèbre *Minuetto* du Quintette Op. 11 n°5 de Boccherini, composé quelque vingt ans plus tard.

Lous plaisis de Boutounet est une chanson de fête. Mais c'est surtout une chanson qui s'inscrit dans un espace vécu en célébrant les plaisirs de la vie montpelliéraine. La scène se place à Boutonnet, un faubourg populaire au nord-ouest de la ville, très animé, avec son carnaval de quartier et ses cabarets fréquentés par la jeunesse, comme chez « Moustachette ». Les étudiants s'y retrouvaient le soir après leurs parties de jeu de mail dans la campagne environnante, comme le décrit Rousseau lors de son séjour à Montpellier en 1740 :

> On goûtait dans un cabaret hors la ville. Je n'ai pas besoin de dire que ces goûters étaient gais ; mais j'ajouterai qu'ils étaient assez décents, quoique les filles du cabaret fussent jolies. (Rousseau, *Les Confessions*, livre sixième)

La chanson évoque également la Font Putanelle, fontaine située sur les bords du Verdanson, tout près de la porte des Carmes, et lieu de rendez-vous des grisettes. Morel utilise ici la métaphore grivoise de la cruche cassée pour évoquer la perte de la virginité. Boutonnet, c'est enfin le lieu de délassement de l'aristocratie locale, avec ses villas-jardins ou folies, propices aux plaisirs champêtres décrits dans le quatrième couplet.

Autant le sujet que la musique, très réussie, expliquent le succès de cette chanson à Montpellier, sa réappropriation et l'ajout de nouvelles paroles, d'où son aspect hétéroclite relevé par Gache :

> Il parait que cette chanson n'est pas complète et qu'il s'est perdu quelques couplets notamment un dont la place serait avant le 4e, et où il était apparemment question de la Font Putanelle et qui amenait celui qui commence par *Fuchisses jouinessa bela*. Cela est d'autant plus étonnant qu'elle a été très populaire autrefois et qu'encore elle n'est pas tellement en oubli qu'on n'en entende de temps en temps fredonner quelque chose. (*G* 82)

Cette chanson a eu une postérité au XIXe siècle. Le poète chansonnier montpelliérain Benoît Gaussinel (1782-1825) en écrit une nouvelle version, sur un air différent. Il existe encore une dernière chanson avec le même titre, plus tardive, publiée dans la *Campana de Magalouna* en 1892[27]. Ces diverses remises au goût du jour attestent de son succès local, même si l'on a fini par oublier complètement la version primitive dont l'air est passé de mode. La chanson Morel a cependant joué un rôle fondateur, contribuant à populariser à Montpellier certains thèmes, principalement celui de la Font Putanelle, et sert de timbre dans l'opéra éponyme d'Auguste Guiraud en 1808.

Texte et musique : *G* 15 [+ note], G_a 23, G_b 28, G_{supp} (un couplet supplémentaire). Musique seule *W* 316. Texte seul *Martin* f°33v-34r, *B* 93. Impressions Rigaud (1806, 113), Rigaud (1821, 115), Rigaud (1845, 181) et *Muse méridionale* (1835, 55). Timbre dans *La bienfaisance de Louis XVI* ('foro la porto das carmes'). Édition sur *B*.

Lous plaisis de Boutounet

      fora la porta das carmes
      es un lioc qu'a fossa charmes,
      bacchus l'y fai sous vacarmes,
4   lamour l'y fai quiquoumet
      et abal chout la ramada
      en buven quauqua rasada
      goustou a la deraubada
8   lous plaisis de boutounet

      quand lou carnaval arriva
      una troupa, lesta et viva,
      chout un mascou que s'esquiva

12   au soûn dau tanbourinet.
        lous veirias toutes en rengueta
        acos dela moustacheta
        per mangea qu'auqua tripeta
16   as plaisis de boutounet

        evitas jouinessa bella
        aquela fôn putanella
        que mai d'una pastourela
20   l'ya coupat soun ourgeoulet.
        messieurs qu'avés lou cor tendre
        se cercas avous defendre
        anas voun sans pus attendre
24   as plaisis de boutounet

        Pioi s'én ban din lou boucaché
        Cerqua lou charmant ounbraché
        Et d'un téndré badinaché
28   Ménou sous pastouréléts
        Aqui dé dessus l'erbéta
        Embé sa pastourèléta
        Jogou aou soun dé la muséta
32   Lous plésis dé Boutounét.

        Lou qu'a fach la cansounéta
        Dîzou qué pôrta péïéta,
        Et qué souvén én cachéta
36   La réscon din lou boussét.
        Piôy jugeâs d'aquéste afâyre,
        S'aco n'és pas un coumpâyre,
        Qué déou souvén anâ fâyre
40   Lous plézis dé Boutounét.

Apparat critique

2 *G* lise | 5 *G* aqui, déchout | 7 *G* on goust' | 5-8 *Martin* Aqui l'amour fây fourtuna,/ Chascun cèrca sa chacûna,/ Pioy van goustâ su la brûna/ Lous plézis dé Boutounét. | 10 *G* una banda fol'é biba | 11 *Martin* déjout lou masque *G* aqui | 12 *G* (*Ga*) insère entre 12 et 13 deux demi-couplets : Aqui l'amour fai fourtuna ;/ Aqui rés noun l'impourtuna ;/ Chacun cerc' an sa chacuna,/Lous plésis dé

Boutounét.//Bénès aou chour dé la festa,/Béirés una troupa lesta/Qué n'a rés mai dins la testa/Qué méttré la bouta aou nét. | 13 *Martin* Piôy lous vézès *G* la beirés tout' | 14 *Martin* A l'oustâou dé *G* intervertit 14 et 15, pren'enco dé | 15 *G* en manchan *Martin* âuméléta | 17 *G* Fuchissès | 21 *G* Mès s'abès lou cor tant *Martin* Vâoutres qu'avès | 22 *G* Sé poudès pas bou'n *Martin* Qué poudès | 23 *G* Sans bistour bénès bous réndré *Martin* courissès | 25-32 ce couplet uniquement *G*$_{supp}$ (*G*$_a$ 24) | 33-40 ce couplet uniquement *Martin*, Rigaud et *La Muse méridionale*.

Traduction

Au-delà de la porte des Carmes / il y a un lieu plein de charmes / Bacchus y fait son vacarme / et l'amour y est pour quelque chose. / Là-bas, sous le feuillage, / en buvant une rasade / on goûte à la dérobée / aux plaisirs de Boutonnet. // Lorsque le carnaval arrive, / une troupe leste et vive / se dérobe sous un masque / au son du tambourin. / On peut les voir tous à la file / chez Moustachette / manger un plat de tripes / aux plaisirs de Boutonnet. // Évitez, belle jeunesse, / cette Font Putanelle[28] / où plus d'une jeune fille / a coupé son cruchon / Messieurs, vous qui avez le cœur tendre / si vous cherchez à vous défendre, / allez donc sans plus attendre / aux plaisirs de Boutonnet. // Puis on va dans le sous-bois / chercher un charmant ombrage / et par un tendre badinage / on mène ses bergers. / Là sur l'herbe / avec sa bergère / on joue au son de la musette / les plaisirs de Boutonnet. // Du compositeur de cette chanson / on dit qu'il porte le petit-collet / et que souvent en cachette / il le cache dans son gousset / Jugez donc de cette affaire / et s'il n'est pas bon compère / qui doit souvent aller faire / les plaisirs de Boutonnet.

La nourrisse endormie

Bien que qualifiée de chanson dans les sources[29], la pièce suivante correspond à ce que les textes nomment « cantatille », c'est-à-dire une forme intermédiaire entre la chanson et la cantate. Elle tient de la chanson par sa longueur, relativement brève pour le répertoire lyrique, et de la cantate par le traitement du chant, alternant récitatifs et airs. On ne la rencontre que dans des manuscrits de la deuxième moitié du XVIIIe siècle. Elle figure notamment aux folios 76-77 du manuscrit *L*, compilé entre 1750 et

1756 (Montel / Lambert 1874, 554 ; 1880, 114) et chez Séguier, jointe à une lettre adressée à son frère en 1758 (Pugnière / Torreilles 2013, 185), ce qui permet d'avancer une datation dans les années 1750. Encore une fois, c'est à Gache qu'on doit l'attribution à Morel. Séguier confirme cependant son origine montpelliéraine. Cette œuvre a en effet connu un certain succès qui dépassa son cadre de création, sans aller toutefois au-delà des limites de la province. Elle est attestée dans les Cévennes (Pugnière / Torreilles 2013), dans la région de Millau (*CIRDOCm*), à Castres (Combes 1862) et bien sûr à Montpellier (*L, G, B*). La musique n'est notée que dans deux manuscrits (*L, G*). La partition est écrite, comme pour *Lous Plaisis de Boutounet*, en clé de fa4, pour voix d'homme, et comporte de nombreuses mesures laissées en silence :

> Il parait que l'auteur y avait mis quelque accompagnement si l'on juge par une pause de dix mesures qui semble avoir été remplie par une ritournelle, comme le mot violon écrit au dessus l'indique assez ; mes recherches pour découvrir cette partition n'ont eu aucun résultat. (*G* 88)

La pièce est construite en deux parties, comme deux chansons en rondeau mises à la suite et arrangées en forme de cantate. Morel revisite ici le genre traditionnel de la chanson de mal-mariée en le détournant et en inversant les rôles (voir Pugnière / Torreilles 2013, 187). De la femme battue ou la femme mariée à un vieux, on passe à l'homme contraint dans son foyer à accomplir les tâches dévolues à son épouse. De même sur le plan musical, ce n'est pas le ton de la plainte qui est adopté, mais un air gai et allant, voire, à un moment, dissonant pour évoquer le « sabbat » de Margarida. Le mal-marié en sort ridicule.

Morel intègre des éléments issus de la tradition orale, à savoir la berceuse « som, som… », dont c'est la plus ancienne attestation, et le thème de la mal-mariée à une composition originale de musique écrite. Le sujet, prosaïque, contraste avec sa forme musicale, complexe, qui se rattache au répertoire lyrique. On peut l'interpréter comme une parodie de la chanson en rondeau, représentative du plus pur style galant (Bach / Bernard 2015, 261-262), tant le caractère expressif et raffiné, d'ordinaire au service de la plainte amoureuse, est dénaturé par le grotesque de la pièce. *La nourrissa éndourmida* est une œuvre hybride, burlesque, dont le but recherché et déclaré est de faire rire.

Versions avec musique : *G* 32 [+ note], *G*ᵦ 38, *L* 76-79 (édité Montel & Lambert 1874, 552-555, repris dans Montel & Lambert 1880, 114). Versions texte seul : *Séguier* (BM Nîmes ms. 229 fol. 39 et ms. 417 fol. 27 ; Pugnière / Torreilles 2013, 185-187), [Bonnet] *Dictionnaire languedocien* (AD Gard, 1F12 fol. 241v, entrée *Margarido*, extrait ; voir l'article de Cl. Torreilles dans ce numéro et Fabié 2015, 332-333), *CIRDOCm* 1-3, *B* 83, Combes (1862, 32). Édition sur *B* 83.

Cansou en cantata

```
1      margarida una nioch, dourmissié talamen
       qu'ausisié pas lous cris de soun fil que plourava
                mais pierrot seveillet,
4                    et cantet
                     promptamen
           sôn sôn veni veni veni
           sôn sôn veni d'entacon
8              et de ce que bressava
       de poou que lou manit noun se faguesse mau
       a sa moulié parlet antau !
                reveilla te margarida
12         ausis lenfan que crida
           lou laisses egouzilla
           lou laisses egouzilla,
             vos pas te reveilla
16         son son veni veni veni
           son son veni d'entacon.


           bresse l'ya mai d'una houra
             per lou faire taisa.
20         Cependant toujour ploura
             vos pas te reveilla
                sôn sôn …


           malherous que se marida
24         couma me soui maridat
           malherous que se marida
           couma me soui maridat ;
             ma fenna et moun enfant
```

28   segu m'auran la vida
n'ai jamai de repau, soui toujour tourmentat.
                malherous… &c.

se ma fenna dourmis acos lenfan que crida
32   et quand l'enfant ses taisat,
            nostra fenna margarida
            fai lou sabat.
                malherous … &c.

mouralitat

36   vautres que pierrot fai rire
en sa fenna et soun enfant
voudrias be s'ausas ou dire
estre quittes en bressan

Apparat critique

4 *CIRDOCm* et cridet | 7 *CIRDOCm* entacon, corrigé entdacon | 8 *Séguier,
CIRDOCm, G, L* dau téns | 9 lou *S, CIRDOCm* son | 10 *CIRDOCm* parlave | 11
CIRDOCm vers bissé ; *G, L* couplet bissé 11-14 | 18 *S* bresille *CIRDOCm* jay *G, L*
couplet bissé | 19 *CIRDOCm* sans | 20 *CIRDOCm* mais l'enfan | 23 *S* quau | 29
CIRDOCm souy | 31 *S, CIRDOCm, G, L* quand ; *CIRDOCm* aqui | 32 *CIRDOCm*
es | 33 *CIRDOCm* ma | 34 *S, G, L* son | 38 *S* vers bissé ; *CIRDOCm* voudrais sou
ausavés | 39 *S, CIRDOCm, G, L* n'estre ; tous ces mss ajoutent le couplet
"Malhérous..." à la fin.

Traduction

Marguerite une nuit dormait si profondément / qu'elle n'entendit pas les
cris de son fils qui pleurait. / Mais Pierrot se réveilla, / et chanta /
aussitôt / « fais dodo, fais dodo ». // Et pendant qu'il berçait / par peur
que le nourrisson se fasse mal / il parlait ainsi à sa femme : / « Réveille-
toi, Marguerite, / entend l'enfant qui crie ; / Tu le laisses s'époumoner ; /
ne veux-tu pas te réveiller ? / Fais dodo, fais dodo ». / Je berce depuis
plus d'une heure / afin de le calmer / pourtant il pleure toujours / ne
veux-tu pas te réveiller ? / Fais dodo, etc // Malheureux celui qui se
marie / comme je me suis marié. / Ma femme et mon enfant / finiront
par avoir ma peau ; / Je n'ai jamais de repos, je suis toujours tourmenté /
Malheureux, etc / Quand ma femme dort, c'est l'enfant qui crie / et
quand l'enfant s'est calmé, / ma femme Marguerite / mène son sabbat. /

Moralité / Vous que Pierrot fait rire / avec sa femme et son enfant, / vous pourriez si vous le vouliez / en être quittes en le berçant.

Conclusions

Pierre Morel était jusqu'à très récemment un inconnu de la littérature occitane. Tout au plus était-il mentionné quelquefois comme l'auteur de l'une ou l'autre des trois chansons qu'on lui attribue, sans que rien de sa biographie ne soit connu. Nous espérons avoir ici comblé ce manque, et avoir montré que cet auteur, lié à la Provence et au Languedoc, musicien renommé, enseignant et chercheur sur la voix humaine, mérite une place dans la liste de ceux qui se sont essayés avec succès à l'écriture en occitan.

L'histoire littéraire occitane est une histoire à trous. Dans le cas de la chanson, les manques sont plus criants encore. Un bon nombre d'auteurs restent encore à identifier, leur biographie à écrire, leurs textes à éditer et analyser. Pierre Morel, chanoine de la cathédrale de Montpellier, n'est qu'un cas parmi tant d'autres d'un auteur dont on n'a quasiment rien conservé, trois chansons, alors que l'on sait qu'il est l'auteur de plusieurs cantatilles et de grandes œuvres religieuses. Un cas parlant, car il s'agit d'un des membres de la haute société montpelliéraine qui, comme l'abbé Fabre ou le chirurgien Sarrau, se sont volontiers prêtés à l'écriture en occitan. Comprendre la place de ces auteurs dans la société montpelliéraine et languedocienne, et analyser leur écriture aide à comprendre les réseaux de diffusion de la chanson en occitan au XVIIIe siècle.

Xavier Bach
University of Oxford

Pierre-Joan Bernard
Archives municipales de Montpellier

NOTES

[1] Voir à ce propos l'article de Claire Torreilles dans ce numéro.

[2] AM Fréjus, GG13.

[3] AD Var, 1MiEC325.

[4] « Fils d'un homme d'affaire du Card. de Fleury » (*Nouvelles ecclésiastiques*, 1750). Le cardinal de Fleury s'est appuyé durant toute sa carrière sur un réseau de fidèles méridionaux (Mormiche 2008).

[5] AM Montpellier, Joffre 348, compoix Saint-Mathieu 1738, fol. 433.

[6] Le cardinal de Fleury a d'ailleurs écrit au chapitre pour se féliciter de leur adhésion à la Constitution. On notera que Morel aurait pu faire valoir ses droits à une prébende beaucoup plus tôt, puisque quatre chanoines étaient morts entre 1724 et 1731 ; cela semble bien indiquer que Fleury a attendu pour pousser son pion.

[7] Il vit alors rue Saint-Étienne-des-Grès, actuelle rue Cujas (Paris 5e).

[8] Ces informations sont extraites du registre des délibérations du chapitre cathédral de Montpellier, AD Hérault, G1757, en particulier fol. 220-226, 236-237, 244-255, ainsi que des factums du procès entre Morel et Panisse, *Sommaire de la cause entre Me Pierre Morel, clerc tonsuré du diocèse de Fréjus, pourvu à titre de brevetaire de serment de fidélité d'un canonicat de l'église de Montpellier, ... contre Me Pierre Panisse, prêtre du diocèse de Lodève, prétendant droit au même bénéfice...*, Imp. de P.-A. Paulus-du-Mesnil, 1731 et *Mémoire signifié pour messire Pierre Panisse, prêtre, chanoine de l'église de Montpellier, contre messire Pierre Morel, acolyte, prétendant droit sur le même canonicat et prébende*, Paris, Mesnier, 1731 (BnF, FOL FM 11684 et 12265), et du *Recueil de Jurisprudence* de Guy du Rousseaud de La Combe qui mentionne la cause de Morel en 1731 pour son canonicat, p. 100 (édition de 1748).

[9] AD Hérault, G1757, fol. 258.

[10] Dans la Table raisonnée des *Nouvelles Ecclésiastiques*, vol 2, p. 355 : « *Morel*, Chanoine de Montpellier. Principal tenant du concert profane souffert dans cette ville ; Auteur de plusieurs des Cantatilles infâmes chantées par les Musiciens de la Catédrale (sic). *a.* 50. p. 64. »

[11] AD Hérault, G1757, G1759 et G1762.

[12] 27 Juin 1735 : « Nous avons demandé à M. Morel qui étoit absent à la seance du 8 du present mois de Juin, à quoi il estime que peut monter le revenu des Canonicats. Il nous a répondu qu'il croit pouvoir les mettre à 1400 livres, non-compris les distributions des obits. » (Colbert de Croissy 1740, 850)

[13] *Mercure de France*, novembre 1759, p. 230.

[14] AD Hérault, G1904 et G1870.

[15] AD Hérault, 3HDT/E26 et E27, délibérations de l'Hôpital général.

[16] AD Hérault, G1759. Le 4 octobre 1745 le chapitre accorde les présences à Morel pour environ 3 mois pour un voyage qu'il doit faire à Paris.

[17] *Lettre de M. Molines, dit Fléchier,... du 20 mai 1725, avec son abjuration faite dans la citadelle de Montpellier le 30 avril précédent, et une lettre d'un chanoine*

de Montpellier [Morel] *sur ladite abjuration, le 31 mai 1752*, Paris, P. Prault, 1752 - 26 pages.

[18] AD Hérault, G1762. Lundi 5 janvier 1778, dernière délibération en présence de l'abbé Morel. Vendredi 16 janvier 1778 : « prébende vacante par le décès de messire Pierre Morel, dernier titulaire, paisible possesseur d'icelle, arrivé le douze du présent mois de janvier, par acte du treize du présent mois de janvier ». Après vérification sur les registres paroissiaux de Montpellier, le décès de l'abbé Morel n'est pas inscrit dans les sépultures de la cathédrale, ni dans celui de l'hôpital général, ni dans les autres paroisses.

[19] *Mercure de France* Janvier 1737 mentionne une chanson « Musette » (à l'ombre d'un hêtre…) écrite sur un air composé par l'abbé Morel de Montpellier. Cette chanson semble d'abord avoir été mise en musique par André Campra en 1722 (Demeillez 2012).

[20] BM Avignon, ms. 1182.

[21] AD Hérault, G1759 : délibération du 30 juin 1752, confirmation de l'ordonnance de M. de Colbert de 1734 interdisant aux musiciens et joueurs d'instruments de l'église cathédrale de chanter et jouer d'instrument aux concerts publics. L'ordre est transmis à Mallet, maître de musique, par Morel lui-même, alors syndic du chapitre. Cette mesure est prise en réaction à la création d'un concert public à Montpellier (cf. citra).

[22] AD Hérault, G1438, G1828 et G1983.

[23] 16 septembre 1735 : « Cejourd'hui Vendredi 16. du present mois de Septembre, nous sommes partis de notre palais épiscopal dans l'ordre acoutumé ; & après avoir entendu l'Office de Tierce, la grande Messe & Sexte, nous sommes montés à la Salle capitulaire suivi de nos venerables freres le Prevôt, Dignités, Personats, & Chanoines de notre Eglise Cathédrale, où étant, nous leur aurions représenté la peine que nous cause un abus introduit dans notre dite Eglise à l'Office de Tenebres la semaine sainte : abus qui consiste à faire chanter les trois premieres Lecons & le Pseaume *Miserere*, avec un appareil de Musique qui fait degenerer cet Office en veritable spectacle. Nous avons eu la consolation de voir nos venerables freres entrer dans nos peines, & se porter avec nous à supprimer la Musique dudit Office, n'y ayant eu à ce sujet que M. le Prevôt & M. de la Croix qui aient été d'avis de le laisser subsister, & M. Morel de faire chanter les Leçons par un seul Musicien accompagné d'une Basse. » (Colbert de Croissy 1740, 850-51)

[24] AD Hérault, G1759, délibération du 19 novembre 1751.

[25] AD Hérault, G2020, obits et fondations de chapelles, 25 juillet 1760.

[26] Nous n'indiquons que les variantes de texte, pas les éventuelles variantes graphiques ou dialectales.

[27] *Musica de las cansous que s'atrovoun dins la Campana de Magalouna. Premièira annada*, s.l., s.d. (BM Montpellier, LEG 880).

[28] La chanson contient ici un jeu de mot entre le toponyme de Font Putanelle et son sens premier de "fontaine traîtresse" ou de "fontaine aux prostituées", comme on voudra.

[29] *Séguier* : « chanson de Montpellier », *CIRDOCm* : « chanson patoise », *B* : « chanson en cantate ». Le titre *La nourrissa éndourmida* est donné par Gache.

Références bibliographiques

Manuscrits

W = Paris, BnF Musique D140, anonyme

B = Montpellier, collection particulière, anonyme

G = Montpellier, AD Hérault, 1J55, Louis-Augustin Gache, ainsi que certains ajouts d'Alexandre Germain.

Ga = manuscrit source A de *G* (perdu)

Gb = manuscrit source B de *G* (perdu)

L = mise au propre de *W* (perdu)

Martin = Paris, BnF, ms. NAF 5914, François-Raymond Martin

CIRDOCm = Béziers, CIRDOC, ms. 295, anonyme.

Sources imprimées

CAPELLE, Pierre, *Nouvelle Encyclopédie poétique ou choix de poésies dans tous les genres*, Paris, Ferra, 1818.

[COLBERT de CROISSY, Charles-Joachim], *Les Œuvres de messire Charles Joachim Colbert Evesque de Montpellier*, tome second, Cologne, 1740.

COMBES, Anacharsis, *Chants populaires du Pays Castrais*, Castres, veuve Grillon, 1862.

BERTHELE, Joseph (éd.), « Montpellier en 1768 », *Archives de la Ville de Montpellier. Inventaires et documents publiés par les soins de l'administration municipale*. T. 4, Montpellier, Roumégous et Déhan, 1920, p. 9-174.

La Muse méridionale. Choix de chansons et de romances provençales et languedociennes, Avignon, Pierre Chaillot jeune, 1835.

[RIGAUD, Auguste et Cyrille], *Pouésias patouèsas d'Augusta Rigaud é dé Cyrilla Rigaud*, Mounpéïè, Renaud, 1806.

[RIGAUD, Auguste et Cyrille], *Pouesias patoisas, embé caouquas piéças d'Auguste Rigaud et differens aoutours*, Mounpéié, J.G. Tournel, 1821.

[RIGAUD, Auguste et Cyrille], *Obras coumplètas d'Augusta Rigaud et de Cyrilla Rigaud en patouès de Mounpéyé, seguidas d'un choues de roumanças et cansous patouèsas de divers aouturs*, Montpellier, Auguste Virenque, 1845.

Études

BACH, Xavier / BERNARD, Pierre-Joan, « Premiers collectages de chansons en Languedoc », *Pastel* 68, 2011, 4-13.

BACH, Xavier / BERNARD, Pierre-Joan, « Le Corpus des chansons occitanes profanes antérieures à la Révolution », *in* Angelica Rieger (éd.), *Actes du IXᵉ Congrès de l'AIEO*, Aachen, Shaker, 2011, 953-964.

BACH, Xavier / BERNARD, Pierre-Joan, « De Montpellier à Frontignan. L'esthétique du pot-pourri », *in* Carmen Alén Garabato / Claire Torreilles / Marie-Jeanne Verny (éds), *Los que fan viure e treslusir l'occitan. Actes du Xᵉ congrès international de l'Association Internationale d'Études Occitanes, Béziers, 12-19 juin 2011*, Limoges, Lambert-Lucas, 2014, 389-398.

BACH, Xavier / BERNARD, Pierre-Joan, « Éclats de voix : chansons, noëls, cantiques » *in* Jean-François Courouau (dir.), *La langue partagée. Paroles et écrits d'oc. 1700-1789*, Genève, Droz, 2015, 197-269.

DEMEILLEZ, Marie, « Campra maître de musique au collège Louis-Le-Grand de la Compagnie de Jésus », *in* Catherine Cessac (dir.), *Itinéraires d'André Campra. D'Aix à Versailles, de l'Église à l'Opéra (1660-1744)*, Wavre, Mardaga, Études du Centre de Musique baroque de Versailles, 2012, 61-77.

FABIÉ, David, « L'essor des études lexicographiques et grammaticographiques », *in* Jean-François Courouau (dir.), *La langue partagée. Écrits et paroles d'oc. 1700-1789*, Genève, Droz, 307-392.

GERVAIS, Alice, « Le concert de Montpellier au siècle de Louis XV », *Études sur l'Hérault* 6, 1982, 9-32.

MONTEL, Achille / LAMBERT, Louis, « Chants populaires du Languedoc », *Revue des langues romanes* 6, 1874, 476-555.

MONTEL, Achille / LAMBERT, Louis, *Chants populaires du Languedoc*, Paris, Maisonneuve, 1880.

MORMICHE, Pascale, « Les fidélités languedociennes et provençales du cardinal de Fleury à la cour », *Bulletin du Centre de recherche du château de Versailles* [en ligne], 2008, consulté le 10 mai 2015.

PUGNIÈRE, François / TORREILLES, Claire, *Écrire en Cévennes au XVIIIᵉ siècle. Les œuvres de l'abbé Séguier*, Montpellier, PULM, 2013.

VAISSE, Damien, « André Campra aux États généraux de Languedoc », *in* Catherine Cessac (dir.), *Itinéraires d'André Campra. D'Aix à Versailles, de l'Église à l'Opéra (1660-1744)*, Wavre, Mardaga, Études du Centre de Musique baroque de Versailles, 2012, 13-24.

Une description du XVIIIᵉ siècle
du dialecte nîmois passée inaperçue[*]

Pour l'établissement de notre répertoire des matériaux lexicographiques et grammaticographiques occitans du XVIIIᵉ siècle (Fabié 2015), nous n'avons malheureusement pas pu consulter à temps un document que nous présentons ici.

Dans sa bibliographie critique des parlers auvergnats (1928), Albert Dauzat signale un manuscrit anonyme, conservé à la bibliothèque municipale de Clermont-Ferrand, qu'il présente ainsi :

> Le ms. 964 de la Bibl. de Clermont (notes sur les patois) contient des « règles pour changer les mots français en patois » (fol. 1-3) et des notes un peu plus intéressantes « sur les verbes patois » (fol. 6). Le ms. est du XVIIIᵉ s. et ne compte que 6 folios (don Le Blanc). (Dauzat 1928, 92)

Marc Dousse reprend dans les grandes lignes cette description dans son *Catalogue du fonds Paul Le Blanc à la Bibliothèque de Clermont-Ferrand* (1942-1943, I, 43). Il ajoute simplement quelques informations matérielles à propos du document : « 250 sur 190 millim. Cahier sans couverture, le folio 6 a été déchiré en partie, Assez bon état ».

Nous ignorons quelle est l'origine du titre que Dauzat attribue à ce document : *Note sur les patois*. Dousse en donne dans son catalogue une version légèrement différente : *Note sur le patois*. C'est sous cette dernière forme que le document est

---

[*] Nous tenons à remercier Séverine Eitenschenck, de la bibliothèque municipale de Clermont-Ferrand, Patrick Sauzet, François Pugnière et Claire Torreilles à qui cet article doit beaucoup.

aujourd'hui référencé par la bibliothèque municipale de Clermont-Ferrand (ms. 964). Aucune des deux formulations ne figure dans le manuscrit. On peut supposer qu'on doit ce titre à Dauzat et que Dousse l'a modifié après le lui avoir repris.

Le document est effectivement composé de six feuillets. Les feuillets 4 et 5 et les première (fº 1rº) et sixième pages (3vº) ont été laissés en blanc. Les « Règles pour changer les mots françois en patois » n'occupent en réalité que la première page rédigée (fº 1vº). Les trois pages suivantes (fº 2rº-3rº) portent le début d'un dictionnaire occitan-français sans titre. Il est étonnant que ni Dauzat ni Dousse n'aient distingué cette tentative lexico-graphique. Le sixième feuillet porte des éléments grammaticaux intitulés « Sur les verbes patois ». L'ensemble n'a pas été noté avec un grand soin : on a l'impression d'avoir affaire à une version de brouillon.

Dauzat recense ce manuscrit dans sa bibliographie des parlers auvergnats mais, dès le premier coup d'œil, il est évident que ce document ne concerne pas ce dialecte. On y reconnaît plutôt un parler occitan plus méridional. La seule dénomination que l'auteur utilise pour la langue qu'il traite est *patois,* mais on trouve dans le fragment de dictionnaire des mentions qui sont indiscuta-blement des localisations. Celles-ci apparaissent uniquement sous des formes abrégées. On en relève de deux types, qui renvoient néanmoins de toute évidence à une même réalité : « Nis꞉ » et « Nis. ». On recense cinq occurrences de la forme « Nis. » (sous *acourcha, acoutra, affrisca, agassi, agôoussës*) et dix-neuf occurrences de la forme « Nis꞉ » (sous *abaouzous, abrasca, acrousti, adëza, agrunas, aighièiro, aigras, aissijhe, ajhustou, aizina, akesto, alarmo, âlo dë razin, amënlou, âourë, âouro, âoussën, arâpo-fërë, arpîou*). L'hypothèse qui paraît la plus évidente est de reconnaître la ville de Nîmes sous les deux abréviations[1].

L'analyse des termes que le lexicographe localise à « Nis. » ou « Nis꞉ » confirme cette supposition. Leurs traits généraux corres-pondent au nîmois (réalisation des -*n* finaux, présence du son [v], etc.). Plus particulièrement, on trouve par exemple une forme typique de la région nîmoise dans l'article suivant du fragment de dictionnaire : « agôoussës ou avôoussés a Nis. avaôu &c. ». La variante *avaus* [aˈvaw] est localisée dans une zone assez restreinte autour de la ville gardoise (voir ALLOr 251, "chêne kermès"). La graphie utilisée ne rend en revanche pas compte d'une caractéristique du parler nîmois du XXe siècle : la réalisation [a] des finales féminines atones (voir ALLOr[2]). Seule la notation *-e* est employée. L'auteur du document l'oppose même à la graphie *-o* dans un article du fragment de dictionnaire : « akesto celle ci &c a Nis.-on adoucit la desinence àkeste ». Il faut cependant remarquer que l'écrit nîmois des XVIIe, XVIIIe et XIXe siècles — peut-être par convention littéraire — ne note pas non plus cette réalisation. La graphie *-o* est employée au XVIIe siècle dans l'œuvre du Nîmois Jean Michel (voir Courouau 2008, 280-286), *L'enbarras de la fieiro de Beaucaire* (1657)[3], et au XIXe siècle dans les écrits d'Antoine Bigot (1825-1897), lui aussi nîmois[4] (voir Sauzet 1982). On retrouve la graphie *-e* dans les écrits de deux autres Nîmois : Anne Rulman[5] (1582-1632) et René Séguier[6] (1705-1767). L'auteur du ms. 964 appartient donc à cette dernière tradition[7].

Comme l'indique leur titre, les « Règles p*our* changer les mots françois en patois » établissent des correspondances phonétiques entre le français et l'occitan. En voici un exemple :

> Les noms françois terminés en *leur* font ou en patois. la couleur, la douleur, la chaleur... la coulou, la doulou, la calou. (f° 1v^o)

Dans la même veine que les « Règles p*our* changer les mots françois en patois », « Sur les verbes patois » commence par une série d'équivalences entre les verbes français selon leur terminaison avec les verbes occitans. Par exemple :

> Les verbes qui en françois ont l'infinitif terminé en *er* se terminent en *a* en patois ex. aimer, donner, porter, ajouter, aima, douna, pourta, ajouta. (f° 4r^o)

Vient ensuite un paragraphe dans lequel l'auteur expose le système des auxiliaires *être* (*estrë*) et *avoir* (*avudrë*[8]) en occitan. Le fait que le verbe *être* se conjugue en "patois" avec l'auxiliaire *être* est l'élément principal de ces lignes. Vient après le titre : « Conjugaisons des verbes » suivi du sous-titre « du verbe auxiliaire avudrë » qui est finalement le seul dont la conjugaison est donnée dans le manuscrit (f° 4). Le relevé se veut exhaustif : on trouve de nombreux temps composés, les participes, etc. Les conjugaisons occitanes sont données en regard des formes françaises correspondantes. Par exemple, pour la première personne du présent de l'indicatif : « j'ai... aï ».

Le fragment de dictionnaire ne porte pas de titre. Il compte 66 entrées, d'*abaouza* à *atifés*[9]. On relève deux entrées séparées pour le même verbe *acaba*, mais les articles correspondants ne sont pas identiques (le premier concerne un sens propre du verbe, le second un sens figuré). Une seule entrée est probablement en français : *anneau*[10], toutes les autres sont en occitan. L'ordre alphabétique n'est pas rigoureusement respecté. L'article *abrouki* arrive ainsi par exemple avant l'article *abrasca*.

En plus des localisations que nous avons déjà signalées, on relève à quatre reprises dans le fragment les mentions d'une personne dont le nom apparaît toujours sous une forme abrégée : « S. » à deux reprises (sous *abrouki*, et *aprënë*), « m^r S. » (sous *ajhouca*[11]) et « m. S. » (sous *aissijhe*). On déduit de ces différentes occurrences que la personne désignée sous ces abréviations est l'auteur d'un dictionnaire. On pense alors évidemment à Pierre-Augustin Boissier de Sauvages (Alès, 1710-1795) qui a publié une première édition de son *Dictionnaire languedocien-françois* en 1756 (S1) et une deuxième en 1785 (S2)[12]. Remarquons tout d'abord que, de façon générale, le système graphique utilisé dans le ms. 964 est identique à celui que Boissier de Sauvages emploie dans ses dictionnaires. Une comparaison détaillée montre ensuite que les quatre articles dans lesquels on rencontre ces abréviations ont été composés à partir des travaux lexicographiques de Boissier de Sauvages et certainement plus particulièrement à partir de la première édition de son dictionnaire (1756). Les différentes formes abrégées que nous avons relevées renvoient donc bien à Sauvages. Cela conforte l'identification du nîmois dans les *Notes sur le patois*. Sauvages a en effet travaillé sur un parler voisin et les éditions de 1756 et 1785 de son dictionnaire ont d'ailleurs paru à Nîmes.

Ce constat nous a amené à comparer l'ensemble des articles du fragment lexicographique du ms. 964 avec les deux éditions du dictionnaire de Sauvages. L'analyse de chaque article considéré isolément montre que 43 d'entre eux présentent des similarités avec les ouvrages de Boissier de Sauvages (1756 et 1785), 22 d'entre eux sont totalement originaux et 1 (*aboucouchou*[13]) est en réalité une reprise de l'*Encyclopédie* (1751). Parmi les 43 objets présentant une similarité avec S1 et/ou S2, 5 sont des reprises à l'identique de S1, 3 sont des reprises à l'identique de S1 et/ou S2,

14 ont été rédigés à partir de S1, 16 à partir de S1 et/ou S2 et enfin 5 présentent des similitudes avec S2 seul[14]. Nous avons de plus noté des divergences avec S2 pour 4 articles sur les 66. Étant donné que nous n'avons jamais relevé d'identité absolue avec des articles de S2 qui ne sont pas eux-mêmes identiques à ceux de S1 et que les reprises à l'identique de S1 sont par ailleurs nombreuses, nous pensons pouvoir affirmer que le fragment de dictionnaire a été rédigé à partir de S1 seul[15]. De ce fait nous avons au total en réalité 8 articles qui sont des reprises à l'identique de S1, 30 articles qui ont été rédigés à partir de S1 et les similitudes que nous avons relevées entre 5 articles et S2 seul sont en fait des coïncidences. On obtient donc un total de 27 articles totalement originaux[16].

On peut donc assurer que le fragment est postérieur à 1756, date de sortie de la première édition du dictionnaire de Sauvages. On peut également supposer qu'il est antérieur à l'édition de 1785. Si celle-ci avait été disponible, il paraît en effet probable que l'auteur du fragment de dictionnaire l'aurait utilisée.

Comme nous l'avons précisé, certains articles sont de pures et simples reprises de Sauvages. C'est par exemple le cas du premier article du fragment (*abaouza*[17]). Ces emprunts sont parfois complétés de commentaires sur les formes françaises préconisées par S1 (voir l'article *abëca* dans l'annexe).

Nous avons classé comme matériaux rédigés à partir de S1 les articles reprenant des éléments de S1 et leur apportant des additions substantielles qui consistent la plupart du temps à relever une variante nîmoise. Les articles concernés présentent alors une organisation particulière. Leurs entrées sont constituées par les formes qui sont données dans le dictionnaire de Boissier de Sauvages et les termes nîmois sont relevés dans l'article, précédés de leur localisation par les formes abrégées que nous avons relevées plus haut. Par exemple, les formes présentées comme nîmoises *acourchir*, *crousta*, *aduza* sont données sous *acourcha*, *acrousti* et *adëza* qui reprennent les entrées de S1.

Ces articles sont parfois totalement dépourvus de définition. C'est par exemple le cas pour « acourcha a Nis. acourchir lou camin &c. » ou « affrisca a Nis. afresca &c. » L'auteur renvoie alors quelquefois implicitement à Boissier de Sauvages, comme par exemple dans l'article : « abrasca v. et p. &c. à la fin de l'art. s'abrascou. a Nis. s'abrascon ». L'utilisation du fragment de dictionnaire ne peut ainsi pas s'envisager sans la consultation de S1.

Les additions concernent plus rarement les définitions. Un sens non relevé par Boissier de Sauvages peut alors être recensé dans le fragment. C'est par exemple le cas pour l'article « acoutra yvre. s'acoutra s'enyvrer. a Nis. acoutra labourer cultiver ouvrer mot qui a vieilli. acoutrade terre ben terre bien cultivée. » Seul le premier sens est référencé par S1 (voir également l'article *ajhouca* en annexe).

Les articles originaux constituent un peu moins de la moitié des articles du fragment. Si certains d'entre eux sont réduits au minimum, comme par exemple : « accapara v. accaparer. », d'autres sont bien plus détaillés. La définition peut être développée et parfois accompagnée d'exemples, qui sont assez fréquents, ou de locutions et emplois figés. On peut citer pour la précision de sa définition l'article *accabassi* dans lequel on trouve également un exemple (voir annexe). Pour le relevé de locutions, on peut citer l'article « anguiële anguille marchand de pel d'anguiële le plus mince des marchands ».

On retrouve cette attention aux emplois figés et à l'illustration par des exemples dans les additions aux articles repris à Boissier de Sauvages. On relève ainsi un exemple dans la partie originale de l'article *acoutra* que nous avons donné ci-dessus. On peut également citer l'article suivant, dont la première partie est une reprise de S1 alors que la seconde (« on le dit aussi... ») est originale : « arno au figuré hote importun on le dit aussi d'un lambin. es patët com'une arne. »

On relève dans le fragment de dictionnaire une seule citation littéraire, que nous ne sommes malheureusement pas parvenu à identifier, dans l'article suivant[18] :

> artël doigt du pied. on dit en fr. orteil p*our* le gros doigt. un
> de nos poëtes a dit elegamment. prën lou lensooun[19] en leï
> den turelure en l'artël lou descourdure roubin ture &c

On peut comparer la méthode employée pour réaliser ce fragment de dictionnaire aux *Additions au Dictionnaire provençal-français du R. P. Pellas Minime*[20] qui sont probablement de la main de François Barcilon (Fabié 2015, 335). Celui-ci s'est appuyé sur le *Dictionnaire provençal et françois* (1723) de Sauveur-André Pellas

(Aix-en-Provence, 1667-1727) qui traite du parler d'Aix-en-Provence pour composer un dictionnaire du parler de Carpentras. Pour donner un dictionnaire du parler nîmois, l'auteur du ms. 964 a fait de même en prenant pour base de travail la première édition du dictionnaire de Boissier de Sauvages.

Il est par ailleurs probable que les motivations qui ont conduit l'auteur du ms. 964 de la bibliothèque municipale de Clermont-Ferrand à donner les « Règles pour changer les mots français en patois » comme préalable à son dictionnaire sont les mêmes que celles qui ont amené Jean-François Féraud (Marseille, 1725-1807) à faire précéder son *Essai de glossaire* (BM Marseille, ms. 1078, 72 pages) par des « Règles générales. Exceptions. Terminaisons. Silabes finales » (1-12). Féraud établit dans ces pages des correspondances entre les sons du français et du provençal qui sont censées permettre de reconstituer le provençal à partir du français lorsque les formes des deux langues sont comparables. Féraud déclare pouvoir ainsi ne traiter que les « mots purement provençaus » (12) dans le glossaire proprement dit qui suit (13-72). Ajoutons que Boissier de Sauvages précise lui aussi n'avoir relevé que les termes occitans « qui n'ont que peu ou point d'analogie avec les mots François qui y répondent » (1756, IX). Si les intentions de l'auteur du ms. 964 peuvent bien être rapprochées de celles de Féraud et de Boissier de Sauvages, il ne les a pourtant pas suivies à la lettre. On trouve en effet dans le fragment de dictionnaire des entrées originales traitant de termes tout à fait comparables au français, par exemple : *accapara* ou *additiouna*.

Il est difficile de déterminer si le fragment de dictionnaire conservé dans le ms. 964 ne représente qu'une partie d'un travail plus vaste ou s'il constitue la totalité d'une entreprise lexicographique limitée. Remarquons tout d'abord que la dernière page du dictionnaire se trouve sur le recto du troisième feuillet. Le verso de celui-ci a été laissé en blanc. La version du dictionnaire que nous possédons semble donc être complète. Mais peut-être n'est-elle qu'une copie fragmentaire ou un brouillon partiel d'un ensemble plus vaste. On trouve par ailleurs dans l'article *âlo dë razin* un renvoi à une entrée qui doit être classée sous la lettre S : « âlo dë razin voy. sounglë et à Nis.- Boutël ». Cette entrée et le renvoi sont cependant repris à l'identique à S1. L'auteur du fragment de dictionnaire a-t-il recopié mécaniquement S1 ou avait-il rédigé (ou l'intention de rédiger) un article *sounglë* ? Il est pour l'heure impossible de le dire.

Ayant identifié le parler nîmois et ayant pu dater le fragment de dictionnaire de la seconde moitié du XVIIIᵉ siècle (après 1756 et probablement avant 1785), nous pouvons à présent aborder la question de l'attribution du ms. 964. Précisons tout d'abord que l'on sait par quelle voie ce document est entré dans la collection de la bibliothèque municipale de Clermont-Ferrand. Il appartenait au fonds de Paul Le Blanc (Brioude, 1928-1918) dont on connaît la richesse en « pièces rares, chartes, terriers, manuscrits de toutes sortes, notes, incunables, livres introuvables, gravures, dessins » et qui « constitue pour l'histoire de l'Auvergne et des provinces voisines, une source inappréciable de renseignements et une documentation de premier ordre » (Dousse 1942-1943, 5). Nous ignorons malheureusement d'où Paul Le Blanc tenait ce manuscrit.

La nature, la datation et la localisation du document conduisent à explorer plusieurs hypothèses. Les premiers auteurs potentiels auxquels on pense sont René Séguier (Nîmes, 1705-1767), auteur de travaux lexicographiques et grammatico-graphiques à propos de l'occitan moderne (voir Pugnière / Torreilles 2013), et son frère Jean-François Séguier (1703-1784), figure reconnue de l'érudition européenne du XVIIIᵉ siècle (voir Pugnière 2005). Claude-Urbain de Retz (ou de Reth) de Bressolles, baron de Servières (1755-1804)[21], affirme dans une lettre à Jean-François Séguier du 21 février 1773 que son correspondant travaillait à un « dictionnaire languedocien » :

> Je suis fâché de n'etre point dans mes montagnes afin d'en receuillir tous les mots et vous les envoyer pour completer le dictionnaire languedocien auquel je sais que vous travaillés depuis quelques années. J'ose pourtant vous assurer que sans cela il sera très imparfait vu que les cevenes et le gevaudan contienent des mots tres singuliers et primitifs. Un bon dictionaire languedocien serait tres utile pour conaitre parfaitement l'origine de notre langue et en particulier il servirait beaucoup à Mr Gébelin[22] qui m'honore de son amitié, pour son ouvrage du monde primitif analysé auquel je prends le plus vif intérêt. (BM Nîmes, ms. 130, fᵒ 58rᵒ)

Il répète une seconde fois cette information dans la même lettre :

> Je désirerais cependant si cela est possible que vous fissiés
> plutot un dictionnaire gascon que languedocien y ajoutant,
> l'auvergnat, le limousin, le perigourdin, l'agenais, &c. Cela
> me parait très facile en faisant écrire dans ces diférens
> cantons aux curés pour qu'ils ramassent les mots de leurs
> cantons et vous les envoyassent. (f° 58v°)

Précisons qu'alors qu'il écrivait ces lignes, Servières ne connaissait pas personnellement Jean-François Séguier. Cette lettre est en effet le premier contact entre les deux hommes[23]. Ce n'est par conséquent pas Jean-François Séguier qui a signalé à Servières l'existence de ces recherches lexicographiques et l'information mérite donc d'être prise avec prudence.

Jean-François Séguier a répondu à Servières, mais sa réponse n'a pas été conservée. La lettre que Servières lui a écrite en retour le 1er avril 1773 est en revanche disponible. On peut comprendre à sa lecture que Séguier n'a mentionné dans sa réponse que les travaux de son frère. Dans l'extrait suivant, Servières rapporte des propos que Court de Gébelin lui a adressés :

> « Je [Court de Gébelin] suis charmé que vous [Servières] ayes
> écrit à Mr Seguier puisque cela nous a valu sa réponse remplie
> de détails intéressans & je vous suis très obligé de m'en avoir
> envoié une copie : s'il vouloit vous confier les mémoires de Mr
> son frère sur la langue cevenole ils ne pourraient qu'être très
> utiles. » Je [Servières] joins donc mes sollicitations aux sienes
> pour vous prier de m'envoyer une copie de ces mémoires que
> je lui ferai passer. (BM Nîmes, ms. 130, f° 57v°)

Servières n'évoque en tout cas plus par la suite le dictionnaire auquel aurait travaillé Jean-François Séguier. Il mentionne en revanche à nouveau les travaux de René Séguier, par exemple dans une lettre à Jean-François Séguier du 9 novembre 1777 (BM Nîmes, ms. 148). On peut donc supposer que l'évocation par Servières de recherches lexicographiques dont Jean-François Séguier aurait été l'auteur est erronée. Cette erreur provient très certainement d'une confusion avec les travaux du frère de Jean-François, René Séguier[24].

Dans une lettre du 23 août 1773 à Jean-François Séguier (Pugnière / Torreilles 2013, 127), Boissier de Sauvages emploie une formulation qui a retenu notre attention pour désigner des travaux de René Séguier :

> En attendant je vous ambrasse et vous ordonne meme de vous bien porter et de vous ressouvenir que vous m'avez promis de me communiquer le brouillon du catalogue des termes patois de Nîmes de feu m^r votre frere. (BM Nîmes, ms. 417, f°108v^o)

François Pugnière et Claire Torreilles (2013, 127) estiment que « [Sauvages] parle à tort de "patois de Nîmes" ». Cette désignation ne correspond effectivement pas aux recherches de René Séguier qui sont connues jusqu'ici. On peut néanmoins se demander si cette appellation ne pourrait pas se référer à un document distinct de celles-ci et si le ms. 964 de la Bibliothèque municipale de Clermont-Ferrand ne pourrait pas être un fragment, la totalité ou une copie (partielle ou totale) du « brouillon du catalogue des termes patois de Nîmes » de René Séguier. Grâce à une annotation de Jean-François Séguier sur une lettre de Servières du 9 novembre 1777 (BM Nîmes, ms. 148, f°164v^o) qui lui demandait une nouvelle fois de lui envoyer les recherches de son frère, on sait, quoi qu'il en soit, que les éléments lexicographiques de René Séguier conservés ne constituent qu'une partie de ses travaux dans ce domaine (Pugnière / Torreilles 2013, 128). Claire Torreilles et François Pugnière déduisent de cette note marginale « qu'il a dû exister un ouvrage achevé et complet de 25 cahiers, soit environ 200 pages in 4° ou 400 pages in 8°, dont les papiers de René Séguier ne constituent qu'un brouillon. »

Remarquons tout d'abord que, comme René Séguier, l'auteur du ms. 964 s'intéresse aussi bien à la lexicographie qu'à la grammaticographie de l'occitan, ce qui n'est pas si fréquent au XVIIIᵉ siècle[25]. Comme nous l'avons déjà précisé, certaines caractéristiques graphiques présentes dans les écrits de René Séguier se retrouvent dans le ms. 964 (notation de [un] et des finales féminines). Un commentaire de René Séguier à propos de la « douceur » de la voyelle féminine finale rappelle d'ailleurs la remarque donnée dans le fragment de dictionnaire sous *akesto* (« on adoucit la desinence ») que nous avons relevée plus haut :

> Elle a quantité d'*é* muets, ce qui rend encore sa prononciation extrêmement douce et la fait aller de pair avec la langue française qui abonde en *é* muets. (Pugnière / Torreilles 2013, 146)

On remarque une autre caractéristique de la graphie de René Séguier dans la conjugaison « du verbe auxiliaire avudrë ». Comme René Séguier (voir par exemple Pugnière / Torreilles 2013, 148), l'auteur du ms. 964 note la sixième personne du présent de l'indicatif *ant*. On relève dans la même conjugaison des *Notes sur le patois* les formes *aviet* et *avient* (troisième et sixième personnes de l'indicatif imparfait) qui correspondent également à l'usage de René Séguier[26]. On remarque cependant que René Séguier emploie *avedre* et non *avudre*. Il l'emploie, qui plus est, dans la conjugaison du verbe *estre* : « avedre esta » (Pugnière / Torreilles 2013, 150) alors que l'auteur du ms. 964 précise, comme nous l'avons dit, que le verbe *être* se conjugue en occitan avec l'auxiliaire *être*. On relève par ailleurs dans la conjugaison et dans les entrées originales du fragment de dictionnaire l'usage d'accents et de trémas inconnu de René Séguier.

Nous avons comparé plus en détail les articles du fragment avec les matériaux lexicographiques de René Séguier disponibles (éd. Torreilles 2013). Seuls 5 articles concernent des entrées qu'on trouve également dans les travaux de René Séguier édités par Claire Torreilles (2013). Parmi eux, seul l'article *abaouza* est identique à Séguier 2013, mais il s'agit en réalité d'un emprunt à S1. Si l'absence de concordance ne permet pas d'attribuer le fragment de dictionnaire à René Séguier, elle ne suffit cependant pas pour exclure cette hypothèse.

Bien qu'il soit difficile de tirer des conclusions claires, certains passages raturés de la partie « Sur les verbes patois » ne semblent pas pouvoir correspondre à des erreurs de copie, mais plutôt à des erreurs corrigées lors de la rédaction. Nous pensons donc que le scripteur du document est son auteur. La comparaison avec les manuscrits autographes de René Séguier interdit de reconnaître dans le ms. 964 son écriture. Malgré les quelques points de similitudes que nous avons relevés, celui-ci ne semble donc pas être l'auteur des *Notes sur le patois* et ce document ne correspond donc pas à ce que Boissier de

Sauvages appelle « brouillon du catalogue des termes patois de Nîmes ».

Après Jean-François et René Séguier, on pense à Antoine Court de Gébelin (vers 1725-1784). S'il n'est pas assuré que celui-ci soit né à Nîmes, il paraît probable qu'il ait vu le jour dans le Bas-Languedoc (Robert 1969, 33, n. 2). Le nîmois est, quoi qu'il en soit, un objet d'intérêt pour Court de Gébelin. L'*Essay sur l'origine de la langue Gasconne* débute ainsi par ces mots :

> La Langue Gasconne est composée de plusieurs dialectes, tels que le Toulousain ou langue Mondine, le Nîmois, le Provençal, le Limousin, et le béarnois. (BM Nîmes, ms. 141, f° 93r°)

Les mentions de ce dialecte apparaissent assez souvent par la suite dans l'*Essay*, notamment dans une comparaison du toulousain et du nîmois (f° 98v°). Mais plusieurs points nous autorisent à affirmer que Court de Gébelin n'est pas l'auteur du ms. 964. Il note tout d'abord *-o* les finales féminines, y compris pour le nîmois ; par exemple : « *etto* pour le féminin en Nimois *Barketto* une petite barque *Brouketto* une petite broche *Pastoureletto* une jeune bergere » (f° 101v°). De plus, il ne fait pas la même utilisation que l'auteur des *Notes sur le patois* des accents et des trémas et nous ne reconnaissons pas son écriture dans le ms. 964.

On apprend grâce à Pierquin de Gembloux que Court de Gébelin aurait engagé Jean-Paul Rabaut Saint-Étienne (Nîmes, 1743-Paris, 1793)[27] à travailler sur la littérature occitane et que celui-ci aurait par ailleurs commencé une grammaire occitane :

> Ces deux législateurs [Rabaut Saint-Étienne et Boissy-d'Anglas] célèbres eurent même le projet, bien arrêté, de répondre au vœu de Court de Gébelin en publiant un grand ouvrage dans le genre de ceux de Noël et de Laplace[28], exclusivement consacré aux richesses littéraires de nos différents dialectes. Rabaud Saint-Etienne fit plus encore puisqu'il commença une grammaire, et, disait-il plaisamment à ce sujet, quand j'arrivai au verbe auxiliaire avoir, et qu'il me fallut écrire *qu'ague*, j'y renonçai. (Pierquin de Gembloux 1841, 9-10)

Frédéric Donnadieu (1888, 167), qui relève également ce passage, note que le « jeu de mots » est le « seul fondement sans doute de l'anecdote »[29]. Nous avons tendance à penser de même et à douter que Rabaut ait réellement commencé une grammaire. Quoi qu'il en soit, l'écriture du ms. 964 ne correspond pas à celle de Rabaut Saint-Étienne qui n'est donc pas son auteur.

Il faut enfin évoquer Louis Aubanel (Nîmes, 1758-1842), qui, dans la première édition (1802) de ses *Odes d'Anacréon*, indique avoir composé une grammaire du languedocien :

> Au reste, les remarques générales sur la prononciation du languedocien et sur son orthographe, feront partie de la grammaire de cet idiome, que je me propose de publier. (1802, IX)

Dans la réédition de 1814 des *Odes*, ce même passage est accompagné de la note suivante :

> La grammaire et le dictionnaire français-languedocien sont sous presse. (1814, IX)

La grammaire et le dictionnaire paraissent ainsi pouvoir être datés du début du XIXᵉ siècle et ne doivent donc pas correspondre aux matériaux du ms. 964. Dans une lettre de décembre 1835 à Pierquin de Gembloux éditée par Joseph Bauquier (1880), Aubanel précise de plus avoir détruit sa grammaire[30] :

> Vous me parlés de ma grammaire languedocienne, je devois la publier, mais à la suite de quelques contrariétés que j'éprouvai de la part de mon imprimeur, je déchirai mon manuscrit et en fis un autodafé. (1880, 230)

Quoi qu'il en soit, on ne reconnaît ni la graphie ni l'écriture d'Aubanel dans le ms. 964.

L'auteur des *Notes sur le patois* reste donc anonyme. Les nombreuses similitudes relevées avec les travaux de René Séguier nous laissent néanmoins supposer que l'auteur connaissait ses travaux et qu'il appartenait donc peut-être à son entourage. Les éléments lexicographiques constituent selon nous la partie la plus intéressante de l'entreprise de description du parler nîmois du ms. 964. Le fragment de dictionnaire offre quelques attestations de formes intéressantes et des détails sémantiques qui font espérer que nous n'avons affaire qu'à un fragment et que la totalité du dictionnaire sera un jour retrouvée. Cela pourrait par ailleurs permettre de résoudre la question de son attribution.

David Fabié
Toulouse

NOTES

[1] Les deux formes abrégées renverraient plus exactement à la graphie *Nismes*, en usage au XVIIIe siècle.

[2] L'ALLOr 47, "brouillard", relève ainsi par exemple pour la région nîmoise la forme ['nεbla].

[3] Nous avons jugé de la graphie de cette œuvre grâce aux extraits de l'édition originale donnés par Jean-François Courouau (2008, 280-286). C'est cette même graphie qui est utilisée dans l'édition donnée en 1700 (*L'embarras de la fieiro de Beaucaire*, Amsterdam).

[4] C'est à partir d'une œuvre de Bigot, les *Bourgadieiro* (Nîmes, 1863), que Pierre Fesquet a composé un glossaire très sommaire du nîmois (1879) dans lequel on retrouve donc la même graphie.

[5] Rulman est l'auteur d'un court dictionnaire occitan-français : « Mots Significatifs & particuliers Du Pays. Qui sont empruntez des Hébreux, des Grecs ou des Latins » qui est précédé des « Motifs de l'Autheur en la recherche des racines des noms & des Verbes du Langage du Pays, Et la declaration de leurs utilités » (BnF, ms. 8651 / BM Nîmes, ms. 180/2). Ces documents ont été édités par Pierre Trinquier en 2001. À propos de la graphie *-e* chez Rulman, voir éd. Trinquier 2001, 27.

[6] À propos de cette graphie chez René Séguier, voir Pugnière / Torreilles 2013, 141.

[7] Une autre caractéristique relie l'auteur du ms. 964 à la tradition graphique de Rulman (voir éd. Trinquier 2001, 26-27) et Séguier (voir Pugnière / Torreilles 2013, 141) : la notation fréquente de [un] par *on*.

[8] Cette forme n'a pas été relevée par le *Französisches etymologisches Wörterbuch*. On trouve en revanche sous FEW 4, 362a, HABERE des variantes proches pour le Gard (Alès *avedre*) et à Nîmes même (*agudre* [élément issu de Fesquet 1879]). La forme *avudre* apparaît telle quelle dans les *Odes d'Anacréon traduites en languedocien* (1802, 1814) du Nîmois Louis Aubanel (voir infra) (par exemple : 1802, 3, 15, 19).

---

[9] Nous donnons en annexe l'édition de quelques articles.

[10] La graphie *eau* pourrait noter le son [ɛw]. Ce n'est cependant jamais le cas par ailleurs dans le document.

[11] Voir annexe.

[12] Le neveu de Boissier de Sauvages, Louis-Auguste d'Hombres-Firmas, a également réédité après révision et augmentation ce dictionnaire en 1820.

[13] Voir annexe.

[14] Pour écarter les coïncidences, nous avons limité la catégorie « reprise à l'identique » aux articles comportant plus d'un seul élément de définition (la définition peut parfois être accompagnée d'un commentaire). Nous avons comptabilisé comme article rédigé à partir de S, des objets lui reprenant des éléments, mais leur apportant une addition lexicographique (une autre forme ou un autre sens).

[15] Remarquons de plus que la première entrée du fragment de dictionnaire est *abaouza* qui constitue également la première entrée de S1 mais pas de S2.

[16] Nous avons également comparé ces éléments avec ceux d'Anne Rulman sans remarquer de similitudes.

[17] Voir annexe.

[18] Hormis la citation, l'article est une reprise à l'identique de S1.

[19] Erreur de plume pour *lensoou* ?

[20] Carpentras, Bibliothèque Inguimbertine, Rés B 171, 201 pages (192 pages + un complément).

[21] Dans sa correspondance, Servières précise à plusieurs reprises avoir entrepris des travaux lexicographiques de vaste envergure sur l'occitan. On ignore ce qu'il en est de la réalité de ce projet dont aucun élément n'est parvenu jusqu'à nous. On ne garde de son activité lexicographique que quelques rares éléments intégrés dans une lettre à Jean-François Séguier (Fabié 2015, 345). Précisons malgré tout que l'écriture du ms. 964 ne correspond pas à celle de Servières.

[22] Antoine Court de Gébelin (voir infra) est l'auteur du *Monde primitif analysé et comparé avec le monde moderne* (Paris, 1773-1782, 9 vol.) dans lequel les considérations linguistiques occupent une grande place. Gébelin est également l'auteur d'un *Essay sur l'origine de la langue Gasconne* (BM Nîmes, ms. 141, f°s 93-107) (Auroux 1989).

[23] Servières écrit ainsi : « il vous paraîtra sans doute fort étrange que je prene la liberté de vous écrire sans avoir l'honeur d'etre conu de vous ».

[24] Quoi qu'il en soit, comme ont bien voulu nous l'indiquer Claire Torreilles et François Pugnière, l'écriture du ms. 964 ne correspond pas à celle de Jean-François Séguier.

[25] Les seuls que nous connaissions par ailleurs à avoir mêlé de même lexicographie et grammaticographie occitanes sont Grateloup (auteur d'une *Grammaire gasconne et françoise*, 1734) et Jean-François Féraud.

[26] Pour noter les désinences en [je] de la troisième personne de l'imparfait de l'indicatif et du conditionnel, René Séguier emploie la graphie *-ioit* (Pugnière / Torreilles 2013, 140), mais aussi la graphie *-iet*. On relève ainsi par exemple

dans la conjugaison du verbe aimer : « el aviet aima » (Pugnière / Torreilles 2013, 148). On trouve dans la même conjugaison « elles avient aima ».

[27] Jean-Paul Rabaut Saint-Pierre a été membre de l'Assemblée Constituante qu'il a même présidée quelques jours. Nous ne connaissons aucun écrit occitan de sa main. Claire Torreilles nous a aimablement signalé les mentions des travaux grammaticographiques de Rabaut Saint-Pierre et de Louis Aubanel que nous évoquons à la suite.

[28] Jean-François-Michel Noël (1755-1841) et François-Marie-Joseph de La Place (1757-1823), à qui on doit des *Leçons françaises de littérature et de morale* (Paris, 1804).

[29] On peut aussi se demander, avec Joseph Bauquier (1880, 233, n. 5), d'où Pierquin de Gembloux tient cette anecdote et par conséquent quelle est sa valeur.

[30] On remarque qu'Aubanel ne mentionne pas son dictionnaire dans son anecdote. Nous n'avons trouvé aucune trace de ce document.

Annexe :
édition critique de quelques articles du fragment de dictionnaire[1]

« **abaouza** v. n. et p. couché sur le ventre **s'abaouza** se coucher sur le ventre. **abaouza** renversé. »

S1 « ABÂOUZA. v. & p. *Couché sur le ventre.* s'Abâouza, *se coucher sur le ventre.* Se mettre à *Bouchons*, comme on le dit dans quelques Provinces, n'est pas usité. — Abâouza, *Renversé.* »

S2 « ABÂOUZA ; (s') ou *s'amoura* ; se coucher sur le ventre, mettre ventre à terre. = *Abâouza* ; assommer, accabler. = *Abâouza*, participe ; couché, ou étendu sur le ventre, prosterné. = *Abâouza* ; accablé, excédé. »

Séguier 2013 *s'abauza* "se coucher sur le ventre".

Mistral *s'abóusa* ; FEW 21, 303b, VENTRE (= lang. *abâouzá* "couché sur le ventre" (depuis S)), 303b, VENTRE (= lang. *abâouzá* "v. r. se coucher sur le ventre").

→ Article repris à l'identique à S1. Similarité avec Séguier 2013.

« **abëca** abecher et non abéquer qui vieillit &c [?] Le dict. de l'aca. dit abecquer donner la becquée »

S1 « ABÊCA, *Abécher*, & non *abéquer*, qui vieillit ; les oiseaux *abéchent* leurs petits, ils leur portent la *becquée*, (plus usité que *béchée*) — Abëca d'âousséls, *Elever des oiseaux à la brochette.* »

S2 « ABÊCA ; Porter, ou donner la becquée (mieux que abécher.) *Abëca d'âoussels* ; nourrir, ou élever des oiseaux à la brochette. *Abëca*, ne se dit au propre, que des oiseaux : il est au figuré synonyme, *d'ëmbouca.* »

ø Séguier 2013.

Mistral *abeca* ; FEW 1, 307b, BECCUS (= lang. *abeca* S).

→ Article repris à l'identique à S1 avec addition d'un commentaire à propos d'une forme française.

« **aboucouchou** s. m. sorte [de] drap de laine qui se fabrique en Languedoc, en provence, en dauphiné et qui s'envoye au levant par marseille »

ø S1.
ø S2.
ø Séguier 2013.

cf. Mistral *abouchouchou* ; FEW 21, 549b, ETOFFE DE LAINE (*aboucouchou* (SavBr 1723-Moz 1842), f. Enc 1, 33).

→ Comme indiqué par le FEW, on trouve un article *aboucouchou* dans l'*Encyclopédie ou dictionnaire universel raisonné des connoissances* (I, 1751). Celui-ci est identique à l'article du ms. 964 : « ABOUCOUCHOU, s. m. sorte de drap de laine qui se fabrique en Languedoc, en Provence, en Dauphiné, & qui s'envoye au Levant par Marseille. » L'article est donc une reprise à l'identique de l'*Encyclopédie* (1751).

« **accabassi ide** subst. dans le propre c'est quelqu'un qui se tient mal peu propre, peu rangé. dans le figuré c'est un homme une femme qui ne sont bons à rien. aquos un homë accabassi c'est un homme perdu, ruiné. »
ø S1.
S2 « ACABASSI, *acabassido, agrâouli, agrâoulîdo* ; usé, tombé par l'âge, le travail, l'indigence. On le dit des femmes du bas peuple à qui quelques années de mariage ôtent toute envie de rire, de s'ajuster & de plaire. Dérivé de, *cabas*. »
ø Séguier 2013.
Mistral *acabassi* ; *cf.* FEW 2, 243a, *CAPACIUM (lang. *s'acabassi*).
→ Entrée commune avec S2, mais définitions non identiques. Article original.

« **ajhouca** v. et p. suiva*n*t m^r S. juché perché. je pense qu'il signifie couché. aquelle poule es ajhoucade au sôou. cette poule est couchée parterre. »
S1 « AJHOUCA, v. & p. *Juché, perché* ; les poules se *juchent*, les oiseaux se *perchent*, ceux-ci sur les branches des arbres, les autres sur le *juchoir*. L'Alouette ne se *perche pas*. »
S2 « AJHOUCA ; Juché, perché. Les poules se juchent, les oiseaux perchent, l'alouette ne perche pas. *S'ajhouca* ; se raser. Les perdrix se rasent quand elles apperçoivent l'oiseau de proie. Ce lievre étoit rasé dans son gîte. *S'ajhouca* ; s'acroupir, les poules qui pondent s'acroupissent. Les hommes font de même, en poussant une selle. *S'ajhouca* ; S'assoupir, s'endormir à demi. »
ø Séguier 2013.
Mistral *ajouca* ; FEW 16, 289b, JUK (= lang. *s'ajhoucá* S, HAlpes *ajoucá* "accroupi").
→ Article rédigé à partir de S1. L'addition apportée aux matériaux de « m^r S. » [Sauvages] ne peut compléter que S1 et pas S2 qui relève un sens (« *S'ajhouca* ; s'acroupir, les poules qui pondent

s'acroupissent ») que l'on peut assimiler à celui qui est proposé par l'auteur du fragment de dictionnaire.

---

[1] Nous relevons à la suite les articles du ms. 964 entre guillemets. Pour plus de visibilité, nous avons noté en gras les termes traités. Nous donnons à la suite les articles correspondants de S1, S2 et Séguier 2013. Pour un éclairage lexicographique, nous donnons ensuite, sur la même ligne, les références au *Tresor dóu Felibrige* (1979 ([1]1878-1886)) de Mistral et au FEW. Nous proposons dans un dernier temps nos conclusions.

Références bibliographiques

ALLOR = BOISGONTIER, Jacques, *Atlas linguistique et ethnographique du Languedoc Oriental*, Paris, CNRS, 1981-1986.

AUBANEL, Louis, *Odes d'Anacréon, traduites en vers languedociens*, Nîmes, veuve Belle, an X [1802] ; Nîmes, Gaude fils, 1814.

AUROUX, Sylvain, « L'Essay sur l'origine de la langue gasconne de Court de Gébelin : Un modèle non-latin pour l'origine des langues romanes », *in* Dieter Kremer (éd.), *Actes du XVIIIᵉ Congrès International de Linguistique : Université de Trèves (Trier), 1986*, vol. 7, *Histoire de la linguistique et de la philologie romane. Philologie romane et langues romanes, prise de conscience ou la philologie pour quoi faire ? Travaux en cours*, Tübingen, Niemeyer, 1989, 108-119.

BAUQUIER, Joseph, « Une lettre d'Aubanel de Nîmes à Pierquin de Gembloux », *Revue des langues romanes* 17, 1880, 229-237.

BOISSIER DE SAUVAGES, Pierre-Augustin, *Dictionnaire languedocien-françois*, Nîmes, Michel Gaude, 1756.

BOISSIER DE SAUVAGES, Pierre-Augustin, *Dictionnaire languedocien-françois*, Nîmes, M. Gaude, 1785, 2 vol.

COUROUAU, Jean-François, *Moun lengatge bèl. Les choix linguistiques minoritaires en France. 1490-1660*, Genève, Droz, 2008.

DAUZAT, Albert, « Les parlers auvergnats anciens et modernes, bibliographie critique (jusqu'en 1927) », *Revue de linguistique romane* 4, 1928, 62-117.

DONNADIEU, Frédéric, *Les précurseurs des félibres, 1800-1855*, Paris, Quantin, 1888.

DOUSSE, Marc, *Catalogue du fonds Paul Le Blanc à la Bibliothèque de Clermont-Ferrand*, Brioude, Société de l'Almanach de Brioude, 1942-1943, 2 vol.

FABIE, David, « L'essor des études lexicographiques et grammaticographiques », *in* Jean-François Couroau (dir.), *La langue partagée. Écrits et paroles d'oc. 1700-1789*, Genève, Droz, 2015, 307-392.

FESQUET, Pierre, « Le provençal de Nîmes et le languedocien de Colognac comparés », *Revue des langues romanes* 15, 1879, 250-256.

FEW = WARTBURG, Walther von, *Französisches Etymologisches Wörterbuch. Eine darstellung des galloromanischen sprachschatzes*, Bonn /

Klopp, Leipzig-Berlin / Teubner, Bâle / Helbing & Lichtenhahn, Bâle / Zbinden, 1922-2002.

PELLAS, Sauveur-André, *Dictionnaire provençal et françois...*, Avignon, Chez François-Sébastien Offray, 1723.

PIERQUIN DE GEMBLOUX, Claude-Charles, *Histoire littéraire, philologique et bibliographique des patois*, Paris, Techner, 1841.

PUGNIERE, François, « Les Séguier, itinéraire d'une famille cévenole », *in* Gabriel Audisio / François Pugnière (éds), *Jean-François Séguier (1703-1784). Un Nîmois dans l'Europe des Lumières. Colloque de Nîmes, 17-18 octobre 2003*, Aix-en-Provence, Édisud, 2005, 21-50.

PUGNIERE, François / TORREILLES, Claire, *Écrire en Cévennes au XVIIIe siècle. Les œuvres de l'abbé Séguier*, Montpellier, Presses universitaires de la Méditerranée, 2013.

ROBERT, Daniel, « Court de Gébelin. Son cours de religion. Les débuts de son séjour en France (1763-1767) », *École pratique des hautes études. Section des sciences religieuses. Annuaire 1970-1971* 78, 1969, 31-63.

RULMAN, Anne, *Recherches sur la langue d'oc*, éd. Pierre Trinquier, Puylaurens, Institut d'études occitanes, 2001.

SAUZET, Patrick, « Fonologia sintactica, versificacion e nivèls de langa en cò de Bigòt », *Lengas revue de sociolinguistique* 12, 1982, 63-74.

TORREILLES, Claire, « Le dictionnaire languedocien de l'abbé Séguier (1705-1767) », Occitanica.eu, Estudis [en ligne], mis en ligne le 24 mai 2013.

Augustin Bonet (1717-1772) :
l'auteur retrouvé du
Dictionnaire Languedocien

Nous présentions en avril 2014[1] le *Dictionnaire Languedocien* trouvé quelques mois plus tôt par François Pugnière[2] aux Archives départementales du Gard (ms. 1 F 12) que Didier Travier[3] avait rapproché du ms. 804[4] de la bibliothèque du Carré d'Art de Nîmes. Nous disions alors que nous ne pouvions nous avancer ni sur l'histoire des manuscrits ni sur le nom de l'auteur mais seulement sur le lieu et la période d'écriture, à savoir Montpellier entre 1760 et 1780.

Nous avons donc poursuivi les recherches sur l'auteur de ce dictionnaire remarquable, en commençant par affiner le portrait de l'auteur anonyme. Un ecclésiastique sans doute, étant donné la connaissance manifeste de la doctrine et de la liturgie, ainsi que le recours aux Pères de l'Église pour condamner superstitions et fanatisme. Mais surtout un érudit, soucieux d'étymologie et de références littéraires, citant les auteurs classiques grecs et latins ainsi que leurs scholiastes et commentateurs, avec une rigueur sans faille. Un humaniste ensuite, pratiquant les auteurs des XVIe et XVIIe siècles français et italiens, ayant à sa disposition une bibliothèque (ou plusieurs) particulièrement riche en dictionnaires et ouvrages de référence concernant tous les domaines du savoir : langues, histoire, sciences, littérature ancienne et moderne. Et enfin un étonnant connaisseur des auteurs occitans de tout l'espace languedocien de Godolin jusqu'à Jean Michel de Nîmes, en passant par Augier Gaillard, le Théâtre de Béziers, Roudil et Despuech… et bien d'autres dont il cite de nombreux passages transcrits selon son propre système graphique de l'occitan, sans oublier un répertoire d'une centaine de chansons contemporaines, généralement profanes.

Une telle physionomie de savant montpelliérain nous a dans un premier temps conduite à interroger la liste des membres de la

Société Royale des Sciences de Montpellier dans la seconde moitié du XVIIIᵉ siècle. À l'exception de l'abbé de Sauvages, élu membre associé botaniste en 1751 et qui présenta son *Dictionnaire languedocien-français* au cours d'une séance publique en 1754, nous n'avons trouvé que peu de traces d'un intérêt particulier porté par ces savants à l'idiome local.

La recherche des sources allait nous mener plus loin. Outre le *Dictiounari moundi* de Doujat[5], nous avions repéré comme source de notre dictionnaire anonyme la première édition du *Dictionnaire languedocien-français* de l'abbé de Sauvages paru en 1756 chez Gaude à Nîmes. Mais nous notions aussi que ce dictionnaire était devenu à son tour une source importante de la deuxième édition que Sauvages publia en 1785. De fait, ces emprunts sont des entrées à caractère historique, ethnologique ou religieux, souvent repérables par les citations d'auteurs empruntées au panthéon de l'auteur anonyme.

L'abbé Bonnet, auteur du *Dictionnaire languedocien*

Or la seule source avouée de l'abbé de Sauvages était, à notre connaissance, un certain abbé Bonnet dont il disait à Jean-François Séguier :

> Sur ces entrefaites, je fis une proposition auprès de la gouvernante et héritière de feu l'abbé Bonnet pour obtenir le manuscrit d'un dictionnaire d'environ 1500 termes du Haut-Languedoc recueillis par le dit feu abbé Bonnet. Je donnai 9 à 10 louis à cette fille pour pouvoir fourrager dans son manuscrit. Ma collection s'est trouvée composée de 12.2000 (sic) et tant d'articles tandis que ma première édition n'en contenait que 4000. Cette seconde édition l'emporte de beaucoup sur la première non seulement par le nombre des articles mais par la manière dont ils sont traités… (Broves 1897, 325)

Alors qu'il donne copie de cette lettre, visiblement fautive pour ce qui est des chiffres, l'abbé Rafélis de Broves dit ailleurs que Séguier aurait été à l'initiative de cet emprunt :

> Il [Sauvages] étudia avec soin les recueils fait avant lui par les amateurs de l'idiome roman. M. Séguier de Nîmes lui procura le recueil de l'abbé Bonnet, curé dans le Rouergue. (Broves 1897, 315)

Et d'un autre côté :

> L'abbé de Pérussis fournit à l'auteur du *Dictionnaire Languedocien* des manuscrits précieux renfermant 'des mots originaux de l'idiome du Rouergue'. (Broves 1897, 198)

Les contradictions de ce mémoire biographique, la sorte de légèreté avec laquelle Sauvages parle à Séguier de l'aubaine du manuscrit de l'abbé Bonnet concernant les termes du « Haut-Languedoc[6] », l'allusion à Pérussis et la précision « curé dans le Rouergue », tout cela ne nous mettait pas vraiment sur la voie de l'identification d'un abbé Bonnet auteur du *Dictionnaire languedocien*.

La correspondance de Claude Urbain de Retz, baron de Servières, avec Jean-François Séguier, fut plus éclairante. Le jeune baron de Servières avait 18 ans lorsqu'il entra en correspondance avec Séguier, le 21 février 1773, s'autorisant du voisinage de Mende et de Nîmes, de son amour pour les belles lettres et les sciences, de son intérêt pour la langue parlée en Cévennes et en Gévaudan dont il disait préparer un dictionnaire qui serait particulièrement utile aux travaux de Court de Gébelin sur la langue primitive.

Le 1er avril de la même année, il lui demanda de bien vouloir lui confier les mémoires de son frère sur la langue cévenole (Pugnière & Torreilles 2013, 128), ajoutant :

> Mr Gebelin n'est pas moins fâché que vous et moi que le dictionnaire de l'abbé Bonnet n'ait pas été imprimé et qu'il soit tombé en de si mauvaises mains que celles d'une servante car c'est *margaritas ante porcos*. Dans la fable du coq et de la perle de notre inimitable peintre de la nature on trouve ces vers charmants :
>
> un ignorant hérita
> d'un manuscrit qu'il porta

chez son voisin le libraire
je crois, dit-il, qu'il est bon
mais le moindre ducaton
seroit bien mieux mon affaire

Ici c'est tout le contraire et par malheur cette servante veut conserver cet ouvrage comme un thrésor. Il y aurait pourtant un moyen bien simple de se le procurer. Elle veut le garder soit, mais du moins qu'elle en laisse prendre une copie moyennant une petite récompense. Certainement elle ne refusera pas *(sic)* à cet arrangement et celui qui se le procurera pourra le faire à bon marché au lieu que, suivant ce que vous me marquez, il le payerait très cher s'il l'achetait. Conseillez cela au gentilhomme amateur des belles-lettres à qui votre sollicitation a déjà fait des tentatives pour l'acheter. Si cela réussit lorsque je viendrai cet hyver à Nismes comme c'est mon intention pour avoir l'honneur de faire connaissance avec vous je le ferai copier et je le porterai à Mr Gebelin le printemps prochain à mon retour à Paris. Si j'étais à Nismes, je vous assure que j'en aurais déjà une copie. Lettre du 1er avril 1773[7]

La transaction ne se fit pas puisque, après une interruption de trois ans de la correspondance avec Séguier, il revient sur le sujet :

Apprenez moi, je vous prie, entre les mains de qui se trouve maintenant le dictionnaire languedocien de Bonnet dont je vous avais proposé de faire l'acquisition. J'aurais grand regret qu'un morceau si précieux fût perdu pour les lettres. Il n'y a que ceux qui savent combien de temps il faut pour un pareil ouvrage et l'utilité des recherches de ce genre qui puissent en apprécier le mérite et la valeur. Les autres n'y voient qu'un recueil de mots barbares et grossiers... Lettre du 13 mai 1776[8]

Et le 5 août 1776, il dit avoir tenté de négocier lui-même l'achat du manuscrit auprès du chanoine de Pérussis, bibliophile éclairé, en qui l'on croit reconnaître le « gentilhomme amateur des belles-lettres » de la lettre d'avril 1773 :

Dès que j'aurai la réponse de M. de Pérussis, je vous en ferai part, ainsi que de la résolution que j'aurai prise. Vous m'aviez mandé autrefois que l'abbé de Sauvages préparait une nouvelle édition de son dictionnaire languedocien. A-t-elle paru ? Lettre du 5 août 1776[9]

Servières évoque ici un projet personnel qu'il intitule tantôt : *Dictionnaire étymologique de la langue méridionale de la France* inspiré du *Dictionnaire étymologique de la langue française* de M. de Gebelin [10]», tantôt *Dictionnaire de tous les patois méridionaux de la France* pour lequel il recherche de la documentation à Nîmes et Alès mais aussi à Marseille puisque, dans le même temps qu'il sollicite Séguier, il écrit à Germain de Marseille (Merle 1988) pour lui demander, sans succès d'ailleurs, de lui donner une copie de son dictionnaire provençal[11].

Il n'a pas été plus heureux avec Pérussis puisque le 17 octobre 1777, il peut encore dire :

Quel dommage que le dictionnaire languedocien de Bonnet soit toujours entre les mains de sa servante ![12]

Et le 12 juin 1780, il fait une autre tentative :

Il est fort à souhaiter que le dictionnaire provençal de M. Germain soit imprimé. En conséquence, je vais lui proposer de me céder son manuscrit ou bien de le léguer à l'académie de Marseille afin qu'il ne soit pas perdu.

Puisque le dictionnaire languedocien de feu Mr l'abbé Bonnet est à vendre, je vous prie en grâce de m'en négocier au plus tôt l'acquisition. Lettre du 12 juin 1780[13].

Un an plus tard, il n'a rien obtenu (contrairement à Sauvages qui, à ce moment là, a recopié ce qu'il voulait du dictionnaire) puisque, le 7 juin 1781, il revient vers Séguier :

Dites S.V.P. à St Etienne que j'attends de ses nouvelles avec impatience.

Cette longue insistance, parfois impérieuse, a le mérite de nous faire comprendre l'intérêt du dictionnaire de Bonnet, son caractère « précieux », du moins aux yeux de Court de Gebelin. Et, bien que l'on n'ait pas (encore) trouvé cette lettre de Séguier à Servières de 1776 contenant de « longs détails sur le dictionnaire languedocien de M. Bonnet », on sait au moins que la nature de l'ouvrage et la personnalité de l'auteur étaient bien connus de lui. En tout cas, on a assez d'éléments pour critiquer la notice de Bauquier sur Servières dans *Les Provençalistes du XVIIIe siècle* (1880, 66) et pour voir qu'elle mène tout droit à une impasse. Car si Bauquier a lu les lettres de Servières que nous venons de citer, il en rend compte de manière erronée en parlant du « dictionnaire provençal de l'abbé Bonnet » et en faisant référence dans la note 1 au « *Catalogue de la bibliothèque de J-T Bory*, Marseille, 1875, in 8°, p. 229 n°10 » où ce dictionnaire se trouve mentionné. Il s'agit en effet du manuscrit du *Dictionnaire provençal-français* en 5 volumes de Jean-Jacques Toussaint Bonnet qui se trouve actuellement à la Médiathèque de Digne et dont la dernière page du tome III porte : « fini le 8 oct. 1789 »[14].

« Castros ês moun pahis »

À ce stade, il nous a fallu convenir de l'existence d'un abbé Bonnet, homonyme du Provençal, mais lui-même rouergat, cévenol ou montpelliérain, auteur du *Dictionnaire languedocien* : le titre est de sa main sur la première page du manuscrit. Danielle Bertrand-Fabre et François Pugnière, experts en matière de personnel ecclésiastique languedocien au XVIIIe siècle, allaient nous faire progresser, surtout à partir de la découverte de la notice suivante trouvée par François Pugnière dans les notes d'Achille Bardon, historien d'Alès[15] :

> Bonnet Augustin, clerc tonsuré, de la famille de Rosset le meunier, de Servairette, diocèse de Mende, habitué au bas-chœur depuis plus de 24 ans, mourut en 1772. Il légua ses livres à Pérussis (voir ses achats chez Faure, libraire à Montpellier). Il priait Pérussis de faire imprimer un dictionnaire qu'il avait composé, mais Pérussis refusa livres et manuscrits.
>
> Voir Lettres de Bonnet Augustin, manuscrits à Nîmes n° 13815, lettres en latin, 4e volume.

Ces quelques lignes avec la mention du dictionnaire nous donnèrent la première piste. « Notre Bonnet » avait un prénom, un lieu et une date de décès : Alès, le 4 mars 1772[16]. Il fut « inhumé sous le sol de la cathédrale » comme il se doit pour les membres du bas-chœur, « âgé d'environ cinquante cinq ans ». L'acte de décès, écrit de la main du chanoine Gaillère, vicaire général du chapitre d'Alès, n'indique aucune filiation mais seulement qu'il est « ecclésiastique du diocèse de Castres », ce qui contredit sur un point la note de Bardon. Nous n'avons vu que plus tard qu'une clé était donnée dans le dictionnaire même, à l'article *Pahis* où le sens de « patrie, lieu de naissance » est illustré par la phrase : « Castros ês moun pahis[17] ».

Dès lors, les recherches prirent trois directions : Castres et la généalogie, Nîmes et la lecture des lettres, les Archives du Gard et la recherche du testament dont la note de Bardou semblait s'inspirer.

Les archives de l'ancien diocèse de Castres, détruites pendant la période révolutionnaire, ne purent nous renseigner sur le parcours ecclésiastique d'Augustin Bonet. Mais l'état civil a permis d'établir, à titre d'hypothèse toutefois tant qu'une confirmation de filiation n'a pas été trouvée, qu'Augustin serait le fils de Sylvain Bonet (ainsi orthographié sur la plupart des actes), maître chirurgien, et de Jeanne Salvagès, né le 16 novembre 1717[18]. Dans cette famille Bonet de Castres, le grand-père, Jean Bonet, ainsi que l'oncle et parrain, Augustin Bonet, étaient maîtres chirurgiens à Viviers-lès-Montagnes[19]. Le grand-père maternel, Guillaume Salvatgès, était tailleur à Castres. La sœur aînée, Marie Bonet, mariée en 1742, appela son premier fils Pierre Augustin[20]. Ces sources généalogiques signalent un milieu urbain « instruit, où les femmes signent, commente Danielle Bertrand Fabre, pas nécessairement riche mais permettant aux fils de faire des études », et catholique : plusieurs des signataires de l'acte de mariage des parents sont des ecclésiastiques. Les cinq lettres citées par Bardon appartiennent au fonds ancien de la bibliothèque municipale de Nîmes[21] et sont adressées au savant Jean-François Séguier. Le premier survol de ces lettres, écrites dans un élégant latin classique et datées de juin 1763 à août 1764, fut déceptif : Bonet ne parlait pas du dictionnaire ! Mais d'autres lectures apportèrent des informations intéressantes.

L'écriture est sans conteste celle du *Dictionnaire languedocien*, droite, petite, très lisible avec les mêmes intervalles de lignes et la même application de détail dans la ponctuation et les références bibliographiques.

On y voit que Bonet se présentait comme « Augustinus Bonet Clericus in Ecclesia Cathedr. Monspel. Cantor [22]», chanteur au bas-chœur de la cathédrale Saint-Pierre de Montpellier, ce qui confirme notre localisation première de l'auteur du dictionnaire (que la note de Bardon semblait infirmer). Il s'adressait à « Monsieur Séguier, de la Société Royale des Sciences de Montpellier [23] » pour lui demander successivement une place d'enseignant au collège de Nîmes et de la documentation historique pour un projet d'édition.

Professeur de collège ?

Après la suppression de la Compagnie de Jésus en 1762, le collège de Nîmes fut menacé de suppression. Jean-François Séguier, avocat, fut élu le 2 mai 1763 par le bureau du collège pour appliquer l'édit de février 1763[24]. Après des démarches multiples, il alla devant le Parlement de Toulouse en septembre 1764 plaider la cause du collège dont il obtint finalement qu'il fût confié, à défaut des bénédictins à qui allait sa préférence, aux Pères de la doctrine chrétienne.

Quand Séguier demande au postulant pourquoi il ne s'est pas présenté l'année précédente au collège de Montpellier, il répond qu'il n'a pas osé, étant donné le nombre de candidats, certains venant de Toulouse, hautement recommandés[25], et l'infériorité (*mediocritas*) de sa propre position. Et non sans orgueil, il ajoute :

> ideoque isti non modo quia digni, verum etiam quia gratiosi, cooptati sunt ; sicque de caeteris qui undequaque, ut eligerentur, venati sunt gratiam. Ego vero non sic[26].

Au reste, Bonet met en avant, pour être recruté, plusieurs arguments : la bonne connaissance de la langue et de la littérature latines dont il fait montre dans ses lettres surchargées d'allusions savantes[27], son désir d'enseigner à la jeunesse les valeurs antiques, une certaine lassitude du chant, mais aussi sa fréquentation de deux membres éminents de la Société Royale des Sciences de Montpellier, Ratte, secrétaire perpétuel[28] et Gouan[29], botaniste et correspondant familier de Séguier[30] :

> Cl. Viris Rata et Goveano a te salutem impertivi, ipsique tibi dicunt plurimam[31].

> D. de Rate et D. Goüan, viros nosti, Sincera Pectora ! hos ego quoque[32].

Quelle est la nature des relations que le chantre Bonet a entretenu avec la Société royale de Montpellier ou du moins avec certains de ses membres ? On ne le sait pas, pour l'instant du moins. Toujours est-il qu'elles existent, soit dans le cadre mondain des messes de la Saint-Louis que la Société avait coutume de suivre en l'église des Pénitents bleus avec « exécution de motets de la musique de la cathédrale »[33], soit plus scientifiquement dans le cadre de la bibliothèque de la Société dont Bonet a dû faire usage pour ses travaux.

Dans la seconde lettre à Séguier (du 3 juillet 1763) où il parle le plus de lui, il exprime avec des formules bien frappées le contraste qu'il ressent entre sa hauteur intellectuelle et la bassesse de sa condition.

> Parum interim aut nihil sollicitus, quid Momus unus aut alter, vappae et quisquiliae hominum de me sentiant [...]. Hosce mediocritas nostra didicit contemnere nec placere illis unquam mihi propositum, qui tantum ad hoc nati videntur, ut quae nesciunt illudant, et quae non capiunt sugillent[34].

Rien sur son parcours ni sur ses années de formation, sinon que cela fait dix-neuf ans qu'il pratique les belles-lettres « ici » (*hic*), c'est-à-dire à Montpellier, et « en son particulier » (*privatim*), à titre personnel. Pour plus de recommandations, il renvoie Séguier à un Nîmois qu'il connaît bien, l'avocat Jean-André Alison, « lieutenant de maire » de la ville de Nîmes, magistrat au conseil supérieur et membre éminent de l'Académie de Nîmes[35]. Alison semble avoir été son protecteur ; peut-être est-ce lui qui, en tant que membre du bureau du collège, lui a conseillé d'écrire à Séguier pour le poste de professeur. C'est lui en tout cas qui l'avait remarqué, des années plus tôt, pour sa voix, au cours d'un banquet qualifié énigmatiquement d'« harpocratique[36] », et qui l'avait fait entrer au bas-chœur de la cathédrale de Montpellier. Sa condition de chantre, Bonet ne la dédaigne pas. Elle lui offre, dit-il, un revenu régulier de cinq cents francs argent à vie[37], qu'il soit « en bonne ou en mauvaise santé ». Et il lui plaît de la considérer comme une profession artistique, liée à la poésie et à tous les beaux-arts, selon la tradition antique.

Les registres de pointe du bas-chœur du chapitre de Montpellier, conservés aux archives départementales, confirment ces confidences personnelles. La signature d'Augustin Bonet apparaît pour la première fois en novembre 1746[38] et on la retrouve avec une relative régularité[39] jusqu'en septembre 1767. Il fut reçu le 7 janvier 1749 en qualité d'hebdomadier[40]. Sa rétribution est d'environ 25 livres mensuelles jusqu'en 1748, de 30 à 33 livres ensuite, avec quelquefois des avances ou gratifications[41].

Séguier, de son côté, semble faire son possible pour être agréable à Bonet, il lui envoie à son tour des lettres en latin, lui adresse des compliments, mais il ne peut le recruter, tant le dossier du collège est épineux. Il en avait parlé à Gouan puisqu'il reçoit cette réponse expéditive, bien dans le style du personnage :

> L'abbé Bonnet fera ce que vous exigez de lui[42].

C'est d'ailleurs par l'intermédiaire de Gouan que Bonet apprit l'échec de sa candidature[43].

Recherches sur Antoine Arlier, humaniste nîmois

La gêne à répondre à la première requête de Bonet a peut-être rendu Séguier plus réceptif à la seconde qui lui demandait des informations sur Antoine Arlier, humaniste nîmois du XVIe siècle dont il possédait la correspondance manuscrite[44] :

> quis fuerit olim apud vos vir ille Antonius Arlerius, cujus litterae selectae [quas manu scriptas reperi] sunt adeo faciles, adeo tersae, molliter adeo fluentes, ut latium omnino sapiant et Tullianam puritatem[45]…

On apprend dans cette lettre et dans les suivantes qu'il avait l'intention d'éditer, c'est-à-dire de « faire imprimer et dédier à la ville et Communauté de Nîmes », les quatre-vingt-une lettres en latin d'Antoine Arlier[46] (1527-1545). Bonet fut le premier[47], en effet, à vouloir travailler sur la correspondance de cet « honnête virtuose », comme il dit, docteur en droit et premier consul de la ville de Nîmes, distingué par François Ier et qui « était en commerce de lettres avec tout ce qu'il y avait en ce temps-là de plus distingué par la naissance et par le sçavoir[48] » au cours d'une vie politique aussi brillante que brève, entre Nîmes, Avignon, Arles, Padoue, Venise et Turin.

Que Séguier, à la suite de Rulman, puis de l'historien de Nîmes, Léon Ménard[49], se soit intéressé au personnage d'Arlier et donc à la recherche de Bonet n'a rien d'étonnant. Arlier était, tout comme Fabri de Peiresc au XVIIe siècle et comme Séguier lui-même, un de ces méridionaux humanistes épris de culture antique et italianisants. Il se mit donc à mobiliser ses correspondants pour répondre aux questions sur la biographie d'Arlier. Ce furent l'érudit arlésien Bouquier[50], le Turinois Carlo Allione avec lequel il entretenait depuis son séjour italien une correspondance amicale, puis l'académicien toulousain l'abbé d'Héliot (1695-1779). On ne sait pas si Allione répondit à cette demande du 15 novembre 1764[51] :

> Si vi riesce d'avere qualche notizia dell'Arlier, mi saranno care a la persona che allestice una edizione delle sue lettere ve ne sarà altrettanto tenuto come lo sarò ie medemo[52].

On dispose, en revanche, de plusieurs lettres de Séguier et des réponses de Bouquier et d'Héliot. Séguier avait constitué un dossier sur Arlier[53] dans lequel nous avons pu trouver deux lettres supplémentaires de Bonet, en français, datées des 15 septembre 1763 (déjà citée) et 1er octobre 1764. Complétant les cinq lettres en latin, elles traitent surtout de la correspondance d'Arlier. Bonet avait bien avancé son édition puisqu'il avait établi la liste et le descriptif détaillé de chacune des quatre-vingt-une lettres mais, pour des raisons inconnues, il y avait renoncé et aurait donné son manuscrit à Séguier. On ne sait comment ce manuscrit s'est retrouvé à la bibliothèque Méjanes d'Aix-en-Provence, sous la cote 200. En 1894, Léon G. Pellissier publia l'intégralité du descriptif de Bonet dans *La revue des bibliothèques* avec, en annexe, un ensemble de lettres de Séguier, Bouquier, d'Héliot et Bonet.

Certaines lettres nous apprennent sur Bonet deux ou trois choses non négligeables.

On découvre tout d'abord qu'en novembre 1763, il avait été reçu chez Charles de Baschi, marquis d'Aubais, pour lui montrer le manuscrit d'Arlier, en présence de Séguier, visiteur assidu de la bibliothèque d'Aubais. Séguier écrivit à Bouquier que Bonet avait en sa possession le manuscrit d'Arlier.

> Il l'apporta à Aubais dans le mois de novembre dernier lorsque j'y étais et M. le marquis d'Aubais en prit une notice, de même qu'une copie de votre lettre qui lui parut fort intéressante. Vous soupçonnez très bien que cette famille pouvoit être originaire de Calvisson[54].

Cette visite au château d'Aubais explique la fin de la lettre à Séguier du 7 août 1764, lettre d'adieu en quelque sorte, et d'ultime remerciement, accompagnée d'un envoi de livres achetés aux enchères, et qui se termine par cet hommage au marquis d'Aubais :

> Nobilissimum hospitem tuum ex ipso litterarum cultu nobiliorem, cujusque haud vulgarem venerabundus doctrinam suspicio, meo nomine salutes velim[55].

On apprend aussi dans les lettres éditées par Pellissier que Bonet s'est trouvé honoré de partager un domaine de recherche avec Benoît d'Héliot, jésuite et académicien toulousain qui travaillait alors à l'édition de la correspondance et de la poésie de Jean de Boyssoné (1500-1558), professeur de droit et humaniste né à Castres[56], grand voyageur européen ayant côtoyé Arlier. Bonet remercie Séguier de sa médiation mais conclut avec amertume :

> Parce que je n'ai pu réussir à Nimes, sera-t-il impossible de réussir ailleurs ? Je ne le crois pas, surtout si vous voulez bien vous employer pour moi auprès des personnes qui, quand l'occasion s'en présentera, peuvent me procurer une place telle que je la désire, soit dans Montpellier, soit dans Toulouse ou ailleurs. Car je vous le dis franchement, je suis bien las de chanter et à si bon marché. J'espère que vous voudrez bien vous souvenir encore de moi, ne me point

abandonner, et m'accorder toujours votre protection, j'ose dire que je la mérite par le cas que j'en fais. Lettre du 1er octobre 1764[57]

Le chapitre d'Alès

C'est à Alès qu'on retrouve Augustin Bonet, chanteur du bas-chœur, comme de juste. Les registres des délibérations du chapitre[58] portent la trace de son installation puis de sa présence à partir de la fin de 1768. Sa rétribution est portée à 40 livres par mois, au-dessus des autres choristes. Il semble avoir été protégé par le chanoine chantre, Charles de Pérussis (1708-1784) qui était le personnage influent du chapitre. Issu de la noblesse comtadine, descendant d'exilés florentins, les Perozzi, il était le neveu de l'évêque d'Alès, Mgr Banne d'Avéjan (1688-1744). « Très instruit, selon Bardon, écrivant le latin avec grâce », collectionneur et bibliophile[59] réputé, il fut longtemps directeur du collège d'Alès, proche des Boissier de Sauvages, notamment de l'abbé. Il passe pour avoir introduit la franc-maçonnerie à Alès[60]. Ce dernier aspect a-t-il une relation avec la venue de Bonet à Alès ? On ne saurait le dire actuellement. Bonet ne resta pas longtemps au chapitre d'Alès puisqu'il tomba malade à la fin de 1771, comme en témoignent les délibérations du chapitre qui, à deux reprises, le 16 octobre 1771 et le 27 janvier 1772[61], font état de gratifications spéciales qui lui furent accordées en secours. Il prit à ce moment-là ses dispositions testamentaires.

Les deux testaments

Les notes de Bardon laissaient supposer l'existence d'un testament que l'on trouva chez Jean Blanc[62], ancien secrétaire du chapitre. Mais au lieu d'un, il y avait deux testaments ! Dans le premier, rédigé le 7 décembre 1771, il lègue une pension viagère à sa servante Claudine Rosset, « fille de feu Jean Rosset meunier et de Jeanne Mouton, native de la paroisse de Serveirette diocèse de Mende[63], actuellement au service du testateur depuis environ vingt quatre ans » et il fait de Charles de Pérussis « son héritier général et universel ». Dans le second, daté du 9 décembre, il fait de Claudine Rosset « son héritière générale et universelle » et de Charles de Pérussis le légataire de tous les livres et tablettes composant sa bibliothèque pour en prendre possession au moment du décès du testateur, à la charge par ledit seigneur et abbé de Pérussis de payer au Sr Faure marchand libraire de Montpellier la somme de cent quatre vingt quinze livres deux sols que le testateur lui doit[64].

Outre la rente à verser selon un dispositif bien spécifié à Claudine Rosset, il lui demande enfin, très explicitement, de s'occuper de faire imprimer son dictionnaire :

Priant le testateur ledit seigneur abbé de Pérussis de faire imprimer un dictionnaire que lui testateur a composé et qui se trouve en manuscrit dans ladite bibliothèque et pourra ledit seigneur abbé retrancher du dictionnaire et y suppléer tout ce qu'il jugera à propos, traiter avec tel imprimeur ou autre personne et sous le prix qu'il trouvera bon, pour la valeur dudit dictionnaire tourner en faveur de l'héritière du testateur, approuvant le testateur tout ce qui sera fait par ledit seigneur abbé sur ce manuscrit[65].

Arrêté par la maladie au mot « Pagadou » dans la rédaction « au propre » de son dictionnaire, Bonet aurait éprouvé après la rédaction de son premier testament le remords de ne pas avoir mieux assuré le sort de son ouvrage et il aurait voulu réparer cet oubli en indiquant dans le second testament, son désir, sa volonté dernière, de le voir imprimer à n'importe quelle condition, pourvu que la servante ne soit pas lésée. L'abbé de Pérussis était assurément le mieux placé pour ce faire, mais il semble que Bonet ait présumé des relations qui pouvaient les lier puisque, comme l'avait noté Bardon, Pérussis « répudia » le testament le 23 mars 1772, au lendemain de son ouverture. Refus d'être le « pagadou », le payeur des dettes au libraire, de gérer la pension de la servante, mais surtout refus de prendre en charge l'impression d'un volumineux manuscrit, toutes ces motivations sont sous-entendues dans la froideur de la formulation juridique :

Comme le seigneur abbé a reconnu que cette bibliothèque n'est pas à sa bienséance et qu'il ne la veut absolument point, ne s'y étant jamais immiscé ni directe-ment ni indirectement, à cette cause il a déclaré qu'il répudie et abandonne purement et simplement le legs de la bibliothèque dont il s'agit[66].

C'est ainsi que le dictionnaire resta en possession de Claudine Rosset, la servante fidèle qui le garda « comme un thrésor » jusqu'à sa mort en 1793[67], au grand dam du baron de Servières et de son aristocratique mépris dont bien légèrement Joseph Bauquier s'était fait l'écho en parlant de « servante cupide »[68].

Il semble donc que la partie inachevée du dictionnaire anonyme soit parvenue pendant la période révolutionnaire dans les archives du séminaire.

Conclusion

À mesure que nous progressions dans ces recherches menées en collaboration amicale avec François Pugnière et Danielle Bertrand-Fabre, nous voyions se dégager un portrait d'Augustin Bonet qui correspondait globalement au profil esquissé de l'auteur du dictionnaire, l'éclairant parfois, le corrigeant souvent et ouvrant de nouvelles interrogations. Bonet resta toute sa vie, en dépit de ses efforts, « habitué du bas-chœur » des cathédrales de Montpellier puis Alès. Il n'obtint aucune promotion, malgré sa culture et son esprit supérieurs, ni à l'intérieur de l'Église, ni à l'extérieur, ne fut ni diacre, ni chanoine, ni bénéficiaire de prébendes, mais simple « clerc tonsuré ».

Il fut un chantre, sans doute apprécié pour sa voix et ses qualités littéraires, aimant chanter et copier les hymnes en latin tout comme il avait aimé citer dans son dictionnaire les chansons occitanes de son répertoire profane. Un homme de lettres doté d'une culture antique dont le champ dépassait largement les humanités scolaires et d'une curiosité encyclopédique pour le savoir de son temps. Un travailleur solitaire qui affectait le mépris des « grandeurs d'établissement » et comptait ses années de travail personnel du début de son séjour à Montpellier où il semble avoir fréquenté plusieurs milieux (juridique, académique, ecclésiastique…) Bref, ce lecteur sans frontières fut aussi un observateur de la vie urbaine, de ses usages et langages. On comprend qu'à côté de l'édition d'Arlier et d'autres projets auxquels il fait allusion par prétérition dans ses lettres, il se soit attelé au chantier du *Dictionnaire languedocien*. Il en avait l'ambition et la capacité. Comment et à quel moment lui en est venue la motivation ? Comment sa connaissance native de la langue d'oc s'est-elle éclairée des langues apprises ? De la lecture de Godolin, Caseneuve et Doujat ? De celle de Pierre Borel, son compatriote castrais et modèle de dictionnaire culturel ? Du dictionnaire et de l'œuvre de Roudil dont il a consulté les manuscrits ? De l'exemple de Sauvages dont il a pris en quelque sorte le contre-pied méthodologique ? Ou plus largement de la place faite à la langue d'oc dans la République des Lettres[69] méridionales qu'il a pu côtoyer et où brillent des personnalités comme Séguier, Court de Gébelin, le marquis d'Aubais ? Il n'en a rien dit ni laissé transparaître, à notre connaissance. Mais il nous plaît d'espérer que son dictionnaire, longtemps privé du rayonnement qu'il méritait, accèdera enfin à l'édition, prendra sa place dans l'histoire de la production occitane du XVIIIe siècle et témoignera par lui-même des intentions, du savoir et des représentations linguistiques et littéraires de son auteur, Augustin Bonet.

Claire Torreilles
Université Paul-Valéry
(Montpellier III)
LLACS-EA 3020

Bibl. Mun. Avignon, ms. 3855 - Photographie de François Pugnière.
Couverture d'un antiphonaire dessiné par Augustin Bonet (*Exarabat Augustinus Bonet, Clericus Castrensis, anno domini M. DCC. LXXI*) pour l'usage du chapitre d'Alès (*ad usum venerabilis capituli alesiensis*) dont l'agneau pascal était l'emblème. Ce travail de calligraphie dont on n'a conservé que l'incipit a été probablement réalisé en relation avec Charles de Pérussis qui avait rédigé, en 1758, le rituel néo-gallican du chapitre d'Alès.

NOTES

[1] Torreilles, à paraître.

[2] Chercheur associé, équipe CRISES (Centre de recherches interdisciplinaires en sciences humaines et sociales) E.A. 4424, Université Paul-Valéry, Montpellier III.

[3] Conservateur à la bibliothèque Carré d'Art.

[4] Cet ouvrage est répertorié à la Bibl. mun. de Nîmes sous la cote ms. 804 : « *Dictionnaire occitan (incomplet). Région de Béziers. Lettres P à Z* (fin XVIIIᵉ). 10 cahiers, 493 p. ». David Fabié (2015, 332) rappelle que ce manuscrit 804 avait été décrit par Brigitte Schlieben-Lange (en dernier lieu 2002, 82-83).

[5] Le dictionnaire de Doujat accompagne les œuvres de Godolin à partir de l'édition de 1638 (Toulouse).

[6] L'opposition entre Haut et Bas Languedoc n'est pas significative d'ordinaire chez Sauvages. Il oppose au français le languedocien historique, « l'idiome propre aux habitants du Languedoc » ou encore la « langue de nos provinces méridionales », dont il ne traite pas les différences dialectales (préface VIII-IX). Toutefois, dans l'édition de 1756, il disait avoir rassemblé principalement des termes « du bas-Languedoc et des Cévennes », précision supprimée dans la préface de l'édition de 1785.

[7] Bibl. Mun. Nîmes, Ms 130 [fᵒ 57 vᵒ].

[8] Bibl. Mun. Nîmes, Ms 130 [fᵒ 61 rᵒ].

[9] Bibl. Mun. Nîmes, Ms 130 [fᵒ 63 rᵒ].

[10] Bibl. Mun. Nîmes, Ms 130 [fᵒ 146 rᵒ].

[11] Germain (1701-1781) lui envoie plusieurs textes mais pas le dictionnaire, disant : « J'ai pourtant un peu à cœur mon *Dictionnaire Provençal* qui n'a pas encore été imprimé. J'en joins icy le titre et le discours préliminaire. Un imprimeur d'Avignon aurait voulu se charger de l'imprimer mais le parti qu'il me faisait n'était point convenable... », ms. 130 [fᵒ 136 rᵒ].

[12] Bibl. Mun. Nîmes, Ms 130 [fᵒ 77 rᵒ].

[13] Bibl. Mun. Nîmes, Ms 130 [fᵒ 90bis rᵒ].

[14] Le manuscrit de Digne est bien, selon Régis Bertrand, celui qui avait appartenu à Bory (Bertrand 1985).

[15] Achille Bardon (1843-1900) fut receveur de l'Enregistrement à Alès, puis à Nîmes, membre de l'Académie de Nîmes à partir de 1887.

[16] Arch. mun. Alès, registres paroissiaux catholiques, paroisse Saint-Jean Baptiste, sépultures (1769-1783) CD6/11. v. 72/350.

[17] Cette phrase est suivie de cette autre qui prolonge discrètement la confidence : « Éi demourat bint ans foro lou pahis ».

[18] Arch. dép. Tarn. Castres, Paroisse Saint-Jacques de Villegoudou, Acte 1E 65/026/20.

[19] Arch. dép. Tarn. Acte 1E 65/026/12 : mariage de Sylvain Bonet et Jeanne Salvatgès le 21 juin 1711.

[20] Arch. dép. Tarn. Acte 1E 65/026/13 : naissance de Marie Bonet le 30 octobre 1712 ; acte 1E 65/026/13 : son mariage avec Antoine Alba, originaire de Vélieux, diocèse Saint-Pons de Thomières le 16 août 1742 ; Arch. dép.

Hérault, état civil 49 PUB 1 (GG1), Arch. dép. Hérault, 49 PUB 1 BMS, 1694-1759. Pierre-Augustin Alba né le 4 avril 1743 décède le 16 juillet 1752. Ils eurent trois autres enfants Marie-Anne, Jean-Baptiste, Anna.

[21] Bibl. Mun. Nîmes. vol. 4, ms. 138 [f° 351 r°-358 v°]. Consultables en ligne.

[22] Lettre du 12 juin 1763.

[23] Jean-François Séguier, correspondant de la Société depuis 1749, fut élu membre associé le 15 janvier 1756 (Arc. dép. Hérault, D 121).

[24] Arch. dép. Gard, ms. D3, cahier 66.

[25] Il est piquant de remarquer que l'abbé Fabre fut nommé en 1762-1763 « responsable de la classe de rhétorique au lycée » et exerçait l'année suivante dans un petit collège où il eut Auguste Tandon pour élève. (Bertrand-Fabre, 2014, 103)

[26] Lettre du 3 juillet 1763 : « de ce fait ils ont été choisis non seulement parce qu'ils étaient dignes mais parce qu'ils étaient favorisés, et mêmement de tous les autres qui de toutes parts ont brigué la faveur d'être choisis. Moi je n'ai pas fait ainsi. »

[27] Comme dans le *Dictionnaire*, il cite les auteurs antiques, Ovide, Horace, Cicéron, Virgile, Aristophane, Plutarque et leurs commentateurs de la Renaissance, Marc-Antoine Muret (1526-1585) ou Érasme (1467-1536).

[28] Étienne Hyacinthe de Ratte (1722-1805), mathématicien, secrétaire perpétuel de la Société royale des sciences de Montpellier depuis 1743 fut un collaborateur de l'*Encyclopédie*.

[29] Antoine Gouan (1733-1821), botaniste, élève de François Boissier de Sauvages et disciple de Linné. Il fut membre de la Société royale des sciences à partir de 1757, auteur d'une *Flora Monspeliaca* (1764) et gestionnaire du Jardin botanique de Montpellier. Il adressa à Séguier, de 1760 à 1783, 152 lettres accompagnées de nombreux échanges de graines, plantes et fleurs. Bibl. Mun. Nîmes, ms. 144.

[30] Jean-François Séguier, qui était correspondant de la Société Royale depuis 1749, fut élu membre associé le 15 janvier 1756 (AD 34, D 121).

[31] Lettre du 3 juillet 1763 : « J'ai fait part de ton salut aux illustres Ratte et Gouan[31], et eux-mêmes t'envoient toutes leurs salutations ».

[32] Lettre du 20 juillet 1763 : « Tu connais ces hommes, ce sont des cœurs sincères ! Je les connais moi aussi ».

[33] Arch. dép. Hérault, D 121, 25 août 1752, 1762, 1767…

[34] « Je me soucie peu ou pas du tout de ce que pensent de moi l'un ou l'autre de ces Momus, railleurs vils et méprisables. […] Ces gens-là, la modestie de notre condition nous a appris à les dédaigner et je n'ai jamais eu l'intention de plaire à ceux qui ne semblent nés que pour se moquer de ce qu'ils ignorent et flétrir ce qu'ils ne comprennent pas ».

[35] « Jean-André Alison (mort en 1781) fut aussi subdélégué au commandant en chef de la province et très actif au sein des États de Languedoc.

[36] « Harpocraticas inter epulas musicorum vocibus meam me maritantem audierat », « Il m'avait entendu dans un banquet harpocratique joindre ma voix à celle des musiciens. » (Lettre du 3 juillet 1763). Harpocratès est le nom

grec donné à Horus, fils d'Isis et Osiris. Il est représenté en enfant la main sur la bouche, comme étant le dieu du silence. La notion de « banquet harpocratique » nous paraît avoir une connotation quelque peu ésotérique.

[37] Danielle Bertrand-Fabre fait remarquer qu'à cette époque la portion congrue est de 300 livres.

[38] Archives dép. Hérault, Série G. Comptes du Chapitre. Pièces à l'appui. « Rôle de l'argent que Mrs les hebdomadiés, prêtres, musiciens et autres ont gagné le mois de.. ». G 3134 (1746) ; G 3140 (1747) ; G 3145 (1748) ; G 3151 (1749) ; G 3157 (1750) ; G 3166 (1751) ; G 3173 (1752) ; G 3182 (1753) ; G 3187 (1754) ; G 3194 (1755) ; G 3201 (1756) ; G 3211(1757) ; G 3218 (1758) ; G 3227 (1759) ; G 3235 (1760) ; G 3242 (1761) ; G 3249 (1763) ; G 3263 (1764) ; G 3271 (1765) ; G 3280 (1766) ; G 3287 (1767).

[39] Il lui arrive, comme à tous les membres du chapitre, de se faire remplacer pour la signature. Il lui arrive aussi, comme en 1754, de demander des avances et d'être absent pour plusieurs mois.

[40] Archives dép. Hérault, G 1759 Délibérations.

[41] Gratification le 3 octobre 1755. G 3194. À titre de comparaison, la rétribution des autres membres du bas-chœur est égale ou sensiblement inférieure à celle de Bonet. Celle du maître de musique est pour la même période de 83 livres.

[42] Bibl. Mun. Nîmes, ms. 144 [f° 55 v°]. Lettre de Gouan à Séguier du 4 octobre 1764.

[43] Lettre à Séguier du 15 septembre 1763.

[44] Le manuscrit d'Antoine Arlier (MDXXIX in fol) est décrit dans la *Bibliothèque historique de la France* (Fevret de Fontette 1771, notice 29912) comme étant en possession de M. Bonnet.

[45] Bibl. Mun. Nîmes, ms. 138, [f° 355 v°] Lettre du 20 juillet 1763, « qui fut autrefois chez vous cet Antonius Arlerius dont les lettres choisies (que j'ai trouvées écrites à la main) sont si faciles à lire, si élégantes, d'un style si fluide qu'elles ont toute la saveur du Latium et la pureté cicéronienne… ».

[46] Lettres rassemblées et recopiées par Barthélémy Bléa en 1539 (Bibl. Mun. Nîmes. Ms 210 [f° 141 r°].

[47] (Pendergrass 1990, 8).

[48] Dont Étienne Dolet, Guillaume et Maurice Scève, Denis Faucher, moine des îles de Lérins…

[49] Léon Ménard est un des premiers à envoyer à Bonet une notice sur Arlier, que Bonet recopie pour Séguier dans sa lettre du 15 septembre 1763.

[50] Bouquier, érudit d'Arles, recueillit de nombreuses pièces sur l'histoire d'Arles et de la Provence. *Cf Recueils de pièces et notes diverses* : Bibl. Méjanes Aix-en-Provence, ms. 911-914. Il fut un correspondant de Séguier à qui il parlait le plus souvent d'inscriptions trouvées à Arles. Bibl. Mun. Nîmes, ms. 206, 133 et 135.

[51] Le corpus des lettres d'Allione à Séguier, Bibl. Mun. Nîmes, Ms. Ms 136, date du séjour italien de Séguier.

[52] Bibl. Mun. Nîmes, ms. 309 [f° 261 r°].

[53] Bibl. Mun. Nîmes, ms. 210 [fᵒ 141 et sq.]. Aux côtés des deux lettres d'Héliot et à Héliot, du descriptif des 81 lettres d'Arlier (de la main de Séguier, sans doute la copie prise pour le marquis d'Aubais en novembre 1763), il y a les deux lettres de Bonet en français du 15 septembre 1763 et du 1ᵉʳ octobre 1764 ainsi qu'un certain nombre de poèmes et lettres de Boyssoné recopiés par Séguier lui-même chez l'abbé d'Héliot lors de son séjour à Toulouse en septembre 1764.

[54] Aix-en-Provence, Méjanes, ms. 913 [fᵒ 490], lettre de Séguier à Bouquier du 30 décembre 1763 (Pellissier 1894, 85-86).

[55] « Je te prie de saluer en mon nom ton hôte très remarquable, d'autant plus remarquable qu'il cultive les belles-lettres, et dont je révère avec le plus grand respect la doctrine, tant elle est éloignée du vulgaire ».

[56] Pas plus que Bonet, Héliot ne mena à bien l'édition prévue.

[57] Bibl. Mun. Nîmes, ms. 210 [fᵒ148 rᵒ].

[58] Arch. dép. Gard. G 1501.

[59] Sa bibliothèque était estimée à 11 000 livres (Chapron 2013, 3 et 18).

[60] Son appartenance à la franc-maçonnerie est confirmée par le « fichier Bossu » (BNF Archives et manuscrits) : « L'abbé de Pérussis (Avignon) était vénérable de la Loge d'Alais en 1750 ».

[61] Arch. dép. Gard, G 1502.

[62] Nous remercions vivement l'association d'entraide généalogique *Le Fil d'Ariane* et en particulier Marie-Françoise Fraisse qui nous ont aidée pour cette recherche.

[63] EDT 188 GG 4 BMS (1692-1729) Serverette Lozère 162/205, naissance de Claude Rosset, le 29 juillet 1722.

[64] Arch. dép. Gard. 2E8-2 [fᵒ 62 rᵒ].

[65] Arch. dép. Gard. 2E8-2 [fᵒ 62 vᵒ-fᵒ 63 rᵒ].

[66] Arch. dép. Gard. 2E8-2 [fᵒ 112 rᵒ-fᵒ 112 vᵒ].

[67] Arch. mun. Alès, CD6 décès (1792-an III) 81/ 375 : Décès à Alais le 4 juin 1793, de Claudine Rosset, « native du lieu de Serveirette, district de Mende, département de la Lozère, âgée de soixante et dix ans, servante chez le citoyen Rivière depuis environ vingt ans ».

[68] Servières « avait tenté des démarches infructueuses pour tirer des mains d'une servante cupide le *Dictionnaire provençal* de l'abbé Bonnet » (Bauquier 1880, 66).

[69] Dans la formule finale de la lettre du 3 juillet 1763, il prie Séguier de bien se porter « Reipublicae litterariae et tuorum bono », « pour le bien de la République des Lettres et des tiens. ».

Références bibliographiques

Textes du XVIIIe siècle

MENARD, Léon, *Histoire civile et ecclésiastique de la ville de Nîmes*, Paris, H.-D. Chaubert, 1750.

SAUVAGES, abbé de, *Dictionnaire languedocien-français ou choix des mots languedociens les plus difficiles à rendre en français…*, Nîmes, Michel Gaude, 1756 et 1785.

FEVRET de FONTETTE, Charles-Marie, *Bibliothèque historique de la France de feu Jacques Lelong, nouvelle édition de M. F. de F.*, Paris, Jean-Thomas Hérissant, 1771.

Études

BAUQUIER, Joseph, « Les provençalistes du XVIIIe siècle », *Revue des langues romanes* XVII, 1880, 66-83, 179-219 et XVIII, 1880, 179-182 ; Paris, Maisonneuve, 1880.

ROQUE-FERRIER, Alphonse, « Le Pater noster du poète Gervais », *Revue des langues romanes*, Série III, tome 4, 1880, 41-42.

PELLISSIER, Léon-G., *Notes sur quelques manuscrits de la Bibliothèque Méjanes*, E. Bouillon, Paris ; *La revue des bibliothèques* 4, 1894, 241-370.

BARDON, Achille, « L'entrée de François Ier à Nîmes », *Revue du Midi* 14, 1893, 341-360 ; 440-457 & t. 15, 1894, 18-43.

BARDON, Achille, *Histoire de la ville d'Alais de 1250 à 1340*, Nîmes, Chastanier, 1894.

BARDON, Achille, *Histoire de la ville d'Alais de 1341 à 1461*, Nîmes, Clavel et Chastanier, 1896.

BROVES, Rafélis de, « Biographie de l'abbé de Sauvages », *Mémoires et comptes rendus de la Société scientifique et littéraire d'Alès* XXVIII, 1897, 69-375.

SOUBEIRAN DE PIERRES, Paul, *Un grand lettré languedocien du XVIIIe siècle. Charles de Baschi, marquis d'Aubais et son château*, Montpellier, Mari-Lavit, 1937.

BERTRAND, Régis, « Les passe-temps érudits de l'abbé J.-J.-T. Bonnet, provençaliste inconnu du XVIIIe siècle », *Provence Historique* XXXV/141, 1985, 309-321.

MERLE, René, « Achard et le bilinguisme français-provençal de la fin des Lumières », *Provence historique* 153, 1988, 285-302.

PENDERGRASS, Jan Noble, *Correspondance d'Antoine Arlier, humaniste languedocien, 1527-1545*, édition critique du ms. 200 (761-R.132) de la Bibliothèque Méjanes d'Aix-en-Provence, Genève, Droz, 1990.

SCHLIEBEN-LANGE, Brigitte, « Grammaires et dictionnaires », *in* F. Peter Kirsch, Georg Kremnitz, Brigitte Schlieben-Lange, *Petite histoire sociale de la langue occitane*, Canet, Trabucaire, 2002, 45-101 [trad. de : « Okzitanisch : Grammatikographie und Lexikographie », *in* G. Holtus / M. Metzelin / Chr. Schmitt (éds), *Lexikon der romanistischen Linguistik*, V/2, *Okzitanisch, Katalanisch*, Tübingen, Niemeyer, 1991, 105-126].

BOST, Hubert / LAURIOL, Claude / ANGLIVIEL DE LA BEAUMELLE, Hubert (éds), *Correspondance générale de La Beaumelle (1726-1773)*, Oxford, Voltaire Foundation, 2005, t. I, *1726-1747*.

DEMEULENAERE-DOUYERE, Christiane, « L'itinéraire d'un aristocrate au service des "arts utiles" : Servières, alias Reth (1755-1804) », *Documents pour l'histoire des techniques* 15, 1er semestre 2008, 64-76.

CHAPRON, Emmanuelle, « Monde savant et ventes de bibliothèques en France méridionale dans la seconde moitié du XVIIIe siècle », *Annales du Midi* 283, 2013, 409-429.

PUGNIERE, François / TORREILLES, Claire, *Écrire en Cévennes au XVIIIe siècle, Les œuvres de l'abbé Séguier*, Montpellier, PULM, 2013.

BERTRAND-FABRE, Danielle, 2014, « Circulations littéraires et réseaux culturels autour d'un écrivain occitan, l'abbé Jean-Baptiste Fabre (1727-1783), Nîmes-Montpellier », *in* Daniel Roche (dir.), *La République des Lettres dans le Midi Rhodanien*, Toulouse, Privat, 2014, 97-120.

PUGNIERE, François, « Commerce du livre et république des lettres à Nîmes au siècle des Lumières », *in* Daniel Roche (dir.), *La République des Lettres dans le Midi Rhodanien*, Toulouse, Privat, 2014, 75-95.

FABIÉ, David, « L'essor des études lexicographiques et grammatico-graphiques », *in* Jean-François Courouau (dir.), *La langue partagée. Écrits et paroles d'oc. 1700-1789*, Genève Droz, 2015, 307-392.

TORREILLES, Claire, à paraître, « Un dictionnaire savant de la langue occitane au XVIIIe siècle », *in* Guylaine Brun-Trigaud (dir.), *Contacts, conflits et créations linguistiques*, Paris, Édition électronique du CTHS (Actes des Congrès des sociétés historiques et scientifiques).

VARIA

« Une noix, qu'y a-t-il à l'intérieur d'une noix ? »

Parfois, même les meilleurs peuvent se tromper. Nous allons le voir en examinant une petite expression que l'on rencontre à plusieurs reprises dans des textes occitans médiévaux, mais qui a échappé à l'examen scientifique qu'elle mérite.

Nous l'avons découverte en consultant les registres d'un marchand particulier montalbanais. Au Moyen Âge, le marchand astucieux devait tenir non seulement boutique, mais aussi des registres où il pouvait noter les activités de son commerce. Quelques-uns de ces registres existent toujours, ouvrant des fenêtres sur le commerce médiéval. Les registres du commerce des frères Bertomio (Barthélemy en français) et Guiraut (Géraud) Bonis, deux frères qui ont approvisionné la ville de Montauban entre 1342 et 1369, sont remarquables par la qualité et la quantité des renseignements qu'ils fournissent ; de plus, les registres comportent des indications précises de date, ce qui représente toujours un atout pour le linguiste.

Les registres des Bonis, conservés aux Archives départementales du Tarn-et-Garonne sous la cote G 372, sont, dans l'ensemble, un document qui mérite beaucoup plus d'attention qu'on ne lui en a porté jusqu'à ce jour. Entre autres intérêts, nous observons l'emploi de l'occitan dans la ville de Montauban au XIVᵉ siècle. L'importance linguistique de ces registres n'a pas encore attiré l'attention des chercheurs.

Entre 1890 et 1894, Édouard Forestié a publié une édition de ces registres, dont, plus récemment, Emmanuel Moureau a publié la traduction de quelques extraits, offrant, pour la première fois au grand public francophone, un accès facile à ces documents

Comme on peut s'y attendre, les épices constituaient une partie importante du commerce des Bonis. Parfois, les notes du registre nous apprennent que des épices seules, *especias*, ont été achetées. Ainsi, dans cette notice datée de 1345 :

> Item, deu en P. Folras per espesias per far pimen ...VI s.
> III d. [Item, monsieur P[èire] Folràs doit pour des épices pour
> faire du pimen[1], 6 sous, 3 deniers[2]] (Forestié, éd., fasc. 20, 214).

Mais Bertomio était capable d'une plus grande précision. À
Noël, quand les gens faisaient leurs préparatifs pour les fêtes, le
commerce des épices était très actif à Montauban : on trouve
cette entrée dans son registre :

> Item per II lh. pebre, e Iª lh. e mega gingibre, e per mega lh.
> canela, e per IIII onsas safra, e per Iª onsa girofle per la cozina, e
> per III cartairos gingibre, e per mega lh. canela, e per onsa e
> mega girofle, e per Iª onsa not ycherca, e pebre lonc, e per II cart
> e meg de mel per lo pimen, e per II lh. polveras per lo cano que
> pres Mᵒ Etier la vespra de Nadal [1345].

> [Item, pour la cuisine, deux livres de poivre, une livre et demie
> de gingembre, une demi-livre de cannelle, quatre onces de
> safran, une once de noix de muscade, et [aussi] trois-quarts de
> livre de gingembre, une demi-livre de cannelle, une once et
> demie de noix de muscade, une once de *not ycherca*, du poivre
> long, et deux mesures et demie de miel pour le pimen et deux
> livres de poudre à canon que Monseigneur Etier a pris la veille
> de Noël, 1345] (Forestié, éd., fasc. 20, 233).[3.]

Édouard Forestié, qui maîtrisait bien l'occitan, n'a pas
compris l'expression *not ycherca* dont il nous dit, « Ce terme ne
se retrouve dans aucun des lexiques que nous avons consultés.
Supposant une erreur d'écriture, nous l'avons traduit par noix
de Chypre » (fasc. 23 : 640 s. v. *not*). Forestié suggère d'ailleurs
(éd., fasc. 20, cxxxii n.) :

> On pourrait aussi peut-être traduire par noix de cyprès.
> Ambroise Paré, dans sa thérapeutique, l'emploie, et son arôme ne
> devait pas déplaire à nos pères. Laborde, dans son *Glossaire*, cite
> également la noix moscée [*sic*], qui pourrait être la *not ycherca*.

Emmanuel Moureau, qui a beaucoup travaillé sur des
documents montalbanais tant en latin qu'en occitan n'a peut-
être pas compris non plus. Sa traduction récente des textes des
Bonis comprend deux exemples où il laisse cette *noix de Chypre*

sans explication, bien qu'il donne des explications sur d'autres épices comprises dans les commandes médiévales. Par exemple, cette notice datée du 10 octobre 1344 :

> Item, deu [la dona Anstorgua de Guastaut] ... per mega onsa de cuybebas, e per mega onsa de not-ycherca, e per mega onsa muscada, e per mega onsa de guarengual ... (Forestié, éd., fasc. 20, 126)

est traduite et ensuite expliquée par Moureau :

> ... La dame Astorgua de Guastaut ... doit ... pour une demi-once de cubèbe, et pour une demi-once de noix de Chypre et pour une demi-once de muscade, et pour une demi-once de galanga ...

> Le cubèbe ou *Piper cubeba* est une épice originaire d'Inde, dite « poivre à queue » ou « poivre de Java » ; sous le nom de *galanga* se trouvent des plantes appelées *alpinia officinarum* ou *alpinia galanga* qui appartiennent à la famille des Zingibéracées ... (Moureau 72)

Moureau ne dit rien au sujet de la « noix de Chypre ». Et encore, une vente enregistrée la veille de Noël 1347 :

> Item deu per XV onsas de gingembre, XII onsas canela, I onsa e mega girofle, III cart not ycherca, II onsas espic enardi, ... (Forestié, éd., fasc. 23, 245)

est traduite ainsi par Moureau :

> Idem doit pour 15 onces de gingembre, 12 onces de cannelle, 1 once et demi de girofle, 3 quartes de noix de Chypre, 2 onces de nard...

Le nard est extrait du rhizome de la plante *Nardostachys jatamansi*, originaire de l'Inde... (Moureau 77-8).

En fait, Moureau explique à ses lecteurs toutes les épices qui pouvaient leur être étrangères sauf la *noix de Chypre*[4].

Nous associons les mots occitans *not ycherca* à l'expression catalane *nous d'exarch* trouvée dans le livre de cuisine de Mestre Robert, le *Llibre del coch* (composé vers 1491 et publié en 1520), où il faut comprendre « graine de paradis » ou maniguette[5] (voir Leimgruber, éd., *Libre del coch,* 37n). L'interprétation de la traductrice Veronika Leimgruber se fonde sur une traduction castillane du XVIᵉ siècle où on lit : « nuezes d'exarque que es granos de Parayso ». Comme l'observe Leimgruber, « le nom de cette épice n'était pas bien connu en Espagne ; pour cette raison le traducteur a offert une explication » (37n.). L'équivalence entre *maniguette* et *nous d'exarch* est également attestée par Francesco Balducci Pegolotti (fl. 1310-1347), quand ce marchand italien détaille les produits que l'on peut acheter sur l'île de Majorque. Pour éviter toute confusion, il glose : « meleghette o vuoli tu dire nocisarche » (Evans, éd, 123-4), précisant ainsi le nom employé pour l'épice dans cette région⁶. Cependant, dans une liste de toutes les épices disponibles sur tous les marchés, Pegolotti ne donne que le seul mot italien *meleghette* pour la maniguette (Evans, éd., 295).

Cette glose de *not ycherca* correspond aux observations d'Enrico Carnevale Schianca, qui suggère que la maniguette, *Amomum melegueta*, était souvent désignée par des mots qui tentaient de reproduire son nom d'origine africaine (arabe dans le cas présent⁷). Carnevale Schianca propose d'autres variantes : *xarch*, *sarta*, *sarca* et *nux xarquia*, qu'il a trouvées, dit-il, chez Arnaut de Villeneuve (Carnevale Schianca, 392 s.v. *Meleghette 2*⁸), ce qui confirme encore que *not ycherca* fait référence à cette épice.

La maniguette a aussi servi comme ingrédient dans des recettes médicales occitanes, comme en témoigne l'ouvrage de Raimon de Castelnou. Dans ce document du milieu du XIVᵉ siècle (Ashburnham 105b, Biblioteca Medicea Laurenziana, Florence), nous trouvons, dans la recette n° lx, la *not icharqua* employée contre la mauvaise haleine. La recette ainsi composée a posé problème aux chercheurs :

> Ppolvera bona confortativa, e ffa bona alena. ... Pren teules antics, ii. [onces de] girofle, not muscada, galengar, spic, not icharqua, marme ust, de cascun, [1.27 grammes], alum scisci [3.89 grammes]⁹ (édition de Norwood).

Raimon a inclus une épice, notre *not ycharqua*, inconnue de l'éditeur, Frances E. S. Norwood, qui a essayé de comprendre en faisant un amalgame avec le mot *not*, suggérant de traduire *not icharqua* comme « walnut » (Norwood 238), ce qui est carrément erroné¹⁰. Clovis Brunel a lui aussi essayé de comprendre ce texte en lisant *not icii, arqua* (Brunel 170) qu'il explique ainsi : « arqua (*sic*) peut-être 'angélique' » (Brunel 182) et

« icii (not) ... *Le sens n'apparaît pas* » (Brunel 186). Il s'agit indéniablement de maniguette dans la recette médiévale.

Alors que Clovis Brunel, Frances Norwood, Emmanuel Moreau, et Édouard Forestié n'ont pas compris l'expression, d'autres chercheurs ont réussi à résoudre l'énigme de ces mots. Dans son édition des recettes médico-pharmaceutiques, Maria Sofia Corradini Bozzi a repéré *nos eisarchas* dans un réceptaire médical du XIVe siècle, actuellement à Princeton (Princeton, Garrett 80), recette n° 73 :

> Per gota de freia natura fatz far de bona erugua ab de bon vinaigre fort e mit ins ganren de nos eisarchas, del gran e doas pessas de sitoal et de bon girofle e de nozes muscadas e de gingibre e de bona cannella e fai o tot boillir. (Corradini Bozzi 144) [Pour la goutte froide, faites préparer de la bonne roquette avec du vinaigre fort et mettez dedans beaucoup de maniguette, de la graine[11] et deux morceaux de cardamome et de bon girofle et de la noix muscade et du gingembre et de la bonne cannelle et faire tout bouillir].[12]

De même, dans un réceptaire du quinzième siècle, actuellement à Chantilly (Musée Condé 330), dans un texte que Corradini Bozzi appelle C ric3, la « Terzo gruppo di recette contenute in C », recette n° 14, nous trouvons *nozes ysarc* parmi les ingrédients pour soigner les blessures. La recette est longue et comprend cette phrase :

> Item de galengal e de pebre lonc e de nozes y[s]arc de cascuna d'aquestas egalment una drama e doze grans de girofle e quinze de pebre, e tot aysso sie ben polverizat. (409) [Item, de galenga et de poivre long et de maniguette, de chacun de ceux-ci également une drachme, et douze graines de girofle et quinze de poivre, et que le tout soit bien pulvérisé].[13]

Dans les deux cas, Corradini Bozzi a bien compris qu'il s'agit de « noce di meleguetta » (460 s.v.), de la maniguette.

Dans un article qui explique bien l'intérêt des Français médiévaux pour cette épice qu'ils ont appelée *graine de paradis* et qui, de par son nom, évoque un lieu céleste, Bruno Laurioux n'a pas signalé le fait que le médecin Arnaut de Villeneuve en a parlé. Laurioux n'a pas pris en considération des œuvres comme les registres des frères Bonis ni non plus les réceptaires médicaux occitans dans ses recherches ; il s'est restreint aux seuls livres de cuisine médiévaux, où il a pu constater l'appétit des Français pour la maniguette, cela en contraste avec le goût des Anglais, Allemands, Espagnols et Italiens qui n'ont pas prisé cette épice (Laurioux 202). Selon ce chercheur, la maniguette connaît, au XVᵉ siècle, « un succès aussi spectaculaire qu'éphémère » (Laurioux 200).

Le *Modus viaticorum preparandorum et salsarum* (Bibliothèque nationale de France, fonds latin 8435) comprend une recette, nᵒ 18, qui fait appel à la *granam paradisii* pour la préparation d'un matefaim (Lambert, éd., 141). Ce réceptaire est le seul exemple occitan de livre de cuisine médiévale existant, bien que les recettes soient plutôt en latin qu'en occitan. Écrit sur papier, le manuscrit date probablement de la fin du XIVᵉ siècle (Lambert, éd., 35) ; les filigranes correspondent à des papiers utilisés à Toulouse, Rodez et Montpellier (Lambert, éd., 35). Ce réceptaire confirme l'intérêt porté à la maniguette non seulement dans un cadre médical ou commercial, mais aussi dans la cuisine occitane médiévale. Cela dit, le *Modus* appelle l'épice par son nom latin, qui se traduit sans difficulté par « la maniguette ».

Laurioux reconnaît que l'épice est employée dans un autre livre de cuisine d'origine méridionale, le *Recueil de Riom* (Paris, Bibliothèque nationale de France fonds latin 6707) qui date des environs de 1460. Selon Carole Lambert, qui a édité ce réceptaire écrit en moyen français, le *Recueil de Riom* a été composé à Riom où le manuscrit est resté jusqu'au XVIIᵉ siècle (Lambert, éd, *Le Recueil*, 22). Lambert suggère que les recettes du recueil proviennent de plusieurs sources et que l'œuvre « ne semble pas offrir de rapport textuel pertinent avec d'autres réceptaires connus » (Lambert, éd., *Le Recueil* 41). Cela dit, dans le *Recueil de Riom*, la maniguette, toujours appelée *graine* ou *graine de paradis*[14], se trouve dans un tiers des recettes (Lambert, éd., *Le Recueil*, 62 ; Laurioux 201). Lambert ne poursuit pas les recherches au sujet de l'emploi de la maniguette dans le *Recueil de Riom*, qu'elle envisage comme un réceptaire assez méridional (Lambert, éd. *Le Recueil* 63). La présence de la maniguette dans de si fortes proportions nous suggère que l'auteur a subi l'influence sinon des livres de cuisine septentrionaux, du moins des goûts français.

C'est une vérité de la cuisine médiévale que l'on y employait beaucoup d'épices, y compris des épices étrangères à nos menus d'aujourd'hui. Les graines de paradis ou la maniguette font bien partie de la cuisine et de la pharmacopée médiévale, pour des raisons de goût et de dénomination (voir Laurioux 200-208).

Les exemples présentés ici permettent de signaler l'emploi de l'expression *not ycherca* et ses variantes orthographiques[15], dans quelques textes occitans des XIVe et XVe siècles. On peut regretter que la *Concordance de l'occitan médiéval 3*, non encore publiée, n'envisage pas d'incorporer tous les textes en prose, ce qui nous permettrait d'examiner ce vocable de façon plus approfondie. Mais il nous semble que les textes mis en avant ici suggèrent un commerce et un emploi de la maniguette dans le Midi plus actif que l'on ne l'aurait cru.

Wendy Pfeffer
University of Louisville

NOTES

[1] Le *pimen* était une sorte de vin épicé, très apprécié lors des fêtes. Plusieurs commandes chez les Bonis font référence à des épices nécessaires pour préparer cette boisson, parfois, comme ici, globalement, parfois énumérées, comme on le verra plus loin.

[2] Les traductions sont de Pfeffer.

[3] Notons que cette commande comprend de la poudre à canon, suggérant la variété du commerce des Bonis.

[4] Dommage que Moureau n'ait pas consulté l'article de Dorveaux, publié en 1914, que nous-même avons trouvé tard dans nos propres recherches. D'autres exemples encore de *not ycherca* se trouvent dans les registres des frères Bonis, en 1346 (Forestié, éd., fasc. 23, 150) pour faire du cotignac; en 1347, *not yserca* (Forestié, éd., fasc. 23, 257), en 1348 (Forestié, éd., fasc. 23, 272) et en 1362, dans ces trois derniers exemples pour faire du *pimen* (Forestié, éd., fasc. 26, 545).

⁵ Selon Lambert, « Les graines broyées sont fort peu aromatiques, mais elles possèdent une saveur très piquante et brûlante » (Lambert, « Trois réceptaires », 279). À notre avis, les graines broyées ont un arome légèrement fruité ; la saveur est, en effet, très piquante.

⁶ Le marchand observe que la maniguette pouvait aussi s'acheter à Alexandrie, en Égypte (Evans, éd., 70), à Venise (138), à Pise (207), à Nîmes à Montpellier (225) et à Assilah au Maroc (277), ce qui indique un marché assez étendu.

⁷ Le mot se trouve dans le *Französische etymologische Wörterbuch* de von Wartburg sous l'étymon *eš-šerk*, de l'arabe, voulant dire « [noix] des polythéistes », référence à un produit importé du Soudan. Batllori cite F. de B. Moll qui suggère que « La forma *exarch* fa pensar en l'àrab *aix-xarquía*, 'l'Orient' ; no és inversemblant que *nou d'exarch* valgués tant com 'nou d'Orient' » (II : 179n.). L'étymon africain du mot *maniguette* est *Mâlli* (*FEW*) qui donne en moyen français *malaguette* et en français moderne *maniguette*, « graine de paradis ».

⁸ Nous avons trouvé chez Arnaud la forme catalane *nou d'exarch* dans son *Regiment de sanitat a Jaume II* (voir Batllori, II, 179).

⁹ Nous avons traduit les symboles pharmaceutiques employés par Norwood par des mesures plus faciles à comprendre.

¹⁰ Curieusement, Norwood cite Hermann Fischer, qui a bien compris l'équivalence de *nux sciarca* avec maniguette, « Frucht von *Amomun Melegueta* » (Fischer 108).

¹¹ Doit-on corriger la ponctuation de Corradini Bozzi en « ga(n)ren de nos eisarchas del gran, e doas pessas de sitoal », c'est-à-dire « beaucoup de graines de maniguette, et deux morceaux de cardamome » ?

¹² Traduction de Pfeffer.

¹³ Traduction de Pfeffer.

¹⁴ On trouve les formes : *graine de paradis* (recettes 1 et 3), *graine* (2, 7, 10, 23, 28), *greine* (13, 24, 29, 32, 39, 44), *greyne* (37), *grane* (9) et *grene* (8).

¹⁵ Norwood signale la forme *noze ysarqua* ailleurs dans le manuscrit Ashburnham 105b, au feuillet 81r (213 n.336 et 237).

Policraticus redivivus :
du *Policratique* de Foulechat (1372)
aux *Vanitez de la cour* de Mézeray (1639),
ou l'art de la translation à la fin du Moyen
Âge et à l'époque classique

Grâce aux recherches patientes et méticuleuses de Nicolas de Araujo[1] et d'Alain Cullière[2], les chercheurs pourront à nouveau localiser et étudier un ouvrage de François Eudes de Mézeray qui était tombé dans l'oubli pendant plus d'un siècle[3], les deux contributions se complétant merveilleusement bien. En effet, les *Vanitez de la cour*, qui traduisent le *Policraticus* de Jean de Salisbury, méritaient d'être replacées dans l'importante œuvre historique de François Eudes de Mézeray[4]. Nous assistons, dans l'article de Nicolas d'Araujo[5] à la lente, mais épisodique résurgence de l'œuvre de Mézeray ; Alain Cullière[6], par une analyse de l'esprit du *Policraticus*, explique comment et pourquoi Mézeray pouvait s'intéresser à cette œuvre du XIIe siècle. Nicolas d'Araujo[7] montre comment, au XVIIIe siècle, Pierre Bayle, dans son *Dictionnaire historique et critique* (1740, t. IV, p. 147) n'a connaissance des *Vanitez* qu'à travers le sigle « D.M. » désignant Mézeray et comment Antoine-Alexandre Barbier[8] (*Dictionnaire des ouvrages anonymes*, 3e éd., Paris, 1879, t. IV, col. 912) est le seul à avoir une connaissance directe des *Vanitez*. Mais les deux auteurs[9] signalent aussi la traduction du *Policraticus* par Gabriel Coullanges relevée par La Croix du Maine pour les années 1560, sans, toutefois, qu'on en ait trouvé la moindre trace. Dans les deux contributions, les *Vanitez* sont minutieusement replacées dans les débuts de la carrière de Mézeray[10]. Nous apprenons des détails concernant l'*Advertissement*, qui résume les idées exprimées dans les *Vanitez*[11]. Les deux auteurs nous transmettent, par ailleurs, leurs découvertes respectives concernant la localisation des exemplaires actuellement disponibles dans les bibliothèques françaises et étrangères en distinguant bien les diverses éditions, celle de 1639, celle de 1640 et celle de 1647[12]. A. Cullière procède à un examen stylistique, bref mais très précis, d'un passage du prologue du *Policraticus* ; il compare notamment le texte de Mézeray[13] avec le prologue latin, traduit par lui-même à partir de l'édition de Webb[14] et tire quelques conclusions finement exprimées. L'un et l'autre chercheur mettent en relief l'environnement culturel de l'œuvre de Mézeray ; c'est ainsi que nous voyons graviter autour de ce dernier l'imprimeur-libraire Toussaint Quinet, le marquis d'Assérac, dédicataire des *Vanitez*, et qui entretenait des relations avec Théophile de Viau[15]. A. Cullière tente d'expliquer l'absence des livres VII et VIII[16] dans l'édition des *Vanitez*. N. de Araujo achève sa contribution en précisant le contenu des *Vanitez* et en indiquant les chapitres qui manquent dans les *Vanitez* par opposition au *Policraticus*[17].

La traduction de Foulechat[18] et celle de Mézeray[19] étant les seules qui soient disponibles en langue française[20], une comparaison de la méthode et du style s'imposait.

*

L'organisation du texte du Livre VI dans les deux traductions

Quand on compare une traduction avec son original, c'est la structure de surface, c'est-à-dire l'organisation du texte qui frappe avant tout le lecteur, et à ce niveau on est amené à examiner le besoin d'explicitation de la part du traducteur.

Le Livre VI est original en ce sens que, dès le texte de Jean de Salisbury, le débat politique et social portant sur la chevalerie se transforme petit à petit en un débat moral et philosophique. Quel sera le comportement des deux traducteurs ?

1. L'explicitation

L'explicitation, tout en gardant ses distances par rapport au commentaire, cherche à rendre plus claire et plus explicite la pensée du texte original.

a) Explicitation et vocabulaire

Le chapitre XXV se caractérise par une très longue citation du Code de Justinien (*Codex Justinianus*, qui fait partie du *Corpus juris civilis*), et il y est question de l'héritage que peuvent connaître éventuellement les filles et les fils selon les dispositions de la Lex Falcidia.

Texte de Mézeray, p. 640

« Ce que nous avons ordonné des susmentionnez et de leurs fils, nous l'entendons avec *autant de rigueur* de leurs adherans, complices et ministres, et des fils de ceux cy [...] ».

Texte de Jean de Salisbury, Webb, p. 77 ligne 15

« Id quod de praedictis eorumque filiis cavimus, etiam de satellitibus consciis ac ministris filiisque eorum simili severitate censimus ».

(Traduction « Ce que nous avons décidé des personnes citées et de leurs fils a aussi fait l'objet de décrets concernant leurs partisans, leurs complices et leurs administrateurs avec la même sévérité »).

Texte de Foulechat, p. 255 phr. 48

« Ce que nous avons dit des personnes dessus dittes et de leurs filz nous sentencions et determinons par telle manière, et de semblable justice, de leurs compaignons, serviteurs, complices fauteurs et de leurs enfans ».

Mézeray, grâce à *autant*, établit un rapport plus explicite que ne le ferait la traduction littérale de *simili*, *autant* étant un strument de la comparaison, mais qui porte sur la notion d'intensité ou de quantité. Quant à *rigueur*, le terme désigne avec exactitude l'unique manière de procéder quand il s'agit d'appliquer une loi, c'est-à-dire l'équité ; d'ailleurs, Foulechat recourt, dans ce sens, à *justice*, qui convient parfaitement ; mais, en même temps, au XVIIe siècle, *rigueur* peut désigner la « sévérité »[21]. En revanche, *etiam* n'est pas rendu, et pourtant il s'agit d'un mot de liaison, qui introduit une addition par rapport à ce qui a été dit.

Dans le sens de l'imprécision, mais, dans l'esprit de Mézeray, d'une recherche de cohérence, on notera que le groupe verbal *nous l'entendons* explicite en fait la préposition *de* (*ordonnons de*), ce qui permet de faire l'économie d'une répétition. Toutefois, Mézeray commet une erreur en ce sens qu'il n'a pas vu que *censemus* est pourvu du sens de « décréter », et non simplement du sens de « penser, estimer », et se rapproche donc de *cavimus*.

En somme, à force de rechercher la cohérence, Mézeray finit par dévier le sens d'une partie de la phrase.

Foulechat a bien compris que *etiam* représente un élément important dans la relation de la phrase à ce qui précédait dans le contexte, mais, au lieu d'y voir une addition, il y a vu un moyen d'élargissement par comparaison et analogie (*par telle maniere*) avec les dispositions générales concernant les femmes des malfaiteurs condamnés et évoquées plus haut dans le texte de Jean de Salisbury. Dans l'ordre de l'explicitation, Foulechat procède différemment de Mézeray dans la mesure où il réunit dans la même proposition, la régissante, la traduction et de *cavimus* et de *censemus* ; ce faisant, il a saisi la valeur de ce dernier, contrairement à Mézeray.

En fin de compte, Mézeray donne une traduction parfaitement correcte dans l'ensemble et marquée par une limpidité qui semble aller de soi grâce à ces procédés d'explicitation et à des aménagements minimaux.

b) Explicitation et additions : mots chevilles

Dans une orientation voisine de tout ce qui vient d'être relevé se situe les additions, notamment celles de mots chevilles qui vont dans le sens d'une personnalisation de la traduction qui passe par la concrétisation de certaines notions.

Cette tendance marque nettement les passages qui, dans le texte latin de Jean de Salisbury, se présentent sous la forme de vers. Ainsi, dans le chapitre XVIII, à propos d'Henri II Plantagenêt, Jean cite quelques vers empruntés aux *Satires* de Perse (IV, 4, 5, 13) ; ces derniers font l'objet d'un tel élargissement que de trois ils deviennent cinq :

> *Texte de Mézeray* (chap. XVIII, p. 601)
>> « Nous admirons qu'en luy la force d'un genie
>> Avant l'aage et le poil tant d'affaires manie :
>> Il a sceu gouverner aussi tost que parler,
>> Il sçait ce qu'il faut dire, et ce qu'il faut celer,
>> Il connoist l'équité d'avecque l'injustice,
>> Judicieux censeur des vertus et du vice »[22].

> *Texte de Jean de Salisbury* (Webb, p. 49 lignes 28-30)
>> « Scilicet ingenium et rerum prudentia velox
>> Ante pilos venit, dicenda tacendaque callet,
>> Et potis est nigrum vitio praefigere teta. »

(Traduction : « De toute évidence, le talent et la compétence
dans les affaires, tu les as connus très vite, avant le poil ;
grâce à eux tu sais ce qu'il faut dire et ce qu'il faut taire,
et tu es à même de fixer le noir thêta[23] devant le vice[24]).

Jean de Salisbury a considérablement modifié le texte de Perse
dans la mesure où il ne retient que, d'une part, les vers 4 et 5,
d'autre part, le vers 13, en laissant de côté un passage tout en
images.

Texte de Foulechat (éd. Droz, p. 212, phr. 18)

« [...] c'est a dire son cler engin et sens de grans besoingnes et
tres vive prudence qui li vint avant que la barbe, et sagement
considera ce qui estoit a taire et a dire ; car ce est noble chose que
de bien celer et couvrir ce qui est lait par vice ».

Manifestement les deux traducteurs se sont heurtés à de
grosses difficultés dans la traduction du dernier vers parce que,
pour l'un et l'autre, le terme *teta* est resté opaque.

L'évidence, rendue par *scilicet* dans la *Policraticus*, se présente
sous une forme laudative, puisque Mézeray recourt à un verbe
exprimant l'admiration et l'étonnement, « admirons » ; il s'agit là
aussi d'une manière élégante d'introduire la précocité du futur
roi. D'autre part, on perçoit deux tentatives de rendre le passage
plus concret et de le personnaliser en quelque sorte en intro-
duisant un élément de comportement individuel (*manie*) et en
insistant sur le sens figuré de *poil* par une autre cheville, à savoir
aage, qui facilite en somme le travail du lecteur même si tel n'est
pas exactement le but de Mézeray.

Une heureuse initiative du traducteur-adaptateur a été
d'accorder la pleine valeur à *velox*, qui, dans le texte de Perse, est
clairement mis en relief ; Mézeray a donc parfaitement saisi la
fonction d'attribut de *velox*, qui, du coup, modifie légèrement la
portée de *venit*. Mais le point sur lequel Mézeray intervient de la
manière la plus habile est bien l'addition *gouverner* qui explicite *a
sceu*, traduction partielle de *prudentia* ; ce dernier, en latin classique, peut bien concerner le savoir ou la compétence dans un
certain domaine ; une fois de plus, Mézeray domine à merveille
ses connaissances de la langue latine.

Une autre explicitation se manifeste dans le rapport entre *velox*
et *prudentia* (*Il a sceu gouverner aussi tost que parler*) grâce à l'intro-

duction de la notion temporelle et comparative de la locution conjonctive. Bien qu'un vers entier soit introduit pour exprimer la seule notion de maturité et précocité intellectuelle contenue dans l'adjectif latin *velox*, Mézeray réussit à rendre l'idée de manière élégante et légère.

Contrairement à Mézeray, Foulechat n'éprouve pas le besoin de recourir à une addition en tête de ce texte, parce que sa traduction coule de source en ce sens qu'il réussit, sans trop d'effort, à rendre chaque terme latin par un équivalent tout à fait acceptable (par exemple, au prix d'un aménagement minimal, au second vers), sauf au dernier vers en raison du « thêta » !

2. La recherche de la cohérence

Si Mézeray recherche l'explicitation, quelquefois dans le but de masquer son incompréhension de tel ou tel passage d'un texte versifié, il faut également lui reconnaître le mérite de se soucier de la cohérence, ici encore dans le cas où il éprouve des difficultés à saisir parfaitement la portée et le sens du texte latin.

Ce cas se présente par exemple lorsque notre traducteur ne comprend pas certains noms propres (pp. 578-579) et décide de n'en pas tenir compte dans sa transposition, ici encore dans un texte poétique, un passage de la *Pharsale* de Lucain (I, 376-378 ; 381-386, cité par Jean de Salisbury :

Texte de Mézeray (chap. XII, p. 577)

(Discours de Lélius devant César)

Sous tes commandemens, j'esgorgerois mon frere,
Je tuerois mon enfant dans les flancs de sa mere :
Mon père en cheveux gris, par moy seroit traisné,
J'arracherois le jour à qui me l'a donné.
Pour toy je porterois au coeur de l'Italie
Le meurtre d'une main, de l'autre l'incendie :
Enfin si tu le veux, je suis tout le premier,
Avecque cette espaule à pousser le belier.
Je bats Rome en ruine, et mon impiété,
Avecque ses remparts abbat sa liberté.

Texte de Jean de Salisbury (Webb, p. 32)

Pectore si fratris gladium juguloque parentis
Condere me jubeas plenaeque in viscera partus
Conjugis, invita peragam tamen omnia dextra ;
Castra super Tusci si ponere Tybridis undas,

Esperios audax veniam metator in agros.
Tu quoscumque voles in planum effundere muros,
His aries actus disperget saxa lacertis,
Illa licet penitus tolli quam jusseris urbem
Roma sit.

(Traduction
«Si tu me donnes l'ordre de percer de mon glaive
La poitrine de mon frère, la gorge de mon père,
Les entrailles de mon épouse portant
En son sein un enfant, toutefois, malgré moi, j'accomplirai tout ;
Si tu me demandes d'établir un camp sur les rives
De l'étrusque Tibre, je viendrai arpenter audacieusement
Les champs de l'Hespérie ; quels que soient les remparts
Que tu voudras mettre au ras du sol, mes bras, avec le bélier,
Disperseront les pierres qui forment les murs,
Même si la ville que tu me demanderas de détruire
De fond en comble, était Rome. »)

Texte de Foulechat (éd. Droz, 2013, p. 182, phr. 31 sqq.)

« [...] se tu me commandes a mettre mon glaive dedens la poitrine de mon frere / et de mon glaive occirre mon parent/ et dedenz les boyaux du fruit / de ma femme ferir a plain, que je face toutes ces choses ici de ma destre main / contre ma volenté, se tu commendes a mettre les ondes du Tybre sur les chastiaux /, se par ma hardiesce je vois glanner es champs/, et, quelconques part tu vouldras trebuschier les murs et mettre a terre plaine /, la l'engin appellé mouton sera tout prest et tumbera les pierres et desjoindra de ses[25] lieux et places /, combien que celle cité soit Rome, que tu as commendee a estre du tout ostee ? »

La recherche de la cohérence ne s'effectue pas de la même manière chez l'un et l'autre traducteur. En effet, soit pour des raisons prosodiques, soit pour compléter une image, Mézeray n'hésite pas, pour amplifier le contexte dans le sens d'une continuité, à « inventer » tel ou tel détail. Il en est ainsi du v. 3 où le segment, formant le second hémistiche, relève de la pure invention de Mézeray, mais une invention destinée à compléter l'image de la famille sacrifiée et dont le point de départ se trouve sans doute dans *(les flancs) de sa mere*, qui, somme toute, est le résultat d'une mauvaise interprétation de *conjugis* (« épouse »). Ce vers est parfaitement respecté par Foulechat, et dans la forme et dans le fond.

En revanche, les deux traducteurs ont reculé devant les noms propres dont la méconnaissance les a conduits à inventer un contexte plus ou moins vraisemblable. Trois termes ont posé problème : *Tusci* (« de l'Etrurie »), *Tybridis* (« le Tibre »), *Esperios* (mis pour *Hesperios,* « de l'Hespérie »), termes toutefois courants dans la culture gréco-latine, soit médiévale, soit « classique ». Les trois semblent être d'une opacité absolue pour Mézeray ; pour Foulechat, seul *Tybridis* a évoqué une notion précise.

Mézeray invente carrément dans la mesure où, au sixième vers, *Italie* semble, aux yeux de Mézeray, se substituer à *Tusci*, et *meurtre* et *incendie* devraient correspondre à *Esperios*. La contrainte de la versification est loin de tout expliquer. Il n'empêche que, dans toutes ces additions, on ne trouve rien qui soit vraiment en contradiction avec le contexte, et on reconnaît à Mézeray une habileté certaine à compléter le vide dû à ses méconnaissances de la civilisation romaine.

En tout cas, Mézeray a su puiser dans ses réflexes et connaissances prosodiques et rhétoriques pour sauvegarder la cohérence de son texte.

3. Décalage sémantique

En dépit des efforts quelquefois portés sur la manière de rendre cohérente la traduction, il arrive qu'entre le texte original et la traduction, un décalage sémantique se manifeste.

Texte de Mézeray (chap. V, p. 553)

« C'est[26] une profession aussi louable que necessaire, que personne ne sçauroit blasmer sans blesser le respect qu'il doit à Dieu, d'où vient l'institution ».

Texte latin (Webb, p. 16, ligne 5)

« Professio namque tam laudabilis est quam necessaria, et quam nemo vituperare potest salva reverentia Dei a quo est instituta » (Traduction « C'est, en effet, une profession aussi louable que nécessaire et que personne ne peut blâmer en gardant le respect dû à Dieu qui l'a instituée »).

Texte de Foulechat (éd. Droz, p. 155, phr. 4)

« Car certes la profession de chevalerie est autant loable comme neccessaire et que personne ne puet blasmer sanz la reverence de Dieu, de qui elle est instituee ».

La différence entre le texte de Foulechat et celui de Mézeray réside dans le fait que Mézeray, par le syntagme *sans blesser le respect qu'il doit à Dieu*, insiste sur le côté négatif et intentionnel de celui qui blâmerait la chevalerie. Mais, en même temps, on peut noter la clarté et la limpidité du texte de Mézeray, tandis que celui de Foulechat est marqué par une certaine ambiguïté (*reverence de Dieu*). Le texte de Mézeray, en somme, présente un décalage sémantique par rapport au texte latin dans la mesure où il laisse percevoir une agressivité de la part de celui qui aurait des critiques à formuler à l'égard de la chevalerie, agressivité qui est totalement absente du texte latin, d'autant que ce dernier présente *vituperare* dans la modalité *potest* ; or l'agressivité envers Dieu est une attitude « impossible ». En fin de compte, un tel décalage ne fait que contribuer à une plus grande clarté du texte, du moins dans le cas de Mézeray.

4. Omissions

Omettre de traduire telle ou telle expression du texte original peut s'expliquer de diverses manières.

a) Interprétation personnelle

Texte de Mézeray

(chap. XXI, pp. 614-615 ; citation des Géorgiques, IV, vv. 153 sqq. : l'organisation de la société des abeilles)

> Seules des animaux vivans sous mesmes loix,
> Elles ont en commun leurs enfans et leurs toicts ;
> Et seulles ensuivant une forme civile
> Ont certaine police [...]

Texte de Jean de Salisbury (Webb, p. 60 ligne 9) *et de Virgile*

> Solae communes natos, consortia tecta
> Urbis habent, magnisque agitant sub legibus evum
> [...]

(Traduction « Seules, elles veillent en commun sur leurs enfants, possèdent des maisons en commun dans la Ville et mènent leur vie sous des lois efficaces [...] »).

Texte de Foulechat (éd. Droz, 2013, p. 228, phr. 7)

   « Elles toutes seules ont leurs faonnés et leurs mouchetes communes et leur couverture en une compaignie d'un vessel [...] »

L'omission de la traduction de *magnis* chez Mézeray a entraîné une tentative d'interprétation personnelle, qui a une répercussion sur l'ensemble de sa phrase ; en effet, *mesmes* oriente le contexte vers l'union, plus que vers l'unité, qui marque le texte latin et le texte de Foulechat ; ce dernier, avec des expressions telles que *en commun* répété, *compaignie*, *vessel*, cherche à évoquer un ensemble compact, indissoluble.

Mézeray recherche la précision, puisqu'il a remplacé le verbe « neutre » *habent* par un verbe à dénotation précise et qui, en même temps, exprime l'idée de sollicitude maternelle (*veille*).

b) Recherche d'une pensée plus abstraite

L'omission de tel ou tel élément peut être compensée par la tentative de mettre en place une expression abstraite.

Texte de Mézeray (chap. XXV, p. 635)

« Au reste, l'attentat que l'impiété des subjets commet par trahison ou par force ouverte contre le chef ou contre la communauté des membres est un crime de mesme enormité qu'un sacrilege, parce que comme le sacrilege s'attaque à Dieu, de mesme ce crime s'attaque au Prince, qu'on reconnaist en terre pour une image vivante de la divinité ».

Texte de Jean de Salisbury (Webb, p. 73 lignes 29-32)

« Ceterum quod adversus caput aut universitatem membrorum dolo malo malitia praesumit, crimen est gravissimum et proximum sacrilegio, qui, sicut illud Deum attemptat, ita et istud principem, quem constat esse in terris quandam imaginem deitatis ». (Traduction « D'ailleurs, ce que la perversité envisage, avec ruse et méchanceté, contre la tête et l'ensemble des membres, est un crime très grave et proche du sacrilège, parce que, de même que l'un s'en prend à Dieu, de même l'autre agresse le prince, qui, on le sait, est sur terre, en quelque sorte, l'image de la divinité »).

Texte de Foulechat (XXV, phr. 10-11)

« Et aprés : ce que malice par presompcion procure par faux barat contre le chief ou contre l'université des membres si est tres grief crime et proche a sacrilege ». Car, aussi comme l'un va contre Dieu, aussi l'autre va contre le prince, le quel est tres clerement en terre comme un ymage de la divinité ».

Manifestement, le discours de Mézeray se distingue par une allure « moderne ». En effet, au lieu de s'attacher littéralement au texte latin et, notamment, à *quod* « *ce que* », comme le fait Foulechat, Mézeray recourt à un terme abstrait, *attentat*, qui confère au contexte un ton quelque peu doctoral qui convient bien à la situation où Jean de Salisbury aborde un sujet particulièrement sensible, le prince image de la divinité. La seconde tentative de rendre le concret par l'abstrait se trouve dans la manière dont Mézeray rend *malitia* par *impiété* ; ce terme, bien qu'il soit a priori abstrait et général, est plus précis que le mot latin parce qu'il entre dans le registre religieux marqué par *sacrilege* et *divinité*.

Denis Foulechat, en face de Mézeray, traduit avec moins d'élégance et moins de concision.

5. Syntaxe : actuel *versus* éventuel

Le traitement de certains aspects de la syntaxe latine par le traducteur est révélateur d'une part de sa connaissance du latin, d'autre part de la pratique qu'implique la transposition d'une langue dans une autre des modalités de l'expression verbale.

a) Actuel *versus* éventuel

Texte de Mézeray (chap. XII, p. 579)

« Ce malheureux veut tesmoigner sa fidelité par les preuves les plus grandes qu'il sçauroit donner de son infidélité et de sa trahison ».

Texte de Jean de Salisbury (Webb, p. 32 lignes 15-17)

« In eo namque sceleratus miles fidei suae fidem facere studuit unde seipsum maxime infidelem et perfidum esse convicit ». (Traduction « Car le soldat scélérat a cherché à faire croire à sa fidélité par là même où il a prouvé son absolue infidélité et perfidie »).

Texte de Foulechat (éd. Droz, p. 183, phr. 34)

« En ce point le traitre chevalier s'estudia de garder la loyauté de la foy ou quel il se prouva et convainqui estre tres faux, tres mauvais et desloyaux ».

444 REVUE DES LANGUES ROMANES

Mézeray, en plaçant toute la situation dans le présent, même s'il s'agit d'un présent narratif ou dramatique, enlève une part du caractère scandaleux de l'acte évoqué, qui existe ou a existé réellement, d'autant que le conditionnel présent donne l'impression que l'acte en question pourrait ne pas encore avoir eu lieu, et alors tout le contenu de la phrase se trouve en quelque sorte atténué. Par ailleurs, la concision, accompagnée d'un certain degré d'abstraction, supprime le paradoxe exprimé par les termes *fidélité/infidélité*. Enfin, la suppression de la subordination à caractère oppositif affadit la pensée de l'ensemble de la phrase.

Quant à la traduction de Foulechat, elle conserve la corrélation *in eo…unde…* (« en ce point…ou quel… »), fréquente dans les traductions du XIVe siècle et qui peut être considérée comme un calque syntaxique, mais qui, ici, est pleinement exploitée dans le sens d'une opposition. Celle-ci se trouve renforcée par les redondances figurant à l'intérieur de la subordonnée et portant à la fois sur le verbe et sur l'adjectif au degré superlatif.

b) Raccourci syntaxique *versus* subordination

Mézeray a tendance, en face de Foulechat qui respecte habituellement la structure syntaxique de la phrase latine, à procéder à des raccourcis en recourant à des constructions ou nominales ou en supprimant certaines hiérarchies syntaxiques.

Texte de Mézeray (chap. IV, p. 549)
« Scipion l'Affricain, au rapport de Frontin, reprocha à un soldat, dont le bouclier estoit trop curieusement[27] enrichy, qu'il ne s'estonnoit pas s'il avoit agencé avec tant de soin une arme a laquelle il se fioit plus qu'à son espée ».

Texte de Jean de Salisbury (Webb p. 13 ligne 16)
« Egregie quidem Scipio Affricanus, sicut in libro Stratagemmatum Julius Frontinus refert, cum scutum elegantius cujusdam vidisset ornatum, dixit non mirari se quod tanta cura ornasset, in quo plus praesidii quam in gladio haberet ».

(Traduction « C'est d'une manière bien piquante que Scipion l'Africain, comme le rapporte Julius Frontinus, dans son livre des Stratagèmes, quand il vit le bouclier d'un soldat orné de manière trop raffinée, dit qu'il ne s'étonnait pas qu'il avait orné avec tant de soin ce qui lui offrait, pensait-il, plus de protection que le glaive »).

Texte de Foulechat (éd. Droz, 2013, p. 150, phr. 2)

« Et certes moult noblement le vaillant Scipion Affrican, si comme recite Julius Frontinus ou *Livre des Strategemmates*, c'est-à-dire des faits des chevaliers, quant il vit l'escu d'un chevalier paré et aorné tres noblement, si dist qu'il ne se merveilloit pas de ce qu'il avoit par si grant diligence paré et aourné ce où il avoit plus d'aide que de son glaive ».

Mézeray, incontestablement, ne vise que l'essentiel du discours de Jean de Salisbury, dans la mesure où il a supprimé des notations relevant des circonstances ; la proposition compative a disparu, ainsi que la temporelle (*cum…*) ; en revanche, il a explicité la valeur sémantique de *egregie dixit* en utilisant le verbe *reprocher* dans un sens peu courant, à savoir « rappeler à quelqu'un quelque chose de désagréable »[28] ; à vrai dire, on peut saluer l'habileté de Mézeray qui a parfaitement saisi la valeur incisive de *egregie*. Dans une direction analogue, il a remplacé la relative substantive neutre elliptique (*in quo=in eo in quo*) par le substantif *arme* qui rétablit de façon explicite le lien contextuel entre le complément de *agencé* et *glaive*.

Conclusion

Ce bref examen des deux traductions du *Policratique*, et notamment du livre VI, qui ferme l'ouvrage de Mézeray, permet de se faire une idée de la conception respective que se font les deux traducteurs de leur mission de rendre en français un texte latin qui, au XIIe siècle, et même ultérieurement, passait pour un manuel du bon gouvernant, bien plutôt que comme un traité théorique de l'art de gouverner en général.

Dans ces conditions, on comprend que le point de vue d'un religieux du XIVe siècle tel que Denis Foulechat, d'ailleurs mis en cause avec d'autres franciscains, sur le point sensible de la « pauvreté » de l'Église, et celui d'un historien académicien, « historiographe du roi », de la première moitié du XVIIe siècle ne soient pas forcément les mêmes, et que cette différence puisse se manifester dans leur manière de traduire un texte latin du XIIe siècle.

On comprend aussi que le texte de Jean de Salisbury, truffé de citations d'œuvres latines classiques, ait présenté moins de difficultés pour Mézeray que pour Denis Foulechat[29]. Manifestement, Mézeray se sent plus à l'aise dans la traduction des vers latins que dans celle de la prose latine, en partie parce qu'il se croit permis et même obligé de redécouvrir et de créer. Mézeray se situe dans la ligne des traducteurs humanistes de la Renaissance tels que Salutati[30] s'inspirant, pour sa théorie, des idées d'Horace dans son *Art poétique*[31]. Dans le sens de cette redécouverte[32], on peut citer un passage de l'Avant-propos en vers de Chrestien Provançal qui ouvre la traduction des *Odes* d'Horace par Luc de La Porte[33] :

> Or' qui merite plus de gloire,
> O beaux vers, vostre Calabrois,
> Qui vous a faicts, ou le François
> Qui vous tire de l'onde noire ?
>
> La Porte, Pere debonaire,
> Jeune, rajeunit vos vieux ans,
> Pere digne de telz enfans,
> Enfans seuls dignes d'un tel Pere.

Charles Brucker
Nancy

NOTES

[1] Nicolas de Araujo, « Une traduction oubliée du *Policraticus* de Jean de Salisbury par François Eudes de Mézeray (1639) », in *Bibliothèque de l'Ecole des Chartes*, t. 164 (2006), pp. 581-594.

[2] Alain Cullière, « Les *Vanitez de la cour* de Mézeray (1639) », in *Mélanges offerts à Charles Brucker, Gouvernement des hommes, gouvernement des âmes*, Presses Universitaires de Nancy, 2007, pp. 453-468.

[3] Voir de Araujo, p. 583.

[4] Voir de Araujo, p. 685 ; Cullière, pp. 464 sqq.

[5] Art. cit., p. 585.

[6] Art. cit., p.p. 454-456.

[7] Art. cit., p. 582.

[8] Art. cit. p. 584.

[9] De Araujo, p. 584 ; Cullière, p. 455.

[10] De Araujo, p. 486 ; Cullière, pp. 464 sqq. – Alain Cullière fournit au lecteur tous les détails bibliographiques concernant les débuts littéraires de Mézeray.

[11] De Araujo., p. 588. – On trouve des renseignements précieux sur le rôle qu'a joué Trithemius (*Catalogus scriptorum eccelesiasticorum...*, Cologne, 1531) dans la transmission d'informations concernant la vie et l'œuvre de Jean de Salisbury (ibid., p. 587).

[12] De Araujo., p. 588. – Cullière, pp. 464-465. – Nous nous intéresserons à l'exemplaire de Roanne, datant de 1639 et pour laquelle existe une version microfilmée (voir De Ar., p. 586, note 34), lorsque nous procéderons à la comparaison de deux versions françaises, celle de Denis Foulechat (1372) et celle de Mézeray (1639).

[13] D'après l'édition de 1639 (Nantes) (Cullière, pp. 462-463).

[14] Londres, 1909. La mention « Webb » renvoie systématiquement au tome II de cette édition.

[15] De Araujo, p. 591

[16] Cullière, p. 557.

[17] De Araujo, p. 594 ; voir aussi Cullière, p. 459.

[18] Cité d'après le ms. BnF fr. 24287 édité par Ch. Brucker, Livres VI-VII, Droz, 2013.

[19] Cité d'après l'exemplaire de la BM de Roanne R 2 B 242, éd. de 1639.

[20] Voir toutefois la traduction en français moderne qui accompagne l'édition du texte latin du livre V (Droz, 2006).

[21] Voir Littré, s.v.

[22] Pour ce vers, voir plus bas.

[23] La lettre grecque θ initiale de θάνατος (« la mort ») était la marque de la condamnation à mort.

[24] Interrogation dans le texte de Stace.

[25] Se rapporte à *pierres*. Passage du pluriel au singulier.

[26] Sujet : « art militaire », figurant dans la phrase précédente.

[27] « D'une manière recherchée ». Foulechat a compris *egregie* dans le sens général de « avec distinction », qui ne tient pas vraiment compte du contexte.

[28] Cf. TLF s.v.

[29] Dans son prologue, Foulechat se plaint des multiples difficultés que présente pour lui le latin de Jean de Salisbury.

[30] Voir Glyn P. Norton, *The Ideology and Language of Translation in Renaissance France and their Humanist Antecedents*, Genève, Droz, 1984, pp. 34 sqq.

[31] *Art poétique*, vv. 130-135 : « Publica materies privati juris erit si / Nec circa vilem patulumque moraberis orbem. / Nec verbum verbo curabis reddere fidus / Interpres, nec desilies imitator in artum» (éd. Fr. Richard, Garnier, 1950). « Les biens publics relèveront du droit privé si tu ne t'attardes pas dans un cercle banal et ouvert à tous, si, dans ta traduction, ton souci n'est pas la fidélité du mot à mot et si tu ne t'engages pas dans la voie étroite de l'imitation […] ».

[32] Foulechat a avant tout à cœur de faire comprendre au mieux le texte latin de Jean de Salisbury, qu'il juge difficile, et d'être fidèle à l'esprit de l'œuvre ; car « suyvre le latin a la lectre et le translater si comme il gist, pas ne seroit chose que l'en peust entendre » (Prologue, phr. 86, p. 86, *Policratique*, Droz, 1993) ; donc il a décidé « de le mectre clerement sanz muer la sentence, afin que toutes gens le puissent entendre » (*ibid.*). Bien plus, « …en pluseurs pas j'ay trouvé que un dit pouoit avoir divers entendemens » (*ibid.*) ; il recourt alors aux doublets synonymiques ou parasynonymiques : « Sy ay aucunesfois mis et ajousté pluseurs synonimes pour les convocacions declarer… » (phr. 88).

[33] Luc de la Porte, « parisien et docteur en droicts et advocat, 1584 chez Claude Micard (avec privilege du Roy) ».

Contribution à la connaissance

du lexique occitan

des mines et forges à fer au 18e siècle[*]

(quatrième et dernière partie)

4.3.5.2. Les produits secondaires

agrou s.m. « forte écaille de laitier mêlée de fer, qui se forme quelquefois au fond du creuset, qui en couvre la pierre, & qui s'y attache »[1] (Picot de la Peirouse 1786:349) ; 'sorne'[2] (Landrin 1829:197)

∅ Mistral ; Éluerd 1993:245, Corbion 2012:1,236

Le mot figure dans le *FEW*, mais celui-ci en mentionne un sens tout à fait différent : toul. 'pollen des végétaux ; semence des mâles' (21,49b s.v. *pollen*, 22/1,245b s.v. *accouplement*, ici avec le dérivé *agrièro* 'semence des champignons'), de même Alibert 85b *agró* 'pollen, sperme, laitance' (Toul.). Il faudrait supposer que l'aspect de cette « écaille de laitier qui couvre la pierre du creuset » ait évoqué, pour les ouvriers des forges à fer, la laitance qui couvre la rogue.

Y voir un dérivé de *agre* (béarn.) 'aigre, malicieux, méchant' (cf. *FEW* 24,95a s.v. *acer*) avec le suffixe *-ón*[3] semble difficile ; où serait la nuance diminutive ?

anisié « menus charbons, & autres matieres qu'on ôte du feu avant d'enlever le massé, & qu'on y remet avant de recharger le creuset » (Picot de la Peirouse 1786:350), « menus charbons, espèce de braise » (Landrin 1829:198)

∅ *FEW*, ∅ Mistral

---

[*] Je tiens à remercier M. Florian Vernet de m'avoir fait part de remarques linguistiques et stylistiques perspicaces.

En dépit du *s* qu'on dirait sonore dans ce mot, il devrait s'agir d'un dérivé de → *anis* [aˈnis] 'mine pauvre'. Pour le suffixe *-ié (-ièr)*, cf. AlibertGr 109s. : il forme entre autres des « noms de deposits o de menieras » ; ici, ce ne serait pas le dépôt *naturel* d'un minerai, mais un amas artificiel de charbons.

bourres « parties de fer poreuses qui [...] adherent mal au massé, coulent avec le laitier, ou se détachent sous le marteau » (Picot de la Peirouse 1786:353), id. Landrin 1829:204 ; « crasses mal fondues » (Hassenfratz 1812:3,120)
   Corbion 2012:1,588
   Si Mistral (1,342c, *bourro* : 'bourre', 'étoupe') et le *FEW* (1,638a s. s.v. *bŭrra*, aussi 'objets de peu de valeur') connaissent plusieurs significations « péjoratives » du mot, ils en ignorent le sens métallurgique, qui y est bien sûr apparenté.
   Littré 1885:1,394c : « Terme de métallurgie. Fer défectueux. »
   Larousse 1867:2,1138a : « BOURRE. Métall. Fer défectueux. »

carraillade 'la quantité de scories qui s'écoule à chaque percée' (Picot de la Peirouse 1786:355)
   ∅ *FEW*, ∅ Mistral ; Corbion 2012:1,731
   Dérivé du lemme suivant :

carrails 'scories, laitier' (Picot de la Peirouse 1786:355 ; Landrin 1829:207)
   Mistral 1,463c (*carai, caralh*), Éluerd 1993:245, Corbion 2012:1,731 et 750
   Les attestations du sens 'scories' pour les variantes du mot sont nombreuses : *carai de fabre, caral de faure* (Mistral l.c.), *carall*[4], Languedoc *car(r)al*[5], Rouergue *carras, carrèl* (Corbion l.c.).
   Dans *FEW* 21,151a, le mot figure seulement comme une des désignations sans étymologie de la chènevotte (aussi dans Mistral l.c.). Il existe toute une famille de mots autour de *carrail* qui se réfère pourtant surtout aux opérations de la fonte[6] :
   -        Quercy *caralié* 'crassier' (fin 15e siècle)[7], Ariège *carraillé* 'id.' (Cantelaube 2005:118s.), Béarn *caralhé* 'restes de charbon de bois d'une meule qui permet de rallumer la meule suivante'[8] ; périg. *caralhé, -ero* 'flambant' (*FEW* 2,86b s.v. *caliculus*, probable-

ment à tort) ; *foc caralhè* 'feu flambant' (Mistral 1,464a), Agen *fèt carraillè* (*FEW* 23,44a s.v. *feu*, parmi les étymologies obscures) ;

- Languedoc, Rouergue *caraias*, *car(r)alhas* 'gros morceau de mâchefer', 'pierre à minerai' (Mistral 1,464a) ;

- → Ariège *encaraillade* 'mine bien grillée' (Picot de la Peirouse 1786:361) ;

- →Ariège *carraillade* 'la quantité de scories qui s'écoule à chaque percée' (Picot de la Peirouse 1786:355) ;

- *escaraia* 'ôter le mâchefer de la forge' (Mistral 1,983a).

Si les origines du terme restent toujours obscures, on peut néanmoins constater que, dans le sens de 'scorie', *carrail*/*carralh* existe dans une grande partie du domaine occitan, englobant le Périgord ainsi que le Languedoc. Au lieu de voir dans *carrail* 'chènevotte' un mot homonyme, on pourrait supposer que le sémantisme de base de *carrail*/*car(r)alh* ait contenu la notion de résidu inutile, d'où plus tard 'chènevotte' et 'scorie'. Cette notion se retrouve également dans *carralhas* 'champ pierreux, maigre' (Mistral 1,464a : en Rouergue)[9].

Morphologiquement, une autre piste – qui fournirait une étymologie à *car(r)alh* – est envisageable, mais peu probable. Vu le verbe *escaraia* dans le sens de 'ôter les scories de la forge', il serait possible de supposer le développement suivant : 1° *escaral(h)*[10] 'sorte de balai' (Mistral 1,983a) → 2° *escaralhar* 'nettoyer avec un balai', puis spécialisation 'ôter le mâchefer de la forge avec un balai' → 3° (après une analyse erronnée *es-* + *caralh*+ *-ar* 'enlever' + 'scorie, mâchefer') dérivation par réduction *caralh* 'scorie' → 4° dérivés divers. Cette hypothèse se heurte cependant au fait que *escaral(h)* est attesté seulement en Gascogne, tandis que l'aire de *car(r)alh* et ses variantes s'étend jusqu'en Languedoc. De surcroît, il est plus concevable de voir dans *escaraia* un dérivé, et non le point de départ, de *car(r)alh*[11].

fayel 'poudre de charbon' (de Dietrich 1786:1,134)
Ø *FEW* ; Corbion 2012:1,1770

Selon de Dietrich, *fayel* est synonyme de *frasil* 'poussier de charbon', lexème occitan amplement attesté (Mistral 1,1181c s.v. *fresi*). S.v. **facīle*, qui en constitue l'étymon, le *FEW* (3,357b) ne cite aucune forme qui s'approche de *fayel*.

En supposant une faute de transcription, on pourrait risquer d'établir un lien étymologique avec occ. *faial, fachal* 'écaille qui se détache des métaux qu'on bat sur l'enclume' (Mistral 1,1089b, languedocien). Du moins, *fayel* aussi bien que *faial* désignent des sous-produits d'une opération effectuée au sein d'une forge.

greillade 'mine réduite en poussiere, jetée sur le feu pour épaissir le laitier' (de Dietrich 1786:1,134 et 43 ; Picot de la Peirouse 1786:365 ; Landrin 1829:223)

∅ *FEW*, ∅ Mistral ; Éluerd 1993:245, Villebrun 1990:64 et 69, Corbion 2012:1,2339

Si Mistral ne cite pas exactement cette forme avec *l* mouillé, on peut l'extrapoler de la variante rouerg. *grel(h)ar* du verbe *grasil(h)ar* 'griller' et de l'existence d'un dérivé *grasihado, grelado* (Mistral 2,87b), donc **grelhada* ≈ *greillade*. Pourtant, les formes en *-ado* citées par Mistral désignent des opérations – qui chez le Félibre se réfèrent toutes à de la viande –, autant que le *greillade* que l'on retrouve ensuite dans les Larousse : la définition donnée (cf. infra) est très précise, mais ne reflète pas le sens concret que de Dietrich et Picot ont enregistré – s'expliquant d'ailleurs sans problème par une métonymie du type *action →résultat de l'action*.

[*Larousse* 1872:8,1504c : « s. f. (*grè-lla-de* ; ll *mll.* – rad. griller). Métall. Carburation de la mine dans les fourneaux à la catalane. »]

sillade 'scorie qui s'attache à la tuyère et qui la bouche' (Picot de la Peirouse 1786:376 ; Landrin 1829:240)

∅ *FEW*, ∅ Mistral ; Éluerd 1993:245, Corbion 2012:2,229

Mistral 2,895c a *si(l)hado* 'contenu d'un seau', le *FEW* (11,416b) donne béarn. *silhade* 'inclinaison d'un bateau', mais ces deux termes n'ont rien à voir avec le mot *sillade* répertorié par Picot.

Il s'agit d'un dérivé de → *silla* 'détacher la scorie qui s'attache à la tuyère'. Compte tenu du sémantisme des deux mots, on pourrait se demander si – contrairement à l'indication de Picot – la *sillade* n'est pas la scorie *qu'on a déjà détachée* de la tuyère, car ainsi la formation *silla* → *sillade* (avec un sens perfectif) deviendrait plus cohérente. Peut-être que cela a été le premier sens du terme et que celui plus général de 'scorie qui s'attache à la tuyère' s'est établi plus tard.

4.4. Bilan numérique

L'utilité de remonter aux sources a été prouvée une fois de plus par le dénombrement de 34 mots ou unités lexicales occitans jusqu'ici absents des dictionnaires (repris ici dans la transcription souvent peu occitane des auteurs du 18e et du 19e siècle) :

anis	fayel (?)	mine à grains	perra fita
anisié	fousinal	de gabaches	picomine
avancairol	foyer	mine ferrude	piece à pia
baléjade	gourbalier	mine forte	recuit, requeit
basque	gressale, -ane	mine lauzude	retch, reich
boustis	merlat	mine negra	sacoutier
carraillade	mialia	moussadou	sillade
desenroula	mine courdude	moussazou	silladou
encarraillade		peire moulane	spines

Il en est ainsi pour 51 sens particuliers qui dépassent le cadre d'un pur emploi occasionnel :

agrou	eicharrasit	lusenties	piqua
banquette	engraisser	marbré	piquadou
barroux	escampadou	mère d'or	pitchou
battant	espine	moussa	poupe du
bourrec	fetsche, feiche	ore	massé
bourres	flou de gineste	palingue,	pouls
cabessade	foc	palenque	quouet (?)
campane	gabelle	pallier	restanque
canon du	greillade	parédou	saumion
bourrec	hournade	parson	silla
cousture	intrade	pérat	teste del foc
cul du massé	jaz	picot d'escaral	traire quoue
debantal	labadisses	piech del foc	tuèle
desque, desco			volte

5. Occitanismes ignorés : la répercussion du vocabulaire méridional dans les grands dictionnaires français

Les grands dictionnaires de la deuxième moitié du 19ᵉ siècle, notamment le Littré et le Larousse, sont une source richissime de termes techniques dont ils fournissent la première attestation, grâce à leur aspiration à représenter la totalité du lexique français[12].

Cependant, on rencontre des lemmes dont l'explication donnée suscite des doutes sur leur appartenance linguistique : sont-ils toujours des mots *français* ? Citons à ce propos les explications du lemme → *motte* s.f. « Nom donné à la houille en gros morceaux, dans les bassins de Bességes et d'Alais » (Larousse 1874:11,619a), ou bien de celui de → *jaz* s.m. « Terme de métallurgie, dans les Pyrénées. La tuyère fait son jaz lorsqu'elle brûle la pierre de fond d'un creuset et l'abaisse » (Littré 1885:3,437c).

Tant le Littré que le Larousse ont systématiquement dépouillé le *Manuel complet du maître de forges, ou traité théorique et pratique de l'art de travailler le fer* rédigé par Henri Landrin et publié en 1829 au sein des Manuels Roret. Pour les termes méridionaux insérés dans son « Vocabulaire pour servir à l'intelligence de tous les termes usités en métallurgie et employés dans le manuel du maître des forges » (pp. 196-247), Landrin s'est rabattu sur l'ouvrage de Picot, comme le prouvent maintes reprises mot à mot. Ainsi, une certaine quantité d'expressions que Picot a documentées ont eu l'heur – si l'on peut dire – de se voir portées au niveau national, tandis que les termes que retient le seul de Dietrich n'ont pas eu cette chance, car Landrin ne l'a pas exploité.

Selon Fossat 1997, on peut – plutôt exceptionnellement – constater, en ce qui concerne le domaine terminologique des forges à la catalane, un « passage de vocabulaire dialectal de spécialité locale au statut de terminologie reconnue temporaire-ment par les institutions […]. » Sans aucun doute, cela est vrai pour les forges du Midi ; Fossat décrit l'état des choses comme suit :

« […] on est ici en présence d'un vrai vocabulaire spécialisé de sous-sol, construit par des communautés de pasteurs l'été, mineurs temporaires l'hiver ; ce fonds se caractérise par ses traits de langue occitane et catalane ; c'était la langue du sous-sol ; ce n'était pas la langue de l'étage ; mais on a constaté que les ingénieurs des mines délégués sur place par la "machine experte" avaient tout simplement traité comme terminologie temporaire à désimplanter, ce vocabulaire spécialisé créé sur socle occitano-catalan, et transmis par les maîtres de forges » (*ibid.*).

Il en conclut que c'est sur cette « acceptance » générale de la terminologie locale par les ingénieurs délégués – d'où résulte une première mention écrite – que se base l'entrée des termes en question dans la lexicographie des années 1850 (*ibid.*). Pourtant, comme le dépouillement des sources ne s'est pas fait en entier (Landrin consultant Picot, mais non pas de Dietrich), cette documentation de la nomenclature des terminologies locales y reste lacunaire.

Afin de montrer que les célèbres lexicographes reprennent nombre de définitions presque mot à mot, citons à titre d'exemple[13] :

- *intrade* « (Pyrénées), saillie de la tuyère dans le creuset » (Landrin 1829:225) ; *intrade* s.f. « Terme de métallurgie. Saillie de la tuyère dans le creuset d'un feu catalan » (Littré 1885:3,141c) ;
- *bedel* « terme usité parmi les mineurs de l'Ariège, pour désigner toute matière hétérogène qui sert de noyau aux grands blocs d'hématite » (Landrin 1829:202) ; *bedel* « Métall. Nom donné, dans les forges des Pyrénées françaises, à toute matière hétérogène qui sert de noyau aux blocs d'hématite » (Larousse 1867:2,470d) ;
- *magagne* « fer aigre et cassant » (Landrin 1829:228) ; *magagne* s.m. « terme de métallurgie. Fer aigre et cassant » (Littré 1885:3,374a) ;
- *soffre* « anneau de fer qu'on place sous la pièce qu'on veut percer » (Landrin 1829:240) ; *soffre* s.m. « Terme de métallurgie. Anneau de fer qu'on place sous la pièce qu'il s'agit de percer » (Littré 1885:4,1959c)[14].

Toutefois, on s'est efforcé dans les dictionnaires de préciser ou de reformuler quelques définitions :

- *banquettes* « bandes de fer que l'on place derrière la plie des fourneaux à la catalane, pour soutenir une portion de la charge du côté du chio, et faciliter le chauffage » (Landrin 1829:201) ; *banquette* s.f. « Techn. Nom donné à des bandes de fer que l'on place du côté du laiterol des foyers à la catalane, pour soutenir une portion du minerai et du combustible, et faciliter l'affinage ou le chauffage » (Larousse 1867:2,184a) ;
- *crema* « [Pyrénées], brûler le fer ou la tuyère » (Landrin 1829:212) ; *crema* s.f. « Métall. Résultat de l'oxydation du fer dans le fourneau » (Larousse 1869:5,484b) ;
- *escapoula* « forger des pièces de fer de taillanderie » (Landrin 1829:217) ; *escapouler* « Terme de métallurgie. Dégrossir dans la forge » (Larousse 1870:7,846b ; Littré 1881:2,1485a) ;

d'autre part, il y a aussi des raccourcissements qui entraînent un manque de précision :

- *tacoul* « pièce de fer encastrée à l'extrémité du manche du marteau et sur laquelle portent les cames » (Landrin 1829:242) ; *tacoul* s.m. « Pièce du manche d'un marteau de forge » (Littré 1885:4,2128b).

Toute copieuse qu'elle est[15], la liste de Landrin n'est pas exempte de fautes, issues du processus de copie. D'autres erreurs se glissent lors du dépouillement par les grands lexicographes – et quelquefois cela donne même naissance à des lemmes entièrement fantaisistes. Citons à titre d'exemple :

- des fautes d'orthographe : « *Test del foc* (Pyrénées), cave ou rustine du feu » (243) (Picot de la Peirouse 1786:379 : « TESTE DEL FOC. Tête du feu. C'est la même chose que la *cave* ou la rustine ») ; ou bien « *Pigage* (Pyrénées), bâche » (234) (Picot de la Peirouse 1786:371 : « PIGACE. Une hâche [!] ») ;
- l'omission d'un mot : « *Moulane* (Pyrénées), pierre meulière » (231) (Picot de la Peirouse 1786:368 : « MOULANE. (peire). Pierre meuliere ») ; de même « *Jaz* (Pyrénées), gîte ; la tuyère fait son jaz lorsqu'elle brûle la pierre du fond et l'abaisse » (226) (Picot de la Peirouse 1786:365 : « Les Ouvriers disent que la tuyere se fait son jaz […] », avec le pronom réfléchi) ; « *Cedat*, acier naturel » (207) (Picot de la Peirouse 1786:356 : « CEDAT. Fer cedat. Nom de l'acier naturel »), d'où

« CÉDÂT s. m. (sé-da). Techn. Acier naturel, de forge, de fusion » dans Larousse 1867:3,665d ;

• des pluriels pris pour des singuliers : « *Porges* (Pyrénées), espèce de varme » (236) (Picot de la Peirouse 1786:372 : « PORGES. (les) […] C'est comme la varme des affineries») ; le Larousse (1874:12,1437a) en fait un « PORGES s.m. Métall. Côté de la tuyère d'une forge catalane. »

Finalement, on devrait essayer de se prononcer sur le statut langagier de ces lemmes, notamment dans le Littré et le(s) Larousse, d'autant plus qu'une quantité considérable en est perpétuée à travers les rééditions diverses de ces dictionnaires (voir infra)[16]. À partir d'exemples comme *escapoula* (Landrin 1829:217) « forger des pièces de fer de taillanderie » > *escapouler* 'dégrossir dans la forge' (Littré), on pourrait supposer à juste titre qu'une telle transformation du lexème ne constitue pas uniquement une simple adaptation graphique au système français, et en conséquence on conclura à l'existence réelle d'un verbe *escapouler* dans un jargon technique *français* de telle ou telle région[17]. Tout de même, il semble plus que douteux qu'un seul des termes en question ait vraiment vécu en tant que mot français :

• Ce sont les dictionnaires eux-mêmes qui déclarent les entrées en question « terme des forges catalanes » (en taisant qu'au moment de leur première documentation, donc au 18e siècle, on n'y parlait quasiment pas français)[18].

• Dans sa *Sidérotechnie, ou l'art de traiter les minérais de fer pour en obtenir de la fonte, du fer, ou de l'acier* de 1812 – ouvrage de référence rédigé par une autorité incontestée –, J.H. Hassenfratz utilise force termes techniques dont les attestations écrites sont en partie exceptionnelles à l'époque (p.ex. *seiffen-werck, cammes, rustine, stuck-offen, tympe, mettre hors*), sans retenir, dans son registre volumineux, un seul des mots occitans qu'on vient d'examiner. Même dans les chapitres qui s'occupent intensément des forges appliquant la « méthode à la catalane » (1,15s. 2,141s., 3,115s.), le terme *greillade* ainsi que quelques désignations d'ouvriers sont les *seuls* à y être mentionnés, et ce toujours avec un renvoi prononcé aux usages locaux : « [Dans les forges dites catalanes] Un valet, nommé *escola*, crible […] le minérai grillé et concassé ; il sépare ainsi le poussier, nommé *greillade*, des autres fragments [...][19]. »

La publication de cet érudit ne témoigne donc d'aucune façon d'une « vie » de lexèmes occitans dans le langage technique français au début du 19e siècle. Le progrès technique des années futures fait paraître la technique catalane encore moins novatrice – on peut donc quasiment exclure la possibilité que ces termes se soient répandus en français pendant la deuxième moitié du siècle[20].

En conséquence, on pourra justifier le verdict que la grande majorité des mots ayant emprunté le chemin Picot 1786 – Landrin 1829 – Littré/Larousse sont de purs *mots de dictionnaire*. Et ce n'est que très rarement que les dictionnaires mentionnent explicitement l'origine occitane (« provençale ») des termes en question[21]. Pour 55% des mots puisés dans Landrin, le Littré et/ou le Larousse indiquent du moins l'emploi du mot « dans les forges à la catalane ».

La plupart des termes en question ont disparu dans le *Larousse du XXe siècle en six volumes* (1928-1933), mais il y figure encore, pour la dernière fois, *banquette* (1,548c), *cave* (2,59a), *chapon* (2,138c), *magagne* (4,590b), *miaillou* (4,857b), *ore* (5,235c), *porge* n.m. (5,716a). On ne voit pas de régularité : quelques-unes des désignations des parties du fourneau catalan sont retenues, d'autres, omises.

Le *Nouveau Larousse Universel* de 1948/1949 fournit la dernière attestation du chimérique *créma* (1,467c), de *massoque* (2,64b), *massoquette* (*ibid.*) – les deux derniers mots ne sont plus marqués ici comme propres aux « forges à la catalane » –, et *pique-mine* (2,492a).

Les mots de la plus grande longévité se trouvent encore dans le *Grand Larousse Encyclopédique en dix volumes* (1960-1964) : *pérat* (8,320c) et la définition de *sentinelle* ('tuyau de conduite de l'air dans un appareil de soufflets hydrauliques'), mais au lemme *sentine* (9,753a) – erreur intervenue déjà dans *Larousse* 1933 (6,299a) et perpétuée jusqu'en 1964. C'est seulement dans le *Grand Larousse de la langue française en sept volumes* (1971-1978) que tous les mots traités ici sont éliminés.

Même si Émile Littré postule qu'un dictionnaire « embrasse et combine l'usage présent de la langue et son usage passé, afin de donner à l'usage présent toute la plénitude et la sûreté qu'il comporte » (préface de l'édition de 1885, p. ii), on constate que la pratique appliquée aux termes non-français par lui, par Pierre Larousse et ses successeurs les a conduits, par manque de rigueur, à commettre un certain nombre de confusions[22].

Moritz Burgmann
Bonn

Notes

[1] Pour l'indication des significations, j'utilise « … » quand je cite les explications données par les auteurs telles quelles parce que les détails me semblent importants ; quand il est possible de définir avec précision le sens des mots en abrégeant les explications des ouvrages dépouillés, j'utilise '…'.

[2] Larousse 1875:14,897d : « SORNE. s.f. Scorie riche qui reste dans le creuset ou feu d'affinerie, et dont une partie adhère à la loupe. »

[3] Exemples déadjectivaux : RonjatGr 3,364.

[4] Cf. *Le fer dans les Alpes du Moyen Âge au 19ème siècle. Actes du colloque international de Saint-Georges-d'Hurtières, 22-25 Oct. 1998*, Montagnac 2001:162.

[5] Cf. Maximin d'Hombres, *Dictionnaire languedocien*, Alès 1884.

[6] À l'exception de *caraioun* 'petit feu de chènevottes' (Mistral 1,464a).

[7] D'après Jean Lartigaut, *Les campagnes du Quercy après la Guerre de 100 ans (vers 1440-1550)*, Toulouse 1978:412.

[8] D'après *Fer et Ferraries en Béarn*, édité par l'Ass. Fer et savoir faire, 1er trim. 1995, p. 15.

[9] Même si cette notion rappelle le cat. *carallada* 'chose petite ou de peu d'importance' (*DCVB* 2,1010a), je m'abstiens d'établir un lien étymologique, la base du dérivé (*carall* 'membre viril') étant trop distante de *car(r)alh* 'scorie'.

[10] Mistral 1,983a donne seulement *escaral* 'balai d'aubépine ou de bruyère' (en Gasc.), mais la mouillure du *l* est confirmée par Lagraulet (Gers) *escaralhadé* 'sorte de balai' (*FEW* 23,54a s.v. *balai*).

[11] Le verbe est aussi attesté dans le sens de 'éparpiller, écarter, épandre' (Mistral l.c.), 'irradier, s'échapper', gasc. 's'étaler au soleil ou devant le feu', 'raviser, attiser le feu' (d'après *DECLC* 2,556), et cela même dans les Alpes (*escaralha*), avec les dérivés *escaraiage* et *escaraiet* 'menu bois qu'on trouve épars (Mistral l.c.).

Il est difficile d'établir une parenté sémantique entre ces mots, dont il faudrait prouver qu'ils appartiennent *tous* à la même famille (cf. aussi la discussion étymologique à propos de *carall* dans *DECLC* l.c.), ce qui dépasserait le cadre de cette étude.

[12] P. Poitevin résume la conception de l'époque dans la préface de son *Nouveau dictionnaire universel de la langue française* de 1856 (pp. iv/v) : « Pour répondre aux besoins de chacun, il faut qu'un Dictionnaire comporte et explique aujourd'hui toutes les nomenclatures. »

[13] Par la suite, je me référerai aussi à des termes occitans concernant le travail au marteau de la forge, qui sont documentés en nombre dans Picot, de Dietrich et Landrin, mais dont je reporte l'étude lexicologique à une date postérieure.

[14] Si par contre on dispose d'autres autorités, on se rabat sur celles-ci plutôt que sur le Manuel Roret : Landrin 1829:240 « *Sentinelle* [Pyrénées], portion antérieure et élevée du tambour de la trompe », mais Littré 1885:4,1899b « Tuyau de conduite de l'air dans un appareil de soufflets hydrauliques » et Larousse 1875:14,555b « Technol. Tuyau de conduite de l'air, dans un appareil de soufflerie hydraulique » = *Acad. Suppl.* 1842:1106c.

[15] Landrin a surtout le grand mérite de retenir beaucoup de termes techniques *français* qui sont rarement attestés auparavant, cf. 1.

[16] Pour une vue d'ensemble de ce phénomène, cf. Baldinger 1951.

[17] La même chose vaut par exemple pour *rimer* 'trop chauffer' dans Landrin 1829:239, qui doit représenter le verbe occ. *rimar*. Normalement, Landrin écrit, fidèle au phonétisme local, *-a* pour rendre la désinence de l'infinitif occitan.

[18] À la rigueur, on peut concevoir que tel ou tel mot occitan ait été intégré en tant que *régionalisme* dans un jargon spécialisé *français* des mineurs, fondeurs ou forgerons du Sud de la France au cours du 19e siècle dans le cadre de l'industrialisation d'une part et de la régression de l'occitan de l'autre. Cependant, il ne faut pas oublier qu'au cours de ce siècle la technique du fourneau catalan entraîna dans son déclin celui de sa terminologie. Selon Lapassat 1983:90, on comptait entre 45 et 50 forges catalanes en Ariège entre 1840 et 1857, tandis qu'il n'en subsistait que six en 1875.
De toute façon, au milieu du siècle, on ne peut pas encore supposer que le français soit largement parlé dans le Midi : « Le projet de création d'une école des Forgeurs, proposé au Conseil général de l'Ariège en 1839, le confirme puisqu'il est précisé que le futur élève devra "parler à peu près le français" » (Cantelaube 2005:430).

[19] Selon l'usage de l'époque, quelques termes techniques français y sont aussi mis en italiques, mais dans ces cas-là, Hassenfratz s'abstient toujours de la construction « x, nommé *y*... ».

[20] Selon Villebrun (1997:62), « le terme relatif à la technique catalane se répand et perd en quelque sorte sa confidentialité. » Elle justifie ce constat : « On le trouve en contexte iconographique : le terme figure en légende de planches, de plans ou de schémas dans les archives manuscrites ; il apparaît de plus en plus souvent en contexte phrastique sans typographie distinctive (guillemets, initiale majuscule, italique) ni marque d'usage ("dit", "appelé", "nommé",...) dans des traités techniques rédigés sur le modèle des ouvrages des naturalistes que nous avons étudiés » (*ibid.*). Il est bien concevable que les experts de langue française se soient familiarisés avec cette terminologie au cours du 19e siècle – il n'empêche qu'il ne s'agissait pas de mots *français*.

[21] C'est le cas pour *intrade* (Littré 1884:3,141c : < prov.).

[22] Le fait que les nombreux dictionnaires (plus ou moins professionnels) en ligne se rabattent souvent sur les dictionnaires « classiques » ne facilite pas les choses (cf. p. ex. *http://fr.wiktionary.org/wiki/magagne* : « Fer aigre et cassant », puisé sans modification aucune dans Littré 1872-1877 !).

Références bibliographiques

Outre les ouvrages cités dans les premières trois parties de cet article, parues dans les trois précédents numéros de la Rlr, les publications suivantes ont été consultées :

2. Dictionnaires et autres ouvrages lexicographiques

Larousse 1948-1949 : *Nouveau Larousse Universel. Dictionnaire Encyclopédique en deux volumes*, publié sous la direction de Paul Augé, 2 vol., Paris : Larousse.

Larousse 1960-1964 : *Grand Larousse Encyclopédique en dix volumes*, Paris : Larousse.

Larousse 1971-1978 : *Grand Larousse de la langue française en sept volumes*, Paris : Larousse.

3. Études scientifiques

Baldinger, Kurt 1951 : « Autour du "Französisches Etymologisches Wörterbuch" (FEW) », in: *Revista portuguesa de filologia* 4, 342-373.

Fossat, Jean-Louis 1997 : « Néologie dialectale et implantation en socioterminologie spatiale : représentation de registres "diastratiques" concurrentiels », in : *Cahiers d'Études Romanes* 8, 95-163, cité d'après *http://w3.erss.univ-tlse2.fr/clid/occitan/etudes.html*.

Treize lettres de Jules Ronjat

à Léon Teissier

Suite de treize lettres de Jules Ronjat adressées à Léon Teissier[1'] entre 1911 et 1921 et conservées au Palais du Roure à Avignon[2'].

1. L'édition

Ces lettres sont toutes des copies. Nous ne connaissons pas le copiste. Quelques notes en marge ajoutées par le copiste et quelques "sic" montrent la rigueur avec laquelle la copie a été effectuée[3]. À la plume, encre noire, sur 12 feuilles identiques, 17,7 cm x 24,5 cm. Nous publions ici ces lettres numérotées de T-1 à T-13 dans l'ordre chronologique adopté pour leur conservation.

Les lettres T-3 à T-13 ne sont pas datées. Nous indiquerons comme indice de temps la date du cachet de la poste précédée de l'adresse du destinataire. Ces éléments nous permettent de suivre les déplacements de Léon Teissier et ceux de Jules Ronjat.

Les lettres de T-3 à T-6 sont écrites en français. Elles correspondent à la période de la guerre ; est-ce en raison de la censure militaire que le français est employé ici par Ronjat ? La lettre T-7 du 19 octobre 1918 est la seule, durant la guerre, rédigée en occitan : Ronjat anticipait-il sur l'issue de la guerre et la disparition de la censure militaire dans le courrier adressé aux officiers ?

Pour cette édition, nous avons conservé l'orthographe de Jules Ronjat conforme à la réforme de l'orthographe du français tentée dès la fin du XIXe siècle sous l'impulsion de Léon Clédat et Maurice Grammont, entre autres. Il s'agit de supprimer l'h à l'initiale ainsi que le graphème ph et le y. Lorsqu'un mot est illisible, nous l'indiquons entre crochets droits. Nous avons toutefois restitué les retours à la ligne lorsqu'ils s'imposent.

2 - La correspondance

Échelonnées sur dix années, ces lettres, témoignent d'une amitié qui, au cours des ans, se fortifie entre Jules Ronjat et Léon Teissier. Comment est née cette amitié ? Nous n'en savons rien, l'histoire du félibrige étant bien silencieuse sur celui qui fut son *Baile* entre 1902 et 1909, Jules Ronjat, et aussi un de ses acteurs les plus engagés pour « la Causo ». Hélas, nous n'avons pas les réponses de Léon Teissier aux lettres de Jules Ronjat. Les deux hommes sont en contact par le Félibrige – bien que Jules Ronjat n'y participe plus –, par une tierce personne : Pierre Dévoluy[4], et par leur identité de caractère. Ils sont tous les deux très critiques sur les pratiques félibréennes, surtout depuis les affaires de Saint-Gilles (Sainte Estelle de 1909)[5] qui signent le départ de leur ami P. Dévoluy – alors *Capoulier* – et la démission de Jules Ronjat de son poste de *Baile*. Ils en ont leur saoul de cette organisation qui n'arrive pas à quitter des points de vue étriqués et qui ne peut prendre en considération les luttes du Midi[6]. Aucune réponse aux viticulteurs en 1907, alors que Dévoluy et Ronjat pensaient que c'était l'occasion possible d'une « révolution »[7]. Quant à Léon Teissier, même s'il est un proche des capouliers qui se succèdent après Valère Bernard – notamment de Marius Jouveau –, il restera très critique face à l'action engagée[8].

L'évolution entre un *Car counfraire* qui ouvre la lettre T-1 et la clôture de la lettre T-13 *Tout vostre* témoigne de l'amitié qui s'est forgée pendant ces dix années de correspondance.

La première de ces lettres s'ouvre sur un point de vue que les deux correspondants partagent. *Noun m'estouno ço que disès.* Jules Ronjat partage le point de vue de Léon Teissier sur l'abandon de la langue par la bourgeoisie et par ces *noublihoun*. Ronjat a toujours fustigé ceux qui ont *estrati la lengo* et qui passent au *francimand*. Il dénonce cette nouvelle pratique dans ses articles dans *Vivo Prouvénço !* et dans *l'Aiòli* où il fit ses premières armes journalistiques.

La sévérité du caractère de Jules Ronjat, doublée de la rigueur que nous lui connaissons, est accompagnée d'un penchant pour la dérision. Ainsi la revue de Brisson et Sarcey devient-elle *les Annales brissoniques et sarceyennes,* le *Mercure de France, l'Iodure des Gaules* et le Marquis de Villeneuve Esclapon, *Verinato d'Escourpioun.* Il n'a pas hésité à traiter Estieu et Perbosc de Bouvard et Pécuchet. Et sa critique sera encore plus dure dans les pages de la *Revue des langues romanes* où paraissent ses comptes rendus des ouvrages d'Armand Praviel et de Rozès de Brousse[9].

Enfin ces lettres nous permettent de situer quelques félibres : Camélat, Dévoluy, Charpin, Dugat et d'autres, pendant la Grande Guerre – guerre que Ronjat a en horreur : *cette éclipse extraordinaire de toute umanité* – et par ailleurs d'appréhender la vie de Ronjat à Genève. S'il n'évoque jamais sa femme ou son fils comme il le fait dans ses lettres à Dévoluy ou à Mistral, il nous donne quelques détails sur le quartier de la Servette où il vit.

Une autre facette de Jules Ronjat s'éclaire : l'universitaire. Il enseigne la langue et la littérature occitanes ; Mistral est au programme et Ronjat utilise certainement les nombreuses notes qui devaient servir à la rédaction d'une histoire de la littérature. Certes, il propose une lecture des *Isclo d'or,* mais une dernière fois, car le Jules Ronjat de Genève (depuis août 1914) est maintenant tourné vers d'autres contacts, d'autres relations et notamment vers Bally ou Hugo von Schuchardt, Meillet, Millardet, Grammont, bien sûr, cet ami qui dirige la *Revue des langues romanes* où Ronjat publie les comptes rendus de tous les ouvrages qu'il lit. Ses deux thèses viennent d'être publiées en 1913 et il tourne définitivement le dos au Félibrige après l'affront de 1909 qui redouble sa déception de 1907. À partir de 1914, il ne publie plus que dans la *Revue des langues romanes* et n'accorde plus aucun article aux journaux félibréens. Il faut rappeler que le Félibrige a décidé de bannir les membres d'origine allemande.

Ronjat est en fait un Genevois depuis toujours, ou depuis qu'il a rencontré les cours de Saussure, depuis qu'il a relu le *Cours de linguistique générale.* C'est cet aspect d'un Jules Ronjat linguiste – qui transparaît à peine dans sa correspondance félibréenne – que nous retiendrons ; après le félibre rhodanien, le linguiste genevois. Ses échanges épistolaires avec les linguistes nous permettront d'aborder le savant sous un autre jour.

T-1

Vieno,
11 de Juliet 1911.

Moun car counfraire,

Noun m'estouno ço que disès. D'ouro li noublihoun prouvençau an estrati sa lengo, e Sado fasié coume Pourquery de Boissezon (?) que sus li pielo dóu pont de Bon-pas a fa metre en franchimand la deviso d'Avignoun : *A bec et griffes.*

M'ensouvène plus se vous ai di mercé – senoun, vougués bèn m'escusa – de vòste bons entre-signe de blasoun e de *Mon canegó*[10] [*sic*]. Lis ai autant lèu fa teni à Devoluy.

Au n° venènt de *Vivo Prouv.* veirés uno bello istòri de pouèmo [*inedi*, rayé de quatre traits de plume] mistralen pareigu, bèu-tèms a, dins *A.P.*[11] e publica coume *inedi* pèr lis *Annales brissoniques et sarceyennes*[12].

Voste couralamen devot,
        Jùli Rounjat.

T-2

Vieno,
9 de Jun 1914.

Moun car counfraire,

Gramaci courau pèr lou mandadis de *l'Echo des Etudiants*[13]. Mai me farié gau se poudiés me manda la coumençanço e lou mitan de vòstre article *Après Mistral*, que n'en ai soulamen la fin[14].

Eici dintro uno coupaduro de la *Rev. d. l. rom.*

Voste couralamen devot,
        Jùli Rounjat.

T-3

A M. Léon Teissier, Receveur de l'Enregistrement à Douvaine, Haute-Savoie, France.

Chemin Faller, 4, Genève[15].
16 mars 1916

Mon cher ami,

Les petits articles [de la] *Revue des langues romanes*, que je vous envoie par ce même courrier me font penser que je n'ai jamais répondu à votre aimable mot de l'iver 1914. (Plus d'un an)[16] [sic] à propos de mon compte rendu du livre grotesque de Höfele[17]. Excusez moi, je vous prie, et croyez bien que je ne vous ai pas oublié.

Êtes-vous toujours à Douvaine, et venez vous quelque fois à Genève ? Nous i sommes installés en famille et serions enchantés de vous recevoir à notre table (devenue bien modeste depuis la guerre ! Mais toujours cordiale) ; ou si vous trouvez que la Servette est un peu loin et si vous avez peu de temps, donnez moi rendez-vous dans le centre de la ville.

Je vais faire à partir du 12 avril un cours à l'Université sur la Provence[18], avec explications de textes mistraliens. N'i a-t-il pas ici une association de Méridionaux à qui on pourrait annoncer la chose ?

Dugat est lieutenant-colonel[19] et vient de regagner le front après 4 mois de maladie. Dévoluy[20] est lieutenant-colonel sur le front. Camelat[21] cavalier du train à Issy près Paris. Baroncelli[22] mobilisé du côté de Toul. Charpin[23] tué à l'ennemi, avec tant d'autres ! Michalias[24] vient de mourir à 72 ans.

Votre sincérement dévoué,
Jules Ronjat.

T-4

M. L. Teissier, sous-lieutenant du 416è rég. D'inf. 11è Cie, Secteur postal 115, France.

Chemin Faller, 4, Genève,
Le 5 avril 1916.

Mon cher ami,

Je vous félicite de votre grade dont j'ai ainsi la première nouvelle. Je l'ai eu aussi, mais dans la réserve[25], et en temps de paix, et il i a bien longtemps ! Cela ne me rajeunit pas, mais chaque âge a ses plaisirs, et l'un des plus vifs, au mien, est de voir une belle jeunesse comme la vôtre. Votre aimable mot m'est une raison nouvelle de souaiter [*sic*] une conclusion bonne et prompte de cette guerre, et que nous nous revoyions, ici ou ailleurs, en bonne santé et en bonnes dispositions.

Je vous remercie beaucoup pour vos excellents renseignements, qui me seront très précieux. La prochaine fois que je verrai M. Muret[26] nous parlerons de vous ensemble ; je serais surpris s'il n'avait gardé de vous un excellent souvenir. Je lis en ce moment des almanacs [*sic*] en langue d'oc (1) pour en dire deux mots dans la *Revue des langues romanes*[27]. Jusqu'ici la guerre ne semble pas avoir fait éclore de poèmes méridionaux comparables aux magnifiques sirventés de l'ami Welter[28] dont le pays est occupé par les Allemands depuis le commencement de la guerre. Mistral est mort à temps[29] pour ne pas voir cette éclipse extraordinaire de toute umanité [*sic*] et de toute civilisation ; c'eût été pour lui une souffrance atroce.

Merci encore et très cordialement votre.

Jules Ronjat.

(1) epigrammata où deux inédits de Mistral[30] :
I – Vers escri sus lou pourtau dou vilage : Que vèngues de la terro...
II – Au lauroun de la grand draio...

T-5

M. le Lieutenant Teissier commandant la 12ᵉ Cⁱᵉ du 416ᵉ régiment d'infanterie, Secteur postal 198, France.

Chemin Faller, 4, Genève.
Le 16 février 1918.

Mon Cher Ami,

Merci mille fois d'avoir songé à m'écrire malgré les occupations et les soucis qui vous assaillent. Nous aurons à causer de bien des choses provençales, les anciennes dont je parle à mon cours de l'Université et les modernes que vous écrivez. Quant à mes publications, rien ne presse : il faut d'abord que ma grande grammaire[31] soit écrite – et c'est encore pas mal de travail devant moi – avant de chercher un éditeur.

Anglade m'a écrit ces jours-ci ; il corrige toujours des épreuves de sa grammaire du vieux provençal[32].

Dugat, à la suite d'un accident grave[33], sur lequel il ne me donne pas de détails, a dû demander sa retraite et greffe ses mandariniers à Saint-Laurent-du-Var. Il me donne de bonnes nouvelles de Dévoluy qui était en permission il i a quelques temps.

Bonnes nouvelles de Camélat[34], qui m'écrit de temps en temps ; la dernière lettre est du 30 janvier, le voilà, je pense, définitivement démobilisé, au milieu des siens et ayant repris des activités multiples de cultivateur, épicier, mercier, quincaillier... et poète. Une foule de métiers que, i compris le dernier, je ne serai guère en état d'exercer décemment.

Votre bien cordialement dévoué,
Jules Ronjat.

T-6

M. L. Teissier, sous-lieutenant du 416e rég. D'inf. 11e Cie, Secteur postal 115, France.

Chemin Faller, 4, Genève,
Le 3 avril 1918.

Mon cher ami,

Merci pour votre très intéressante communication et votre bon souvenir. Oui, je verrai avec plaisir un jour tous ces journaux félibréens et je prends bonne note de votre aimable offre de me les faire lire.

Je vais lire l'article de *l'Iodure des Gaules*[35] que vous me signalez. Les poèmes de Welter n'ont pas été, à ma connaissance, traduits ; on pourrait le faire ; si je connaissais du monde à *l'Iodure* je pourrais le leur proposer. J'ai en ce moment un recueil de vers d'un officier de la marine anglaise, tué à la guerre, qui sont très beaux.

Je viens de terminer mon exposé général de littérature provençale (2 leçons) et de la grammaire (4) ; mercredi prochain je dirai un mot des *Iscles d'Or* en général et nous commencerons nos lectures par *Lou cant dou Soulèu* et la *Coupo*. J'ai 3 ou 4 auditeurs fidèles et prenant des notes, ce qui est un succès inespéré[36].

Votre très cordialement dévoué,
Jules Ronjat.

T-7

M. le Lieutenant Teissier commandant la 12e Cie du 416e régiment d'infanterie, Secteur postal 198, France.

Florissant, 9, Genève.
Le 19 octobre 1918.

Moun Car Ami,

Siéu bèn en retard de courrespoundènci emé vous.

Au retour de la mountagno estivenco retrove, coume un vivènt e vièu reproche, vosto amistadouso carto e la letro caupènt l'article de Veran[37] sus nouvèus academician[38].

Se pèr cop d'astre venès à Douvaine, tachas de veni me vèire, sabès quant acò me farié gau.

Gardas lis *Éléments de linguistique romane* dóu Bourciez[39] : es un bon libre mau-grat de deco coume n'i a pertout ; pèr quant au libre d'Anglade[40], l'ai panca legi, mai m'estounarié se levèsse Bourciez de cassolo.

La letro de Camelat m'a forço interessa. I a tanbèn dins lou darrié n° di *Reclams* un article signa *Lou Rèi-petit* qu'es abile e sena que-noun-sai.

Pèr quant à Verineto d'Escourpioun[41], sabès moun vejaire, de longo mes en pratico em' aquel individu, vejaire s'endevenèn à mirando à la dicho angleso *Never talk with a drunkard or with a mad man*, que se poudrié coumpleta pèr *with or about a scoundral or a cad*[42].

Voste tras-que devot,
Jùli Rounjat.

T-8

Monsieur L. Teissier, lieutenant au 416ᵉ rég. D'inf., Secteur français 198 (France).

Florissant, 9, Genève.
Le 26 novembre 1918.

Encanta, moun car ami, que ma *Sintàssi*[43] vous fugue estado claro. Es ço qu'ai cerca coume toco primadièro coume lou cerque dins lou libras[44] que sièu à mand d'acaba (eici es mens facile d'èstre clar). Pèr me desfatiga de tout acò ai pres pèr aquest ivèr un tèmo de lenguistico generalo e fau moun cours sus *Lou parla dis enfant*[45].

Espère que la pas vous adurra torna en Savoia e que nous vendrés vèire e pèr avanço me coungouste de parla prouvençau (se sauprai encaro faire, estènt vèuse d'aquest gau despièi tant d'annado !) Vosto idèio sus *caus* me sèmblo gaire famouso, se vous fau dire moun franc-valentin, car la metounoumia es bèn fourçado. Remarcarés que se *calce > caus*, *calceata > caussado* e que *calado*, *chalado* a rèn à vèire emé *calx*. La forma prouvençalo d'Uba *cha* penetrè adounc jusqu'en Argouno (lou franchimand sarié **chalée*) coume avès à Vilo-Franco-de-Liounés *La Calado* (grand-carrièro de la vilo) e un relais de posto entre Vieno e Lioun : *La Beguda* – noum douna, proubable, pèr de carretié prouvençau.

Ai legi *Mount-Fort*[46] em' interès. Voulès que vous lou remande, o lou vendrés cerca eici ?

Ai agu i'a quauqui semano un mot de Devoluy me disènt la mort de soun segound nebout e uno grèvo gripo d'uno de si fiho. N'ai plus rèn ausi dempièi.

Sian dins un mounde que lou Dieu tafuro !

Voste tout devot,

    Jùli Rounjat

T-9

Monsieur Léon Teissier, Conservateur des hypothèques, Confolens (Charente)

Chemin des Chênes, 9
Genève (Servette)
le 2 avril 1920

Moun Car ami,

Siéu ben urous d'avé de vosti novo, mai me dounas pas, vous prègue, lou titre de *proufessour*, que siéu simplamen privat-docent. Ai agu, pèr Dugat, èsti jour, de novo de Dévoluy[47], qu'es retira dóu servici e redatour à *L'Éclaireur de Nice*, ounte avié deja, aqueste ivèr publica d'article forço interessant sus de questioun militàri.

Sias gent que noun sai de m'óufri *La Lauseto*[48] e la reçauprai emé gau ; pèr quant i gravaduro gardas-lei, vous prègue ; vous siéu forço tengu pèr l'entencioun, mai un libraire m'en dounarié que trop pau, e vau mai que lis empeguès pèr decoura voste oustau.

Espère de tirage à despart d'un article miéu de la *Revue des Langues romanes* : entre que lis aurai, vous n'en mandarai un (comte-rendu de libre sus Mistral)[49]. Ai pas legi lou libre d'Anglade.

Pareisson encaro : *Rev. d. l. Rom., Romania, Revue de philologie franç. et de litt.* , *Annales du Midi* (Toulouse), *Archivio glottologico italiano, Archivum romanicum* (direitour Bertoni prouf. à Fribourg).

La raro franco-prouvençalo dins vostro encountrado es estado bèn determinado pèr Tourtoulon e Bringuier[50] e de precisioun aducho pèr Terracher[51] (*Les aires morphologiques dans les parlers de l'Angoumois*)[52] ; forço interessant sarié un estùdi detaia di parla de la Marcho (croissant que n'en parle p. 6 e 7 de moun *Essai de sintaxe...*), obro dificilo e loungarudo.

Voste bèn couralamen devot e recouneissènt.

Jùli Rounjat.

T-10

Monsieur L. Teissier, conservateur des ipotèques. Confolens (Charente) France.

Chemin des Chênes, 9, Servette.
6 avril 1920

Moun car ami,

Lou tirage à part *Revue des langues romanes* es arriba e vous lou mande pèr este meme courrié em' ùnis autre e un article que me mandarias antan e que, proubable, vous fai aro besoun.

Vène de retrouba tout acò en renjant de papié, e ai atrouba atanbèn uno preciouso noto vostro pèr la reedicioun dou *Tresor dou Felibrige*[53], e uno id. sus de *rapugo mistralenco*, que li rejougne à sa plaço degudo, en vous gramaciant tant-que.

M'avias tanbèn manda 'no noto sus li vers 3921s de la *Cansoun de la Crozada*, mas vosto enterpretacioun es pas bono : *caus* < *calce* e *calado* soun de mot au tout diferènt, estènt que *calceala* dounarié *caussado* ; d'autro part *caus* es la caus pèr basti, e jamai la pèiro cauquièro.

Voste bèn recouneissènt e devot,

    Jùli Rounjat

Uno carteto S.V.P. pèr me dire se lou paquetoun vous es bèn arriba.

T-11

Monsieur L. Teissier, Conservateur des hypothèques, Confolens (Charente) France.

Chemin des Chênes, 9, Servette.
12 avril 1920.

Moun Car Ami,

Vène de reçaupre voste aboundous mandadis. Courau gramaci. Mai n'i a forço mai que m'avias proumés. Digas-me, vous prègue, se dève garda lou tout o se uno part m'es estado mandado simplamen en coumunicacioun e vous dèu èstre remandado. Siéu pretouca que dins voste valènt journalet, agués tant souvènt parla de mi [*sic*] travai, e acò en un moumen que, veramen, avias d'autri garbo à liga. Quau a fa li magnifiquis [*sic*] epigramo en quatrin Lassagno dou n° 6 dou *Boulet*

Rouge ? Soun digne de Mistral e de Roumieus. *Ibid.* Lou latin es *plicare*, e noun *plegare*. *Mas-Ouliéu* es lou mas dis oulivo, e *Mazoyer* en Velai, se poudrié que siguèsse lou dis auco, mai n'en sabe pas mai, e crese gaire, maugrat Thomas[54] (*dilettantisme provençal*, aquelo tubo !) que *ma(n)suariu* posque douna *Mazoyer* estènt que *U* toumbo generalamen, eisemple *febr(u)ariu* > *febrié* e autre.

Recebe vosto amistadouso carto, gramaci ; crese pousqué n'en counclure que me dounas li papafard manda. Me rendrias service en me mandant lou libre de Duc[55] ; vous lou remandarai emé li papafard se li voulès remanda o, se li pode garda, em' ùni *Gal*[56] qu'ai en double, estènt qu'Azema[57] ma mandè la couleicioun.

Quau saup se Dévoluy voudra plus s'entreva de causo felibrenco ? Quau saup de que l'endevenidou es fa ?

Voste bèn couralamen devot e recouneissènt,

Jùli Rounjat.

T-12

Monsieur L. Teissier, Conservateur des hypothèques, Confolens (Charente) France.

Chemin des Chênes, 9, Servette.
Le 10 mai 1920.

Moun Car Ami,

Emé tóuti mi gràci couralo pèr vòsti supèrbi douno, vous remandi lou Duc em' ùni *Gal* que m'atrobe lous avé en double, e faran belèu gau en quauque ami vostre. En Duc es uno puro meraviho *felibresco*, coume disié antan Dévoluy. Es que pèr cas aurias lou *Romancero Occitan*[58] d'Estiéu ? Se o, me farias plasé en me lou prestant pèr quàuqui jour ; lou vole pas croumpa, [*d'abord* raturé] pèr ecounoumio d'argènt e de plaço dins ma biblioutèco deja proun e trop grando. Merci per avanço.

De la *Lauseto*, óutro li 3 voul. de 1878-9, a paregu encaro un voul. en 1885 ; la soucieta es toumbado dins la *latinarié* e s'es plus relevado. Lou Felibrige es tanbèn toumba dins lou *debrembiè*, coume disié P. Estiéu e crese emé vous que lou publi a d'àutri garbo à liga. Dévoluy e iéu auren perdu quauquis annado de nosto bello segoundo jouvènço à cerca de reviscoula un mourtoun en survivènço ; lou regrète pas, estènt que lou Felibrige m'es esta óucasioun d'empegne proun liuen mi couneigudo lenguistico e de douna uno toco scientifico à ma vidasso.

Tout a soun bon las en este mounde bizarre, barbare ounte vivèn.
Voste bèn couralamen devot e recouneissènt,
Jùli Rounjat.

T-13
Monsieur L. Teissier, Conservateur des hypothèques, Confolens
(Charente) France.

Chemin des Chênes, 9, Servette.
11 mars 1921

Moun Car Ami,
Terracher èro en 1914 proufessour à l'Universita di Liverpool ; a
pas fa la guerro pèr-ço-qu'es tucle à noun plus, es aro proufessour a
l'Universita d'Estrasbourg, ounte rèste avenue de la paix, 12. A ma
saupudo, n'a publica despièi lis *Aires morphologiques* que d'article de
revisto, mai a en preparacioun uno grammatico [sic] istourico dòu
francés à pareisse dins la tiero di *Manuels Colin*, que, d'après lou
prougramo publica, sara un oubrage eicelènt[59].
Ai pancaro reçaupu lou *Boulet Rouge*, mai lou reçauprai belèu, estent
que mai d'un cop la posto m'a adu de causo adreissado à Florissant.
Voste bèn sinceramen e devot,
Jùli Rounjat

Au moument de traire esto carto à la posto, recebe vosto letro
(aimablo) sus la carto emé lou poulit tablèu de Teniers au museon de
Mount-Pelié, e lou n° dou *Boulet Rouge*, superbe develoupamen de
vosto letro. Merci de tout cor.
Vene d'èstre carga d'un ensignamen au Seminàri de francés
mouderne ; founetico dou franchimand e eisercice prati de
prounounciacioun[60]. Amusant pèr iéu que-noun-sai. Au semèstre venènt
ai anouncia cours de privat-docent sus de tèste nourvegian o danés, mai
aurai belèu ges d'amatour, e au contro d'ùnis amatour me demandaran de
prouvençau o d'espagnòu ; veiren ensen ço que faren[61].
Tout vostre, J.R.

Jean Thomas
Université Toulouse-Jean-Jaurès
PLH-ELH

NOTES

[1] Léon Teissier est né en 1882 à Vialas (Lozère) et mort en 1981 à Chanac (Lozère). Contrôleur des hypothèques, il est un des fondateurs de la revue *Calendau* (1933-1944). Il fut élu majoral du félibrige en 1930. Il est aussi le fondateur de cette feuille du front, *Lou Boulet rouge,* qui est une des illustrations de la presse félibréenne durant la Grande Guerre et qui paraît sur le front après 1916 ; la publication sera poursuivie après la guerre. Voir J. Fourié, 1994, 322.

[2] Nous remercions particulièrement Mme la Conservatrice et le personnel du Palais du Roure à Avignon pour leur accueil ; qu'ils trouvent ici l'expression de notre gratitude.

[3] Nous avons toutefois régularisé l'usage des majuscules dans le titre : *Revue des langues romanes,* le copiste utilisant parfois une majuscule pour le deuxième ou troisième terme du titre.

[4] Léon Teissier admire profondément Pierre Dévoluy. Voir son opuscule : « La vie et l'œuvre de Pierre Dévoluy », *La Revue des pays d'Oc,* Avignon, 1932.

[5] René Jouveau, *Histoire du Félibrige*, 1970, t. 2, p. 368.

[6] Voir entre autres les articles parus dans *Vivo Prouvénço !* entre janvier 1911 et juin 1912 et intitulés : *Letro a Pèire Devoluy, Declaracioun, (*Texte co-signé avec P. Devoluy), *Ai proun de mi niero ! ; Ben Apiaduro* (Sur les affaires du Félibrige. Article signé Bousoun di Vergno). *Letro duberto au Capoulié dóu Felibrige.*

[7] Jean-Pierre Chambon et Anne-Marguerite Fryba-Reber, 1995, « Le Félibrige et le mouvement des vignerons de 1907 : quatre lettres inédites de Devoluy à Ronjat », *Lengas,* 38, p. 7-53.

[8] René Jouveau, 1970, *Histoire du Félibrige (1876-1914),* t. 3, Nîmes.

[9] Voici un extrait du compte rendu paru dans la *Revue des langues romanes,* 53, 1910, p. 191, d'Armand Praviel et J.-R. Rozès de Brousse, *Anthologie du Félibrige, morceaux choisis des grands poètes de la Renaissance méridionale au XIXe siècle, avec avant-propos et notices bio-bibliographiques,* Paris, Nouvelle librairie nationale. Ronjat écrit : « [l'ouvrage] donnera donc au lecteur une idée assez inexacte et très incomplète de la littérature félibréenne. Quant à relever toutes les erreurs que l'auteur de *L'Empire du Soleil* i a libéralement semées un peu partout comme sa marque de fabrique, ce serait une tâche aussi longue qu'ingrate. Il sait peu ou mal, il ne veut rien apprendre, mais il prétend enseigner le public ».

[10] La forme *Canego* est attestée dans le *Tresor dóu Felibrige* sous l'entrée *Canigou.*

[11] *Armana Prouvençau.*

[12] Il s'agit des *Annales politiques et littéraires*, revue fondée en 1883 par Jules Brisson et qui parut jusqu'en 1939. La revue fut tenue par Adolphe Brisson (1860-1925) et son épouse Yvonne Sarcey, fille de Francisque Sarcey (1827-1899), connu pour ses chroniques hebdomadaires dans *Le Figaro*, *L'Illustration* et *Le Temps*.

[13] Hebdomadaire qui paraît à Montpellier depuis 1908.

[14] Nous n'avons pu retrouver cette publication de Léon Teissier.

[15] La famille Jules Ronjat est installée à Genève depuis le mois de juillet 1914. Elle loge tout d'abord au 4 du chemin Faller, puis au n° 9 de la rue Florissant et enfin au chemin des Chênes.

[16] Il n'y a donc pas eu d'autre lettre entre T-2 et T-3.

[17] Il s'agit du compte rendu paru dans la *Revue des langues romanes*, 57, 1914, p. 161, du livre de Höfele *Quellen für studium der neueren languedokischen Mundart von Montpellier*, Berne-Leipzig, Noske, 1913, 60 p.

[18] Dans la liste des cours à l'Université de Genève pour l'été 1916 on lit : « La langue et la littérature provençales. Explications choisies dans les œuvres de Mistral. ». Voir à ce sujet : Chambon, Jean-Pierre et Fryba-Reber, Anne-Marguerite, 1995, « Sus la draio que condus D'auro en auro au païs brodo » (sur la voie qui relie Vienne à Genève). Lettres et fragments inédits de Jules Ronjat adressés à Charles Bally (1912-1918), *Cahiers Ferdinand de Saussure*, 49, p. 55.

[19] Albert Dugat (1862-1928), lieutenant-colonel, il prit le pseudonyme de Renadiéu, ami de Dévoluy, il est administrateur de *Vivo Prouvenço !* Élu majoral en 1908, il démissionne en 1920.

[20] Pierre Dévoluy, pseudonyme de Paul Gros-Long (1862-1932), lieutenant-colonel du génie, capoulier du Félibrige de 1901 à 1909, il dirigea la revue *Prouvenço*. Grand ami de Jules Ronjat. Il est lieutenant-colonel depuis le 26 décembre 1915 et se trouve en tant que directeur du génie sur le front nord et nord-est. Il sera fait officier de la légion d'honneur le 12 juillet 1916 et commandeur le 22 septembre 1924.

[21] Michel Camelat (1871-1962), majoral du Félibrige en 1903, fondateur de l'*Escolo Gaston Febus* et de la revue *Reclams de Biarn e Gascougne*. Il a laissé une œuvre littéraire importante.

[22] Folco de Baroncelli-Javon (1869-1943), majoral du Félibrige en 1905, fondateur de la *Nacioun Gardiano* et directeur de *l'Aiòli*.

[23] Frédéric Charpin (1883-1914), disciple de Mistral, directeur de la Bibliothèque régionaliste, « tué à l'ennemi » en août 1914.

[24] Régis Michalias (1844-1916) publia un glossaire d'Ambert (Puy-de-Dôme), une grammaire auvergnate, deux recueils de poèmes, dont certaines pièces seront traduites en allemand, et une pièce de théâtre.

[25] Jules Ronjat avait effectué son service militaire au 51e régiment d'infanterie en 1882-1883, puis il fut nommé le 14 mai 1888 sous-lieutenant de réserve au 109e régiment d'infanterie, où il accomplit quelques stages ; ainsi du 29

septembre au 9 octobre 1898, puis du 30 septembre au 13 octobre 1900. Ensuite, il fut affecté, avec son grade, aux services spéciaux de la 14e région par décret et décision ministérielle du 12 octobre 1901. Enfin, il fut promu lieutenant le 13 mai 1902. Il sera rayé des cadres le 30 octobre 1907 par décision ministérielle en application de l'article 2 du décret du 31 août 1878.

[26] Une note au crayon en marge de cette lettre nous apprend qu'Ernest Muret était professeur de langues romanes à l'Université de Genève.

[27] Jules Ronjat donne régulièrement des comptes rendus des almanachs dans la *Revue des langues romanes*. Il s'agit essentiellement de l'*Armana prouvençau* et de l'*Armanac de la Gascougno*.

[28] Nikolaus Welter est Luxembourgeois. Il est l'auteur entre autres de *Frederic Mistral, der Dichter der Provence*, s. l., Marburg, 1899, et de *Theodor Aubanel, ein provenzalischer Sänger der Schönheit*, s. l., Marburg, 1902.

[29] Frédéric Mistral meurt en mars 1914.

[30] Ces deux inédits se trouvent dans *l'Armana prouvençau*, 1916, p. 14 : Que vèngues de la terro / O partes pèr la guerro, / Saludo lou pourtau, / Que meno a toun oustau. – F. Mistral ; p. 100 : Au lauroun / De la grand draio, / Que miraio, / Di chatouno lou mourroun, / Quand auras begu toun proun, / Noun treboules, boujarroun, / L'aigo puro que ié raio, / Abeurant li passeroun / E lou pastre que varaio. – F. Mistral.

[31] Jules Ronjat travaille depuis longtemps à ce qui deviendra la *Grammaire istorique des parlers provençaux modernes*.

[32] Il s'agit de l'ouvrage de Joseph Anglade, *Grammaire de l'ancien provençal ou ancienne langue d'oc : phonétique et morphologie*, Paris, Klincksieck, 1921.

[33] Une note au crayon en marge du texte et d'une autre main nous apprend que Dugat avait été enterré par un obus, ce qui est faux, puisque Jules Ronjat dit en T-9 avoir des nouvelles de lui.

[34] Michel Camélat est un des informateurs de Jules Ronjat pour sa *GIPPM*. Il lui fournira un grand nombre de renseignements pour le béarnais.

[35] Il s'agit du *Mercure de France*.

[36] Ronjat a déjà donné un cours durant l'été 1916 : « La langue et la littérature provençales. Explications de textes choisis dans les œuvres de Mistral » (Chambon, Fryba-Reber, 1995, 55).

[37] Jules Veran (1868-1960), journaliste parlementaire, participa à de nombreuses revues félibréennes. Il fut, avec Frissant, un des fondateurs des Amis de la Langue d'Oc, en 1920, à Paris.

[38] Il s'agit des nouveaux majoraux élus : Plantadis, Paul Ruat, Pierre Fontan, Joseph Anglade, Charles-Brun, Albarel, Vinas, Marius André et Edmond Lefèvre (René Jouveau, *Histoire du Félibrige*, t. 3, p. 29).

[39] Édouard Bourciez, *Éléments de linguistique romane*, Paris, Klincksieck, 1910. Jules Ronjat produit un compte rendu très consistant dans la *Revue des langues romanes*, 53, 1910, p. 37 à 45.

---

[40] Il s'agit de l'ouvrage qui ne paraîtra qu'en 1921 et sur lequel Jules Ronjat ne produira jamais de compte rendu, *Grammaire de l'Ancien Provençal ou ancienne langue d'oc*, Paris, Klincksieck.

[41] Il s'agit de Villeneuve-Esclapon (1852-1931), majoral en 1906, qui sera un rebelle au sein du Félibrige.

[42] Ce que l'on peut traduire par : « Ne jamais avoir de relation avec un ivrogne ou un fou » ou encore « avec une fripouille ou un goujat ».

[43] Il s'agit de la *Syntaxe des parlers provençaux modernes*, Protat, Mâcon, 1913, seconde thèse de Jules Ronjat.

[44] La *GIPPM*.

[45] Sa première thèse est intitulée *Le développement du langage observé chez un enfant bilingue*, Champion, Paris, 1913. Le titre du cours donné par Ronjat à l'Université de Genève durant l'hiver 1918-1919 est : « Le langage des enfants » (Chambon/Fryba-Reber 1995, 55).

[46] Nous n'avons pu identifier l'ouvrage.

[47] Pierre Devoluy, polytechnicien, lieutenant-colonel à la direction du génie, sera rayé des contrôles de l'armée active le 15 septembre 1918. Promu colonel le 26 décembre de la même année, il reste affecté à la direction du génie de Nice comme réserviste (A.D. 11yf4722).

[48] Il s'agit du périodique créé par Louis-Xavier de Ricard (1843-1911) publié à partir de 1878 à Montpellier.

[49] Jules Ronjat publie deux comptes rendus sur des publications concernant Mistral dans la *Revue des langues romanes*, 60, 1920, p. 220 et 351, respectivement : José Vincent, *Frédéric Mistral, sa vie, son influence, son action et son art*, Paris, Gabriel Beauchesne, 1918, 326 p. in-8° avec un portrait de Mistral ; Pierre Lasserre, *Frédéric Mistral, poète, moraliste, citoyen*, Payot, Paris, 1918, 286 p. in-8°.

[50] *Étude sur la limite géographique de la langue d'oc et de la langue d'oïl*, Paris, 1876.

[51] Louis-Adolphe Terracher (1881-1955) fut le fondateur de la *Revue de linguistique romane*. Il publie de nombreux travaux de géographie linguistique.

[52] Il s'agit de la thèse principale de Terracher : *Étude de géographie linguistique : les aires morphologiques dans les parlers populaires du nord-ouest de l'Angoumois*, Champion, Paris, 1914.

[53] Jules Ronjat rédigera des additions au *Trésor du Félibrige*.

[54] Antoine Thomas (1857-1935), premier titulaire de la chaire de langue et littérature méridionales à la faculté des lettres de Toulouse, fondateur des *Annales du Midi* et collaborateur de la *Romania*. Il fut nommé à la Sorbonne en 1901.

[55] Lucien Duc (1849-1915). Il s'agit probablement de son livre paru *post-mortem* : *Dans le monde félibréen*, La Province, Paris, 1919.

[56] *Lou Gal*, mensuel paraissant à Montpellier à partir de 1914.

[57] Pierre Azema est directeur de la publication.

[58] Prosper Estieu, 1915, *Lo romancero occitan*, entrod. pel Baron Desazars de Montgalhard, Societat d'Edicion Occitana, Castelnòudari, 342 p.

[59] L'ouvrage n'a pas paru.

[60] Voir Chambon et Fryba-Reber, 1995, p. 55.

[61] Le cours de l'été 1921 sera intitulé : « Polyglottisme pratique : lecture d'un texte norvégien ou danois ». Ronjat avait déjà publié une initiation au norvégien en supplément à un compte rendu de voyage en Norvège paru dans « Promenade en Norvège », *Annuaire du club alpin français*, 1897, 24, p. 412-472.

Références bibliographiques

Chambon, Jean-Pierre, et Fryba-Reber, Anne-Marguerite, « Le Félibrige et le mouvement des vignerons de 1907 : quatre lettres inédites de Devoluy à Ronjat », *Lengas*, 38, 1995, p. 7-53.

Fourié, Jean, *Dictionnaire des auteurs de la langue d'oc de 1800 à nos jours*, Aix-en-Provence, Félibrige Edicioun, 2009.

Jouveau, René, *Histoire du Félibrige*, Nîmes, 1970.

Ronjat, Jules, *Le développement du langage observé chez un enfant bilingue*, Paris, Champion, 1913.

Ronjat, Jules, *Essai de syntaxe des parlers provençaux modernes*, Mâcon, Protat,1913.

Thomas, Jean, « La correspondance de Jules Ronjat avec Prosper Estieu, Arsène Vermenouze et Valère Bernard », *Revue des langues romanes*, 110, 2006, p. 473-506.

Comment peut-on être (Nord-) Occitan ?
Francés Conheràs et les difficultés d'écrire en oc :
une lecture des premières pages de
La Manifestacion (1998)

La difficulté d'écrire en occitan, c'est-à-dire de faire choix en littérature d'une langue dominée et gravement menacée, dont le lectorat natif s'étiole lui aussi, est chose connue (cf. Kremnitz 1990, 1993, 2004). Les premières pages de *La Manifestacion*, un livre publié en 1998, on s'en souvient, par Francés Conheràs[1], apportent néanmoins à cet égard, en contexte arverno-limousin, un témoignage qui nous a semblé digne d'être commenté[2].

Ces premières pages comprennent ce qu'on peut appeler en première approche une notice [7-9] et une introduction [15-18]. La notice est rédigée en français, signée par l'auteur de son nom français « *François Cognéras* » et imprimée en italique. Intitulée « Quelques indications de lecture » et de nature clairement paratextuelle, elle affecte un caractère technique (ortho-graphique et grammatical), mais on verra qu'elle joue aussi le rôle d'une préface auctoriale authentique[3]. Nous parlerons donc de notice-préface. L'introduction, quant à elle, consiste en un chapitre rédigé en occitan, au compte de l'héroïne-narratrice. Formellement, elle est dépourvue de titre[4], tout comme les chapitres ordinaires du livre et, contrairement aux chapitres ordinaires, ne porte aucun numéro de chapitre[5]. Fonctionnellement, il s'agit d'une préface actoriale fictive.

1. Une notice hybridée de préface[6]
Le texte de la notice [7-9] dirige immédiatement l'attention du lecteur vers le fait que la difficulté d'écrire en occitan se double, comme en préalable, de celle d'être lu.

1.1. Être lu/écrire en (nord-) occitan

Le début, où il est question de la nécessité de « *présenter [l]e récit* » aux lecteurs, fait attendre une préface de l'auteur.

1.1.1. Un quiproquo

Ces pages liminaires commencent en effet ainsi [7] :

> *Parce que certains de ceux qui se hasarderont à lire ce récit ne seront pas de parfaits connaisseurs de la langue occitane dans ses parlers innombrables, nous avons préféré nous expliquer dans la langue française pour présenter ce récit aux lecteurs. Ce sera la seule fois que nous le ferons dans ce livre. (Nous ne parlons pas des dialogues où il convenait de respecter la vérité romanesque sinon la vraisemblance).*

Or, en fait de présentation du récit, la notice consigne surtout, après les lignes que nous venons de citer, « *quelques précisions* » [7] concernant l'orthographe, l'accentuation et certaines formes verbales. Ce premier paratexte entre donc, pour l'essentiel, dans le cadre habituel des avant-textes intitulés souvent, dans la tradition de l'édition occitaniste, « Pour lire l'occitan » ; c'est d'ailleurs sous le titre « Lire l'occitan » que le rabat de la quatrième de couverture reprend et résume l'essentiel des indications techniques de la notice, tout en en ajoutant quelques autres. La discordance entre le début de la notice et la notice elle-même, entre ce que celle-ci dit faire et ce qu'elle fait, paraît digne de remarque. C'est que sur les « *Indications* » techniques se greffent et s'entrelacent d'autres considérations, d'une autre nature et de portée plus générale, qui touchent les conditions mêmes de l'écriture (nord-) occitane. La notice contient, à demi cachée, une préface auctoriale authentique. Il y a quiproquo.

1.1.2. Situation de l'écrivain (nord-) occitan

À la faveur de ce quiproquo, noué sur « *présenter [l]e récit* », entre la fonction notice et la fonction préface, une force impérieuse semble pousser l'auteur à énoncer ou évoquer d'entrée, en condensé, les principaux facteurs qui conditionnent l'écriture littéraire occitane à la fin du XXe siècle :

— le risque d'échec encouru par les lecteurs, désignés par la périphrase « *ceux qui se hasarderont à lire ce récit* », lecteurs sans doute eux-mêmes de hasard (par halo métonymique du verbe sur le sujet), voire improbables ;

— le choix langagier pratiqué en faveur de la « *langue occitane* » ;

— les exceptions que souffre ce choix : la notice elle-même et les dialogues, rédigés en « *langue française* » ;

— la contrainte diglossique qui pèse sur l'écriture : c'est la « *vérité romanesque* » qui demande des dialogues en français ;

— le caractère non unifié, mais au contraire hautement diversifié en diatopie, de la langue d'écriture choisie[7] : « *ses parlers innombrables* » ;

— les difficultés qui résultent pour les lecteurs de cette essentielle dialectalité : « *certains* [...] *ne seront pas de parfaits connaisseurs de la langue occitane dans ses parlers innombrables* » (antiphrase ironique)[8] ;

— voire même, par conséquent, l'incertaine condition du Lecteur d'occitan ; en dehors du cercle local ou régional, la compétence langagière du lecteur sera presque nécessairement tenue en échec, au moins partiellement, par la variabilité géographique de la langue : personne ou presque n'est en mesure d'entendre et donc de goûter parfaitement les innombrables variétés d'oc.

1.1.3. *Lecture et lecture*

Au seuil du livre, le discours sur la langue est ainsi infiltré par le discours réflexif sur la littérature occitane et ses soubassements linguistiques. On dirait qu'avant de livrer le texte occitan, l'écrivain est mû à rendre des comptes sur les particularités qui conditionnent cette écriture et sur les difficultés qu'il doit affronter. Et à s'en expliquer en français, puisque ces difficultés découlent, d'une part, de la topicité de l'occitan dont il use, laquelle risquerait de rendre ses explications aussi peu compréhensibles que son texte, et, d'autre part, de la dominance du français, langue ordinaire de la communication écrite et tout particulièrement, par tradition dans les Lettres d'oc, langue du paratexte (Forêt 2009, 149). On lira plus loin : « Çò que conte semblará tant clar 'ma dau

Chinois » [16] : le seul moyen de s'expliquer en étant sûr d'être compris, c'est d'écrire en français.

On ira à penser que c'est précisément cette force impérative et incomplètement maîtrisée poussant l'écrivain occitan à réfléchir, avant toute chose, les conditions de l'écriture, qui provoque le quiproquo notice/préface, à la manière dont un lapsus ou un acte manqué sont provoqués. Aussi, dans le titre « *Quelques indications de lecture* », le mot *lecture* ne renvoie pas seulement, selon nous, aux « *Indications* » de prononciation et d'orthographe ; il est aussi à comprendre au sens fort : "interprétation d'un texte selon un ou plusieurs parmi les codes qu'il implique" (*Petit Robert*). L'ambivalence du titre découle du fait que la notice-préface parle pour ainsi dire en simultané et des « *particularités* » du « *Nord-Occitan* » et du risque d'illisibilité que prennent le texte, les lecteurs et l'auteur, du fait de la *loyauté* linguistique de ce dernier.

1.1.4. L'enjeu du livre

La situation dans laquelle le lecteur est mis nous semble donc la suivante : la notice-préface pose au large, en tant que préface, la question de la lisibilité/illisibilité du « *Nord-Occitan* » et elle y répond à l'étroit, en tant que notice, par des considérations essentiellement orthographico-pédagogiques. De ce fait, la réponse ne peut-être que décalée et inadéquate : le lecteur insatisfait est renvoyé ailleurs, un ailleurs qui ne peut être que le livre lui-même. Celui-ci doit alors être lu comme la réponse qu'il apporte en acte d'écriture à sa question liminaire : comment peut-on écrire dans une variété nord-occitane, peu ou pas représentée en littérature, dans les conditions de l'extrême fin du XXe siècle ? (Ou, si l'on préfère : comment peut-on être Nord-Occitan ?).

1.1.5. Nord-occitanité, (pan)occitanité

Il convient de souligner que la question de la nord-occitanité ne se pose qu'à l'horizon de la panoccitanité, un horizon auquel adhèrent et le livre (publié par l'Institut d'études occitanes) et son auteur-préfacier[9] ; on le verra sans doute mieux ci-dessous (§ 1.2., 2.7., 2.8.). Un horizon régionaliste — auvergnat ou limousin — n'éliminerait pas radicalement la question, mais en atténuerait beaucoup l'acuité et la portée. Une écriture nord-occitane inquiète d'elle-même n'est possible que dans – et par – un cadre occitan, c'est-à-dire occitaniste. Aussi l'inquiétude conhérassienne doit-elle être opposée à la quiétude bonaldienne. Du reste, la question de la nord-occitanité n'est, cela va de soi, qu'une manière de poser celle de l'occitanité. Envisagée à partir de n'importe quel point de l'espace de langage défini par la littérature (pan)occitane contemporaine, au gré des combinaisons « *innombrables* » des positions diatopiques occupées par l'auteur et les lecteurs, l'illisibilité serait, *mutatis mutandis*, substantiellement la même. Les questions du rapport « centralité-marginalité » et de la « mise à l'écart » (Gardy 1996, p. 15, 36) de la littérature occitane sont ainsi déplacées, afin d'être posées à nouveau dans la littérature occitane, depuis une marge du domaine linguistique, voire, peut-être, depuis une marge interne de cette marge (voir ci-après).

Il convient de souligner également que le questionnement est pratiqué, dans une large mesure, sous le voile de l'euphémie. Les parlers de la langue occitane sont « *innombrables* », mais il ne sera question que de « *Nord-Occitan* » au singulier. Quant à la variété de nord-occitan mise en œuvre par l'auteur, le lecteur ne sera pas appelé à la connaître. S'il suppose que l'écriture se fonde sur le parler de Monestier-Merlines[10], « *Nord-Occitan* » pourrait fonctionner comme un hyperonyme euphémique : le signe, faute de mieux, du rattachement indécis de cette localité. Monestier-Merlines, à la limite de l'Auvergne, fut de tout temps du Limousin, mais son parler a pu être considéré comme intermédiaire[11], voire comme auvergnat[12].

1.1.6. *Dire en occitan un monde-en-français*
On tentera, en marge de la notice-préface, d'en dégager dès maintenant, à l'aune de l'entier du livre, toute la portée.

1.1.6.1. Présences du français
Dans *La Manifestacion*, tout ce que l'héroïne-narratrice entend et (presque) tout ce qu'elle dit est dit en français. La volonté de réalisme, la même qui conduit l'auteur à user d'une variété occitane topique, le conduit donc à rompre, dans les dialogues, avec la fiction littéraire et linguistique d'unilin-

guisme (Kremnitz 1990, p. 19-20). Cette convention, définitoire d'une littérature du *coma se*[13], n'est désormais plus tenable : elle éclate sous nos yeux. La substitution des langues est incluse parmi les données immédiates du récit et de l'écriture.

La présence du français dans le livre ne se limite d'ailleurs pas aux nombreux dialogues[14] et à la notice-préface. Marqué également par l'italique, le français apparaît encore comme métalangue du paratexte final (un glossaire sélectif de particularismes lexicaux [151-152]) et, à l'autre extrémité du spectre de la lisibilité, à travers certains emprunts lexicaux au français (sentis par l'auteur comme des xénismes, qu'il n'évite pourtant pas)[15], sans oublier une citation littéraire (quatre vers anonymes, mis en italique)[16]. Le français est partout dans le livre, qui donne un excellent exemple de bilinguisme intra-textuel « par souci de réalisme »[17].

Cette institution du code-switching, à diverses échelles, comme le régime général d'une écriture occitane, ainsi que la répartition entre narration et description en occitan *vs* dialogues en français, matérialisent massivement dans l'œuvre la pression diglossique à laquelle l'écriture est soumise[18]. Le bilinguisme inégalitaire n'est plus un simple thème ou un simple conditionnement externe, il devient *patent*.

Il faut cependant prendre garde au fait que la diglossie *littéraire* conhérassienne est d'un type nouveau. On la dira non pas retroussée, mais invertie, puisque la variété réputée « basse » y assume une seule fonction, mais la plus « haute » (l'écriture littéraire), tandis que la variété réputée « haute » assume les autres fonctions (la communication politique orale et écrite, par exemple)[19], y compris celle qui est typique d'une variété « basse » : la conversation ordinaire. Par contraste avec le français devenu la langue vulgaire de la quotidienneté[20], l'occitan peut alors se rétablir paradoxalement en dignité dans le seul espace qui lui est désormais concédé, comme langue de la pure littérarité.

1.1.6.2. L'occitan en échec comme langue de la communication ordinaire

La Manifestacion ne manque pas, d'ailleurs, de thématiser de manière négative la communication quotidienne en occitan. Dès le premier chapitre et le premier dialogue, l'échange « en patoés » entre l'héroïne (trente-six ans [32]), institutrice de « La Nauvada », et celui qui deviendra son compagnon ou son mari, le maire (du même âge ou peu s'en faut [22]), agriculteur et fils d'agriculteurs pourtant, est en effet donné comme une impossibilité. La recherche d'une familiarité plus grande — en réalité, l'impulsion de l'amour naissant chez la pudique pédagogue — donne lieu à la seule phrase de dialogue en occitan, langue de la proximité et de l'élan spontané pour l'héroïne. Mais la réponse étonnée du maire vient en français et la conversation se poursuit dans cette langue :

> Ieu, auriá vogut que siguèssa pus destendut, pus familhier. Ai pas podut m'empaichar de lhi respondre en patoés :
> — Coma vodretz, mossur le mèra.
> Aqueste còp a risut ; m'a espiada :
> — *Vous parlez patois ?*
> — *Assez bien. Je l'écris même.*
> — *Ça ! par exemple !* » [22-23.]

C'est que dans la famille du maire, la transmission s'est considérablement dégradée : « Se, le [= patoés] parlava quauque pauc mas pas trop bien ; mas l'auvíssia bien. A ! sos parents, lhis, parlavan jamai mas, entre lhis, que la linga tradicionala. Quò s'èra perdut » [23]. Le dialogue s'avère impossible ou du moins inconcevable en patois. Celui-ci devient « un novèl suject de discussion » [23], ayant du moins le mérite de prolonger le moment où l'idylle s'esquisse entre les deux personnages.

Le passage cité *supra*[21] permet aussi de comprendre que, selon toute probabilité, l'héroïne-narratrice écrit *déjà* en occitan (dans l'hypothèse la plus basse, qui n'est sans doute pas la plus probable : son journal), c'est-à-dire qu'elle est *déjà* une écrivaine occitane. Sinon, elle ne se vanterait pas de savoir l'orthographe du patois, lequel, comme chacun sait, n'en a pas (et pourquoi diantre prendrait-on la plume en occitan, si ce n'est pour écrire de la littérature ?). Premier pudique aveu, mais de taille, à l'être qu'elle ne sait pas encore qu'elle aime : je suis une écrivaine patoise (entendre : occitane).

1.1.6.3. L'étape extrême-contemporaine

Dans les conditions de l'extrême-contemporain, l'écriture conhérassienne se développe donc sur fond de perte de la transmission familiale et de « disparicion de la linga tradicionala » [23] comme instrument de communication sociale, d'une part, de manque d'intérêt, concrètement démontré[22], de la population villageoise pour l'« Occitan » des « *intellectuels* », d'autre part. De cette confrontation de l'écriture avec « la finitude de son matériau linguistique » (Gardy 1996, p. 20), le solipsisme du narrateur occitan sort renforcé[23]. Dans le sillage du Boudou des *Grands Jours*, l'écriture (nord-) occitane est dès lors à même de franchir une nouvelle étape de son parcours. Prenant acte de l'état du *monde* (aux deux sens de ce terme en occitan) avec un réalisme ou un pessimisme foncier que l'optimisme de l'action en faveur de la langue n'est plus en mesure de racheter ni même de réduire[24], elle renonce non seulement à la prise en charge illusoire d'un monde occitan vivant en occitan, mais aussi à celle d'un monde occitan mourant en occitan. Elle a à rendre compte en occitan du monde-en-français. C'est le français qui se trouve désormais du côté de la *vido vidanto*.

Écrite pour (presque) personne (voir ci-dessous § 2.3.), la littérature échappe seule à l'emprise du français, tout en faisant lire à satiété, jusque dans les choix lexicaux, les stigmates de la francisation. Le texte conhérassien exhibe ses plaies. Horrible spectacle (tout particulièrement aux yeux de qui voudrait soigner ou voiler ces plaies). Amer triomphe. Littérature de l'insoutenable, hors norme, « pur symbole ».

1.2. L'écrivain et les « *grammairiens* » : écrire contre les « *censeurs* »

La suite, qui constitue l'essentiel de la notice-préface, contient encore, en alternance avec les propos pédagogiques attendus de celle-ci (prononciation, accentuation, conjugaison), plusieurs prises de position préfacielles de l'auteur.

1.2.1. « Nord-Occitan », « Occitan de référence »

Celui-ci indique d'abord que « *les esprits informés savent que le Nord-Occitan présente des particularités assez nombreuses* » [7], puis que « *l'accentuation diffère fréquemment de celle de l'Occitan de référence* » [8]. Les « *esprits informés* » sont informés par l'occitanisme, puisque, sauf erreur de notre part, 'nord-occitan' est une notion de Bec (1963[1], 37), lancée dans un *Que Sais-Je ?* passé entre toutes les mains (avec de nombreuses reprises ultérieures), tandis qu''occitan de référence' est une notion légèrement plus tardive, popularisée par Teulat (1972) dans sa *Grammaire de l'occitan de référence*[25]. Il est hors de doute que l'auteur inscrit sa réflexion dans une problématique IEOïste. Cette problématique est toutefois transformée : l'opposition mise en place n'est pas, comme on s'y attendrait en bonne doctrine, entre le « *Nord-Occitan* » et un « occitan moyen ». La notion avec laquelle « *Nord-Occitan* » fait couple est celle d'« *Occitan de référence* ». Les porteurs de cette notion ne tarderont d'ailleurs pas à faire leur entrée sur la scène (ci-dessous § 1.2.4., 1.2.5.). L'« occitan moyen » est sans doute tu parce que, du fait de sa proximité avec la forme quintessencielle de « *l'Occitan de référence* », il *est* l'occitan.

1.2.2. « Aussi près que possible de la réalité »

Les lignes suivantes, qui portent sur l'accentuation, conduisent l'auteur à exprimer son intention d'« *indiqu[er] aussi scrupuleusement que possible* » [8] la place de l'accent. « *Nous avons cru devoir rester aussi près que possible de la réalité* » [9], explique-t-il. Il revendique, par exemple, la forme <quasi> (qui est d'ailleurs celle d'Alibert 1965) au lieu de <quasí> (innovation post-alibertine ?) : « *il ne s'agit ni d'une coquille, ni d'une omission de notre part* » [9]. Dans le cadre, admis dès le début de la notice de l'observation « *des règles générales de la graphie occitane* » (c'est-à-dire de l'orthographe mise au point par Louis Alibert), l'auteur défend sa propre solution au nom du principe de fidélité au réel. La référence qu'il se donne est la « *réalité* » nord-occitane de son parler et non « *l'Occitan de référence* ». L'occitan de Conhéras est polycentrique et chacune de ses grandes variétés littérairement autocéphale.

1.2.3. *La « lubie » de l'écrivain*

Un pas supplémentaire est franchi avec les remarques touchant « *la première personne du singulier à l'imparfait et au conditionnel* » [9]. L'auteur, en choisissant <aviai> contre <aviá>, « *forme apparemment beaucoup plus fréquente* », affirme la liberté de l'écrivain, y compris celle d'imposer ce qu'il appelle une « *lubie* ». En effet, écrit-il, « *Rien n'interdit à un auteur les archaïsmes* » [9]. Face à l'interdit, le droit à l'insoumission de l'écrivain est proclamé sur le front où une telle position est sans doute la plus facile à tenir : les archaïsmes. Car tout le monde est pour les archaïsmes en tant qu'ils sont les signes évidents d'une bonne transmission culturelle, et surtout les occitanistes de tradition alibertine[26]. Quant à la « lubie » conhérassienne, elle rappelle le droit claudélien au « caprice » et pourrait s'en réclamer ou même s'y référer implicitement : « Les grands écrivains n'ont jamais été faits pour subir la loi des grammairiens mais pour imposer la leur, et non pas seulement leur volonté, mais leur caprice »[27].

Écrire que « *Rien n'interdit à un auteur les archaïsmes* » comporte en outre une implication forte : *Anch'io son autore*. Il ne faut donc pas être grand clerc pour comprendre que les remarques sur la « *première personne du singulier* » importent essentiellement au statut personnel de l'écrivain. Les notions d'imperfection et de conditionnalité que la terminologie grammaticale évoque ne sont peut-être pas là, elles non plus, par hasard : elles peuvent atténuer l'immodestie de l'affirmation, à peine voilée, du droit d'accès à la plénitude despotique de l'auctorat.

1.2.4. *Les « censeurs »*

L'alinéa suivant prend directement à parti les « *censeurs* » : « *Puissent les censeurs, s'il s'en rencontrait, faire preuve d'indulgence et le Ciel les préserve eux-mêmes des jugements hâtivement et un peu sottement dédaigneux* » [9]. Plein d'ironie (« *s'il s'en rencontrait* »), le vœu ainsi formulé est une attaque visant les puristes et les partisans de l'« *Occitan de référence* », et le dédain auquel il est fait allusion est, pense le préfacier, celui dont ceux-ci font preuve envers le « *Nord-occitan* ». Une fois le choix fait d'écrire en (nord-) occitan, la censure, dont le rôle est ordinairement tenu dans le discours occitaniste par l'instituteur, Paris, le milieu francisé, etc., se déplace et s'internalise. Il y a, à suivre l'auteur, une difficulté spécifique, d'origine intra-occitane et surtout intra-occitaniste, à écrire en nord-occitan. Outre la traditionnelle *vergonha / d'èsser occitan*, il faut vaincre le dédain dans lequel on est tenu par les siens.

1.2.5. *Critique hugolienne des* « grammairiens »
La notice-préface se conclut ainsi :

> *Nous ne pensons pas qu'il faille attendre pour écrire que les grammairiens aient fixé les règles d'une langue (à plus forte raison quand ses parlers sont multiples), jusque dans ses derniers détails, ni même que ces règles puissent être fixées une fois pour toutes : ce n'est pas ainsi que les langues vivent et le mouvement se prouve en marchant.*[9.]

Ces lignes confirment et mettent en perspective les notations précédentes de l'auteur. Les « *censeurs* » sont à identifier aux « *grammairiens* » et réciproquement. En s'élevant au plan général, l'auteur fait apparaître, sans toutefois le désigner autrement qu'au moyen d'une métonymie de l'action (« *écrire* ») à l'agent, l'antagoniste des « *grammairiens* » : l'écrivain. La contradiction « *grammairiens* »/« *censeurs* » *vs* écrivain est résolue, on s'en doute, au profit de ce dernier. L'écriture est prioritaire et, puisque les règles des « *grammairiens* » ne peuvent « *être fixées une fois pour toutes* », « *le mouvement se prouve en marchant* », c'est-à-dire en écrivant. La sortie du champ occitan(iste) vers « *les langues* » en général fonctionne comme un détour indispensable pour délégitimer la position de dominance occupée par les « *grammairiens* » dans le champ occitan(iste).

La position de l'auteur, quant à elle, tire une légitimité littéraire et culturelle supérieure à celle des « *grammairiens* » du fait qu'elle se place dans la droite ligne de Hugo. Dans la plus célèbre des préfaces de la littérature française[28], Hugo écrivait en effet :

> Une langue ne se fixe pas. [...] C'est en vain que l'on voudrait pétrifier la mobile physionomie de notre idiome sous une forme donnée. C'est en vain que nos Josués littéraires crient à la langue de s'arrêter ; les langues ni le soleil ne s'arrêtent plus. Le jour où elles se *fixent*, c'est qu'elles meurent »[29].

À partir de cette position de force hugolienne (et, on l'a vu, claudélienne), Conheràs peut placer l'écriture du côté de la vie, contre la mortelle *fixation* grammairienne. Posée, nous l'avons dit, sur le plan des principes généraux, comme chez Hugo (« une langue » i. e. "toute langue", chez Hugo = « *les langues* », chez Conheràs), cette idée prend évidemment toute sa portée quand elle est rapportée au cas particulier qui intéresse l'auteur : celui d'une langue *déjà* menacée de mort. À la menace pesant sur l'usage quotidien de la langue, la censure grammairienne ajouterait une menace supplémentaire ; les « *censeurs* » seraient mortifères, dans la mesure où ils risqueraient de tuer dans l'œuf les tentatives nord-occitanes de survie de la langue comme langue littéraire. Au terme de la notice-préface, il ne saurait cependant plus être question que la grammaire et ses prescriptions tâtillonnes entravent la dynamique de l'écriture. L'écriture nord-occitane semble libérée.

Au plan occitan, Conhéras ne fait toutefois que retrouver la ligne de Bernard Manciet, alors *Baile Redactor* de la principale revue littéraire occitane (*Oc*), dans le texte d'orientation qui marqua si fortement tant d'esprits occitans :

> Mes calré pas que [los diccionaris, las metodas d'ensenhar] neguin la lenga « naturau ». E d'abord que seré dangeiros que l'occitan de l'escola vulhi se har lo mestre deus locs on l'occitan es totjamès viu, e pas briga proishe de dispareisher, se'n manca. Autant dangeiros seré de creder, per ua normalisacion exagerada, que la lenga occitana es causa ben establida, e atau, de la blocar e de blocar dab era la sentida

literara. Nosta lenga es movedissa, e que se hei d'era medisha, un jorn après l'aute. Los diccionaris, a penas se son estampats, que nosta lenga es dijà devienuda auta. / [...] Es de crénher que [...] los nostes dialectes popularis, au loc de viener mes rics los une per los auts dens sons biscambis, que se perdin dens un occitan unic, qui serà eth tanpauc qu'un « jargon ». (Manciet 1978, p. 4.)

1.2.6. Le « moment grammatical » *de la littérature occitane : un fait structurel ?*

Tout paraît donc suggérer que, du point de vue adopté par Conheràs, la tutelle des « *censeurs* » constitue un obstacle supplémentaire que l'écriture (nord-) occitane doit affronter et surmonter pour se déployer. Le besoin d'une telle prise de position au seuil du livre s'explique par la pesanteur de la tutelle que les « *grammairiens* » semblaient encore en mesure d'exercer sur les auteurs (ou du moins sur l'esprit de certains d'entre eux) à la fin du XXᵉ siècle, dans le domaine des Lettres d'oc. L'occitan littéraire paraissait alors profondément engagé, bien plus que ne le fut jamais le français, dans son « moment grammatical »[30] — celui où « la littérature [est] une affaire de grammaire »[31] —, alors que la littérature française semblait avoir réglé la question en faveur de la liberté des écrivains depuis le milieu du siècle. Au début du XXIᵉ siècle encore, la sociolinguiste « [a] pu observer en domaine d'oc une certaine "obsession" de la norme, autrement dit un "fétichisme" de la langue normée »[32]. On peut aller jusqu'à penser que le « moment grammatical » de la littérature occitane est plus structurel que conjoncturel : l'idée de norme ne peut que durablement hanter la littérature d'« une langue sans norme » (Schlieben-Lange 1971, p. 299). La forme intersticielle que doit prendre le discours critique conhérassien et l'emploi, dans une certaine mesure, de la langue d'Ésope s'expliquent comme effets secondaires de l'hégémonie de la position grammairienne.

1.3. *La Manifestacion,* épiphanie du « *Nord-Occitan* » ?

L'ambivalence, notée plus haut (§ 1.1.1., 1.1.3.), du titre de la notice-préface — le seul titre intérieur du volume — amène à s'interroger sur le titre du livre. Dans notre hypothèse de lecture, ce titre prend en charge non seulement, de manière ordinaire, la référence subjectale au narré[33], mais aussi la référence objectale au texte et à sa métasignification. Il dit que le livre lui-même est *Manifestacion* : aussi bien protestation publique — dans une notice-préface et une introduction libératoires — qu'apparition au grand jour du « Nord-Occitan ». La notice-préface aurait alors presque des allures de texte programmatique, bien que sur un mode embryonnaire, et *La Manifestacion* ne serait pas loin de prendre la valeur d'un manifeste. Cela va presque de soi dans un contexte qui, après la scission du jeune occitanisme auvergnat, était celui d'une reprise de l'écriture littéraire, reprise d'abord collective (*A Fonts mescladas* = Coll. 1991), mais conduite en 1998 à « *la première personne du singulier* » [9] par un modeste chef d'école. Défendre et illustrer : tout est toujours à recommencer.

Quant au contenu global du livre, on notera que l'héroïne-narratrice, Christine Lussac, une institutrice occitanophone [22], écrivaine d'oc, militante de l'occitan[34], sympathisante écologiste [49] qui anime la résistance d'une communauté villagoise auvergnate[35] contre un projet de stockage de déchets nucléaires, pourrait symboliser l'auteur nord-occitan épris de *loyauté* envers l'occitan topique. Les opposants à l'action de sauvegarde de l'héroïne (la réaction), non seulement « *Paris* » et son mépris (bien connu) de l'Auvergne[36], mais surtout les forces répressives de l'État, en particulier les membres, venus d'ailleurs, des Compagnies républicaines de sécurité (placés au centre du chapitre XIII [117-126]), déploieraient métaphoriquement, en lui conférant son sens plein, la figure des opposants à l'écriture nord-occitane : les « *grammairiens* ». Les uns comme les autres du côté de la mort, non de la vie[37].

2. Une préface actoriale fictive

Les motifs de la notice-préface auctoriale sont repris, développés et accentués dans le chapitre zéro du livre [15-18], qui fonctionne comme préface actoriale fictive.

2.1. Un texte incongru

Dès la première phrase de ce chapitre, la préfacière oriente sa réflexion d'après écrire vers les questions du statut générique et du choix de langue :

> Quau eidèia d'estre nada escrire un bocin de jornau ! e
> de l'aver escrit dins la lenga tradicionala, lo patoés, coma
> dison los vuèlhs, l'Occitan, coma dison los « *intellectuels* » !
> E ben ! praquò, z'ai fait ! [15.]

Elle présente son texte comme doublement incongru : par son genre, un journal qui, précise-t-elle immédiatement, n'est pas un journal à proprement parler[38], et par sa langue. La naissance du texte n'en est pas moins revendiquée dans l'allégresse (« praquò, z'ai fait ! »).

2.2. Les noms de la langue

La première phrase de la préface complète le tableau des données élémentaires de la conscience d'occitanité instillées dans la notice-préface.

2.2.1. « Lo patoés » *et* « l'Occitan »

Elle y ajoute la question des noms de la langue. Pour désigner l'ensemble des parlers que certains linguistes disent galloromans méridionaux, l'usage de la préfacière fictive ne coïncide pas avec celui du préfacier. Ce dernier avait employé « *la langue occitane* », en plénitude de dignité terminologique et sur le même pied que « *la langue française* » [7]. L'occitan se trouvait pour ainsi dire placé en majesté. La préfacière use d'une approche différente. Elle recourt d'abord à une périphrase générique et non marquée (« la lenga tradicionala »), qu'elle diffracte ensuite en deux expressions synonymes, mais concurrentes : « lo patoés » et « l'Occitan ».

2.2.2. *Fracture terminologique, fracture sociale*

Ces deux usages terminologiques sont rapportés par la préfacière à deux groupes disjoints : « los vuèlhs » et « los *"intellectuels"* ». Ainsi le lecteur est-il amené à comprendre que la fracture terminologique exprime une fracture sociale (campagne : ville : : paysannerie : petite bourgeoisie intellectuelle : : vieux : jeunes). L'opposition est renforcée de connotations lexicales : le premier groupe est désigné par une forme localement enracinée (*vuèlhs*) ; le second, par un emprunt au français (*intellectuels*) doublement signalé par les guillemets et l'italique. L'usage de *lenga* (ailleurs *linga* [23]) *tradicionala* peut apparaître comme un essai de neutraliser ou de subsumer l'opposition lexicale et la fracture qu'elle dénote. Mais le plus remarquable est que, dans la suite du texte, l'usage de l'héroïne-narratrice est lui-même partagé (selon les axes oral : écrit : : personnage : narratrice) : elle dit *patoés* [22], mais écrit *Occitan* [83].

2.3. Le destin du texte

Le lectorat ambitionné par la préfacière est formé, selon une convention littéraire bien établie, par le(s) futur(s) découvreur(s) : « Quò-qui, quò es çò que trobaron queus-qui que legiron quelas linhas » [15-16].

2.3.1. Un texte écrit pour être lu...

Et pourtant, les pages de ce journal-qui-n'en-est-pas-un, « son escritas par estre legidas » :

> Vène de dire que, mai siaion d'abòrd escritas par ieu, e utilas par ieu, aquelas pajas fason pas un jornau, dau moens un jornau personal, intime. Son escritas par estre legidas, si se tròba daus legidaires. Quau donc ? Queus-qui que las trobaron. Benliau quauqu'un que vendrá quauque jorn far le mème travalh que ieu dins quel país (Sei institutriça ; tant vau que vos z'apréner d'entrada, quò es important). Benliau, disiai, quauque nebot o quauca nèça, si z'ai jamai de descendança pus directa. Dins trenta o cinquanta ans : i pas res que preisse. [16.]

2.3.2. ... mais en réception différée

Avec la modestie qui sied à une institutrice, l'héroïne-narratrice n'envisage donc pas de livrer son ouvrage à l'impression ni de lui chercher par là un public. L'avenir du texte est placé sous le signe de l'incertitude. Certes, la préfacière ne semble guère douter que son texte sera découvert « quauque jorn » — ce qui suppose qu'elle aura pris les dispositions nécessaires à sa transmission (archivage dans la bibliothèque de l'école ou dans ses papiers personnels, voire testament) — et qu'il sera lu dans un futur lointain (« dins trenta o cinquanta ans »). Mais, de même que la transmission de la langue a cessé dans les familles paysannes de « La Nauvada » [23], de même une transmission immédiate du texte ne semble pas envisageable. Dans la meilleure des hypothèses, il n'y aura probablement qu'un élu : instituteur de « La Nauvada », neveu ou nièce. L'illisibilité pourrait même se révéler définitive : l'inventeur ne sera peut-être plus en mesure de lire l'occitan, ce que souligne une condition immédiatement posée à la transmission : « a condicion qu'aquel-quí que tombará sobre quelas lenhas siaie capable de las legir » [16].

En tout cas, voué à demeurer inédit et à connaître une réception différée, peut-être négative, le texte n'est pas appelé à être imprimé et son avenir est livré à la contingence. Il est un legs en blanc, à un destinataire unique, mais aléatoire, une bouteille à la mer dont le message, s'il est reçu, ne sera peut-être pas déchiffré. Au mieux, l'espoir d'*un* lecteur semble reporté d'une génération ; la conclusion, ironiquement désabusée, du paragraphe (« i pas res que preisse ») semble bien signifier qu'il n'y a rien à attendre du présent. La transmission de la littérature est devenue aussi incertaine que la transmission de la langue. L'avenir du texte est extrêmement ténu.

Il faut toutefois se demander si la « nèça » évoquée comme destinataire possible ne serait pas, plus concrètement, Sandrine ou Virginie, l'une des nièces du maire évoquées comme telles à la fin du récit [141] (citation ci-dessous n. 21) comme manifestant de prometteuses dispositions dans l'apprentissage ludique des « quauques mots » occitans qui surnagent, à titre de plaisanteries, dans la conversation familiale. À la fin de l'histoire, l'héroïne se mariera en effet (ou tout comme) avec le maire, et les nièces de celui-ci deviendront ses nièces par alliance. Transmission fragmentaire de la langue et transmission d'un fragment de littérature viendraient alors à coïncider dans le même personnage. Le *happy end* pourrait valoir aussi, précairement, pour la transmission du texte.

2.3.3. Une garantie d'avenir pour la littérature (nord-) occitane

En tout cas, dans « trente ou cinquante ans », les derniers locuteurs de « La Nauvada » (« los vuèlhs » [83]) seront morts. Le futur lecteur, à condition qu'il ait le désir et les moyens de comprendre le texte, entrera donc en contact avec une « littérature sans oralité »[39] parvenue à son dernier (?) stade. Tracé sur fond d'anéantissement de la langue, le destin problématique du texte est certes le symbole du devenir précaire de la littérature occitane. Pourtant, le dessein de l'héroïne-narratrice, les précautions qu'elle prendra, ne sont pas autre chose que le stratagème qu'elle trouve pour donner encore une chance, s'il se peut, à la littérature, en en organisant la survie une génération ou deux après la mort de la langue. « La fin n'a pas de fin ». Le jeu de la littérature non plus.

2.4. Un texte pour la survie de la « lenga nòrd-occitana »

En dépit de la modestie des ambitions affichées par l'héroïne-narratrice, le texte est donc clairement une contribution à la survie de « quela lenga nòrd-occitana, obledada, mespresada, imbecilament » [16], à travers sa littérature. Du reste, « quela lenga nòrd-occitana [...] mespresada » ne peut pas ne pas évoquer l'origine de la littérature occitane contemporaine : *Mirèio* (deuxième strophe du premier chant). *La Manifestacion* revendique ainsi sa place dans la chaîne littéraire tissée depuis Mistral.

2.5. Inflexions du projet renaissantiste

La réécriture de « nosto lengo mespresado » (inclusif) en « quela lenga nòrd-occitana mespresada » (en déprise d'inclusion) est le signe d'un déplacement notable opéré par la préfacière.

2.5.1. Avènement du « Nord-Occitan » *en* « lenga nòrd-occitana »

Il ne s'agit plus pour elle, à présent, de la « *langue Occitane* » [7] ou de « *l'Occitan* » [15] du préfacier, mais de « lenga nòrd-occitana ». Par un coup d'audace, ce qui n'était encore que le « *Nord-Occitan* » [7] comme partie constitutive de la « *langue Occitane* », est promu au rang de langue sinon à part de l'« *Occitan* »[40], du moins à part entière. La préfacière conduit jusqu'à son terme le mouvement de pensée entrepris par le préfacier.

La « lenga nòrd-occitana » semble d'autant plus apte à prendre sur elle les stigmates dont le discours renaissantiste dote conventionnellement l'occitan *tout court* (l'oubli et le mépris) qu'elle est l'objet d'un double oubli (il faut ajouter celui des tenants de « *l'Occitan de référence* », basé(s) plus au sud) et d'un double mépris (il faut ajouter le dédain des « *censeurs* »). Dépassant la « *langue Occitane* » en indignité et en humiliation, la « lenga nòrd-occitana » possède les vertus nécessaires pour devenir en quelque manière, aux yeux de la préfacière, un occitan par excellence.

L'avènement littéraire de la « lenga nòrd-occitana » n'est pas celui d'une variété nord-occitane particulière : c'est celui d'une langue. L'opération n'est possible qu'au prix de la préservation de l'anonymat couvrant la variété parlée et écrite par l'héroïne-narratrice. Lors de sa première entrevue avec celle-ci, le maire, sensible à la valeur ethnodémarcative et à la fonction d'indice géolectal de la variation linguistique occitane, posera explicite-ment les questions : « E d'ente z-èra quel patoés ? D'ente z-èrai ieu ? » [23]. La réponse ne sera toutefois pas apportée au lecteur. Celui-ci, qui s'est heurté au même silence chez l'auteur préfacier (ci-dessus § 1.1.5.) et est déjà au fait du caractère nord-occitan de la langue de l'héroïne-narratrice [16], peut seulement apprendre que ce parler ne coïncide pas avec celui de « La Nauvada » et qu'il en est suffisamment distant pour que les capacités de reconnnaissance du maire soient excédées. S'il voulait — contre la volonté du texte — en savoir plus, le lecteur serait condamné à la supputation à partir du paratexte (ci-dessus 1.1.5, *in fine*) ou au recours à sa propre compétence de patoisant, s'il en a une, ou devrait se faire peu ou prou géolinguiste.

2.5.2. Autres inflexions

Au déplacement du centre de gravité vers le nord, s'ajoute une seconde inflexion du projet renaissantiste. Il n'est pas exactement question, ici, de renaissance, mais de « desvelhar, ressuscitar » [16]. La juxtaposition des deux verbes sans coordonnant laisse ouvert le choix stratégique entre "réveiller (un vivant)" et "ressusciter (un mort)", c'est-à-dire entre une prolongation du projet renaissantiste et un projet résurrectionnel de nature quelque peu différente, puisqu'il prendrait acte de la mort. Ce que nous avons cru comprendre plus haut (§ 1.1.6.2.) et le laps (« trenta o cinquanta ans ») que ménage la narratrice entre l'écriture et la réception de son texte (ci-dessus § 2.3.2.) pousse à privilégier le second terme de l'alternative. Enfin, l'objet de *desvelhar, ressuscitar* retient l'attention : non la langue seule, mais « quauca res de çò que chaudriá 'pelar n'ama collectiva, o beliau cultura » [16]. Une inflexion idéaliste semble ici sensible à travers l'emploi du mot « ama », qui pourrait faire système avec le projet résurrectionnel d'une narratrice prénommée « Christine » [46].

Au total, un remodelage du projet renaissantiste — mais non un modèle concurrent — semble s'esquisser sous la plume de la préfacière. On pourrait y ajouter l'idée d'une reconquête par le bas (on va le voir ci-dessous, § 2.6.2.) et non par le haut (*Mirèio*) de l'espace littéraire.

2.6. Le genre du texte : un « roman dau *terroir* » en (nord-)occitan

Le malaise et le « bricolage » génériques comptent, on le sait, parmi les traits marquants de la littérature occitane contemporaine[41]. En l'occurrence, le journal-qui-n'en-est-pas-un cherche à se dire, sans y parvenir ouvertement, comme roman. Sous la plume du préfacier, le substantif « *récit* » (deux occurrences) et l'adjectif « *romanesque* » [7], placé à quelques lignes de distance, avaient eu de quoi éveiller le soupçon du lecteur. À présent, la préfacière situe son texte par rapport aux « romans dau *terroir* » français, dont elle critique assez longuement la « vision faussa e messongièra » [17]. Le choix de la langue d'écriture est intimement lié, soutient-elle au début de son développement, à la distinction qu'elle établit entre son propre texte et les romans français du terroir : « E quí z-es la rason de ma chausida. Dins la lenga francesa, s'escris pas mau de romans dau *terroir* » [16-17]. C'est faire assez clairement entendre que l'ambition de la préfacière est d'avoir donné en (nord-) occitan, sous la forme d'un journal non intime, un *roman du terroir* porteur, grâce à une intrigue d'actualité (la lutte contre les dangers du nucléaire), d'une vision différente de la ruralité. La critique des *romans du terroir* français se limite d'ailleurs strictement à leur fonction idéologique faussement consolatrice : en tant que tel, le genre n'est aucunement mis en question.

Mais de quel genre s'agit-il exactement ? Le fait qu'à la fin du développement la critique soit étendue aux « telefilms dau *terroir* » [17] permet de croire que les « romans dau *terroir* » ne sont pas ceux de Pourrat ou de Giono, ni même ceux de Lucien Gachon ou de Martial Chaulanges, mais des productions plus modestes : celles qu'éditaient, vers la fin du XXᵉ siècle, des maisons telles que Les Monédières, La Galipote, Créer ou De Borée[42]. C'est dans le paradigme de cette littérature populaire écrite à destination d'un public régional socialement proche de celui des téléfilms, que la préfacière entend inscrire son texte. Tout en s'attachant à la modernisation du contenu et à la transformation de la fonction idéologique du récit (non pas consoler, mais convier au contraire à la lutte collective)[43], *La Manifestacion* assume délibérément les conventions et les oripeaux caractéristiques du genre : sentimentalisme[44], tonalité morale[45] et politique (« la maliça imbecila daus òmes » [136]) et surtout écriture facilement accessible.

2.7. Le choix de langue : « luenh [...] de l'Occitan de referença »

Dans la dernière partie de l'introduction, la préfacière s'explique sur la langue dont elle a fait usage [17-18].

2.7.1. *Défense de rupture*

Il s'agit d'un plaidoyer mené dans l'esprit « la meilleure défense, c'est l'attaque ». La préfacière commence en effet par s'en prendre aux « universitares » et/ou « *spécialistes* » :

> Demòra a m'explicar quauque pauc sobre la lenga que z-ai emploiada. Sabe que z-aurá pas l'aprobacion d'universitares, de « *spécialistes* ». Quò es plen de francismes, diron, e ne'n chaudriá pas. [17.]

On reconnaît sans peine les « *grammairiens* » et « *censeurs* » déjà pris en ligne de mire par le préfacier (ci-dessus § 1.2.). L'offensive se développe néanmoins sur un nouveau front, celui des francismes, et la cible se précise, puisque les « *censeurs* » dont il est ici question disposent, à ce qu'il semble, ou du moins certains d'entre eux, d'un statut universitaire. La ligne de défense est la suivante : toutes les langues empruntent, beaucoup ont emprunté au français et le français lui-même est davantage menacé « par l'''indigença'' d'aqueus-quí que le parlon que par l'invasiment de la lenga anglésa » [17-18]. Conclusion, frappée au coin du réalisme : il est normal que « nòstra lenga emprunte, da queus-qui que los inventon, los mots novèls ! » [18].

Second point de litige, celui-ci déjà abordé par le préfacier : les accents. « Pas botats, pas botats coma fau ! » [18], diront les « *censeurs* ». Enfin, des « chausidas personalas » : « doas fòrmas diferentas, diron, par un sole mot ! ». La contre-attaque est radicalement menée au nom de la variation diatopique inhérente : « ieu coneisse pas un sole endreit ente i age pas dos parlars que s'encontron ! » [18].

2.7.2. Coupable !

En fin de compte, face aux « universitares » et/ou « *spécialistes* », la préfacière plaide ironiquement coupable, en demandant les circonstances atténuantes :

> Plaide copable, quò es pas la bona lenga. Sem luenh, aicí, de l'Occitan de referença, mas quò es pas de ma fauta. Sem de la lenga d'òc mas avem nòstras particularitats, quò es pas de ma fauta. [18.]

« Universitares » et/ou « *spécialistes* » ne sont pas seulement des « *censeurs* » ; dans le tribunal de papier que la locution *plaidar copable* institue, ils prennent visiblement le rôle et des juges et des accusateurs.

On relèvera en passant l'emploi fait de *lenga d'òc*, une lexie plus consensuelle que le mot *occitan* et qui pourrait être l'hyperonyme sous lequel se logent, dans la pensée de la préfacière, la « lenga nòrd-occitana » et « l'Occitan de referença ».

On notera, en tout cas, que dire *Sem de la lenga d'òc* ne veut pas exactement dire "nous parlons occitan" ou "nous sommes de l'Occitanie". C'est peut-être même le moyen de ne pas le dire.

2.8. Écrire pour « quauques sauva(t)ges »

L'alinéa qui conclut la préface actoriale peut sembler redéfinir les destinataires du texte.

2.8.1. Un lectorat absent

On lit en effet : « Botam que z-escrisse par quauques sauva(t)ges* ; quauques arièrats de mon espèça e ne'n parlam pus » [18]. Ces mots ne sauraient toutefois s'appliquer aux inventeurs du texte en réception différée (ci-dessus § 2.3.2.). Ils définissent bien davantage le public pour lequel le texte est écrit, mais que ce roman du terroir n'est pas censé trouver : la communauté linguistique native, celle de « La Nauvada » (voire nord-occitane en général). On en a un indice avec la seconde occurrence du mot *arièrat*, laquelle se trouve justement dans une évocation des idées que cette communauté se forme sur la langue :

> Los vuèlhs sabon enquèra la linga tradicionala, la parlon entre lhis ; mas creson qu'aquò fai arièrat, qu'aquò es bon par lhis, pas par los jòunes, qu'aquò fai pas modèrne. [83.]

Par paradoxe, le texte devenu livre s'adresse en priorité, de fait, à ses « *censeurs* » intériorisés.

2.8.2. Eh bien, j'en suis !

Alors que le narrateur des *Grands Jours* tenait à marquer toute la distance séparant, à ses yeux, la langue d'oc du « barbotinament sauvatge d'una tribu de qualques negres perduts dins la forèst granda »[46], la préfacière, de son « *bled perdu* », se réclame elle-même, au contraire, de la sauvagerie et de l'arriération. Les quelques « sauva(t)ges » et les « arièrats » destinataires de son texte sont les antithèses des personnes hautement civilisées et évoluées que sont les « universitaires » et/ou « *spécialistes* », en dépit desquels le texte s'est écrit. La préface de *La Manifestacion* rappelle ici la quatrième de couverture de *L'Enterrament a Sabres* et la « peuplade bafouée par l'Histoire » — son « langage de brutes, inadmissible » et ses « impénitentes superstitions » — dont Bernard Manciet voulut se faire le poète[47].

3. Conclusion : une narratrice exclue et déchirée

François Conheràs réfléchit dans la narratrice-héroïne de *La Manifestacion* une position qui semble caractéristique de certains écrivains occitans de la fin du XXe siècle.

3.1. L'exclusion de la communauté linguistique

Non encore dépossédée de la « lenga/linga tradicionala »[48], la narratrice-héroïne est pourtant, linguistiquement parlant, une déracinée. Nommée institutrice à « La Nauvada », après avoir occupé un poste dans une petite ville [23, 24, 31], elle est exclue de la communauté linguistique locale. À « La Nauvada », où le stade final de la substitution est engagé : « los vuèlhs [que] sabon enquèra la linga tradicionala, la parlon entre lhis » [83][49]. « Paumée » labovienne malgré la langue qu'elle porte, l'institutrice écrit dans la maison d'école. Son exclusion est d'autant plus sévère que les locuteurs natifs de « La Nauvada » n'entendent pas se reconnaître dans l'« Occitan » de l'institutrice, pour eux langue étrangère, au plan géographique comme au plan social. De l'« Occitan », ils distinguent fermement la langue qu'ils pratiquent sous le nom de *patoés* :

> Vos diron que parlon patoés, e que l'Occitan quò es pas quò mème. E si lhis demandetz çò qu'aquò es l'Occitan, vous respondront qu'aquò diu estre quauca linga savanta, o benliau estrangièra o benliau dau miegjorn. [83.]

3.2. Entre « patoés » et « Occitan », entre communauté linguistique réelle et « *grammairiens* » : les déchirures

Or, nous avons noté plus haut (§ 2.2.2.) qu'entre « patoés » et « Occitan », la narratrice était elle-même partagée. Ce partage reflète les déchirures qui définissent sa position : entre fidélité à « la lenga tradicionala » dans ses particularités (« lo patoés »), d'une part, et le lointain horizon de « l'Occitan de referença » méridional des « *grammairiens* », d'autre part ; entre communauté linguistique réelle et renaissantisme et, plus encore peut-être, entre société et langue. Aussi la narratrice-héroïne et l'auteur, en tant que signataire de la notice-préface, sont-ils contraints à une difficile lutte sur deux fronts : contre l'incompréhension et l'inertie de la communauté linguistique et contre l'improbation, qu'ils ont intériorisée, des « *censeurs* ». Sur le second front, il est bien évident que les questions d'accents, d'archaïsmes ou de francismes ne sont que des métonymies de surface significatives d'une volonté de fond visant à sauvegarder, contre les « *grammairiens* » et « luenh [...] de l'Occitan de referença », une langue topique en tant que seul matériau possible de l'écriture. Cette lutte sur deux fronts, dont il est bon de rappeler qu'elle se mène explicitement sous l'estampille de l'I.E.O., semble à la recherche d'une voie étroite conduisant à un équilibre entre deux points de vue et deux groupes qui s'excluent l'un l'autre avec une grande obstination. Les deux préfaces et le texte lui-même sont le témoignage et le produit de cette déchirure et de cette difficile tentative de synthèse[50].

3.3. Un nouvel épisode de l'histoire du narrateur occitan en milieu auvergnat

Au début des années 1960, Clermont-Ferrand était pour le narrateur boudounien — un instituteur lui aussi — le lieu de l'exil linguistique et du solipsisme. À la fin du siècle, la narratrice conhérassienne déplace ce lieu de la ville capitale vers « *un bled perdu au fond de l'Auvergne* ». À ce titre comme à d'autres, *La Manifestacion* forme une immanquable suite régionale aux *Grands Jours*[51].

Jean-Pierre Chambon
Université de Paris-Sorbonne
UFR de Langue française
Centre d'enseignement et de recherche d'oc

NOTES

[1] Aurillac, Ostal del libre/Institut d'estudis occitans, coll. « Racontes », 1998, 154 pages. *Explicit* : « Durtol [Puy-de-Dôme], le 4 juen 1997 » [150]. Nous écrivons *Manifestacion* (avec majuscule initiale), conformément à la graphie des titres courants.

[2] D'après le *Del meteis autor* [4], Francés Conheràs/François Cognéras était l'auteur, au moment de la publication de *La Manifestacion*, de cinq livres en français (1989, 1991, 1993, 1995, 1997) et de deux nouvelles en occitan parues dans le volume collectif *A Fonts mescladas* (Coll. 1991). Le rabat de la première de couverture signale aussi « una primièra novèla auto-editada en 1985 », sans précision de langue. Contrairement à Joseph Bellot-Lagoutte, Stéphanie Beladen ou Henri Martel, l'auteur ne bénéficie pas d'un article dans le commode répertoire de Fourié (2009). L'œuvre et l'auteur restent peu commentés (rien dans Pfeffer/Taylor 2011).

[3] Pour la typologie des préfaces, voir Genette (2002 [1987[1]], p. 181 *sqq.*).

[4] Elle en porte malicieusement un à la « Taula » [153]. Dérivé délocutivement de l'*incipit* du chapitre, ce titre secondaire (« Quau eidèia d'estre nada escrire ») semblerait poser rétrospectivement, avant la question de l'écriture en occitan, celle de l'écriture tout court. À la table, le chapitre final non numéroté prend lui aussi un titre (« Pèrdrem pus de temps » [153]), selon le même procédé délocutif.

[5] L'ultime chapitre [149-150] échappe lui aussi à la numérotation, faisant ainsi symétrie avec le chapitre zéro.

[6] Devant cet hybride, il nous a paru nécessaire de distinguer notice et préface, bien que Genette (2002, p. 164, 165) tienne *notice* pour l'un des synonymes « modestes » de *préface*.

[7] Cf. Gardy (1997, p. IV) = Lafont (1997 : p. IV) : « À la différence, par exemple, de la littérature française, [la littérature occitane] a été pour l'essentiel écrite dans une langue non unifiée, très proche, sur de nombreux points, de la langue parlée. Un texte littéraire d'oc, sauf peut-être pour une partie de la production médiévale [...], renvoie aussitôt le lecteur suffisamment informé à son lieu précis d'écriture ».

[8] Le sens est (proche de) "tous les lecteurs seront de parfaits ignorants de la langue occitane dans ses parlers innombrables".

[9] Cf. « *Nous ne voyons aucun inconvénient à ce qu'un Méridional ou un Thiernois entende les mots à sa manière* » [8]. Noter le ton (« *Nous ne voyons aucun inconvénient* »), à la limite de la condescendance. « *Méridional* » et « *Thiernois* » ne sont peut-être pas dictés par le hasard : une micro-histoire du milieu occitaniste auvergnat pourrait en révéler les modèles.

[10] Le rabat de la première de couverture y inviterait, qui indique que Francés Conheràs, « bilingüe dempuèi sa petita enfança », est né « en 1936 a

Monestier-Marlinas (Corresa), dins l'extrema Oèst de la zòna dialectala auvernhata ».

[11] Ronjat (1930-1941, 4, p. 34) compte Merlines parmi les « parlers intermédiaires entre le bas-lim[ousin], le march[ois] et l'auv[ergnat] moyen ». Voir Lanly (1962, *passim*, surtout les cartes) pour la géolexicologie du Plateau d'Ussel (le point le plus proche de Monestier-Merlines est Eygurande).

[12] C'est, semble-t-il, le point de vue de l'auteur et/ou de son éditeur : voir ci-dessus n. 10.

[13] Lafont (1969-1970, p. 2) cité par Kremnitz (1993, p. 245).

[14] Voir p. 22, 23, 24, 26, 27-28, 30-31, 35, etc. La seule exception est mise dans la bouche de l'héroïne-narratrice (voir ici § 1.1.6.2.).

[15] *Chinois* [16], *terroir* [17], *parpaings* [21], *préservatifs* [25], dire *amen* [28], *cadeau* [33], *speaker* [34], *énergique* [40], *fric* [49], *copains* [53], *footing* [60], *jogging* [60], *pique-nique* [61] etc. En italique et entre guillemets : *intellectuels* [15], *racisme* [17], *spécialistes* [17], *mammouth* (nom de magasin) [26], *tact* [31] etc. Les emprunts non marqués typographiquement sont, il va s'en dire, encore plus nombreux.

[16] Voir la citation ci-dessous n. 28.

[17] Kremnitz (2004, p. 240).

[18] Sur les dix-neuf chapitres numérotés, seul le chapitre XVI [135-137] échappe au code-switching. Il en va de même du chapitre final non numéroté [149]. Le chapitre XVI, tout intime, décrit la communion de l'héroïne avec la nature printanière et consolatrice. Placé lui aussi sous le signe du retour du printemps, le chapitre V [59-62] n'a recours, de manière exceptionnelle, qu'à de rares francismes lexicaux italicisés (*footing, jogging, pique-nique*). Il en va de même du chapitre zéro [15-18] (*intellectuels, spécialistes*).

[19] Il ne fait aucun doute que, lors de la manifestation, le slogan « *C.R.S-S.S.* » (en italique dans le texte) est scandé en français. Les autocollants (« *Nucléaire ? Non merci !* ») [115] et les pancartes des manifestants (« *L'Auvergne ne sera pas la poubelle nucléaire de la France* », « *Nucléaire = danger = mort* », « *Respect de la nature = respect de la vie* ») [115] sont rédigés en français. De même, bien entendu, les proses du journal régional [70-71, 129].

[20] Certaines phrases de dialogue se plaisent à exhiber les marques phonétiques, syntaxiques et lexicales convenues du parler vulgaire : « *Mon père, il a pas voulu le signer, mon cahier, il a gueulé, il l'a foutu au feu* » [38], « *Voui* » [38 (2)], « *ça pleuvra pas aujourd'hui* » [39], « *Les écologistes, ils veulent empêcher les vaches de faire des bouses sur la route* » [71-72], « *Nano Pingaud, il est pas bien malin* » [102], « *Y a bien au moins quatre cents personnes !* » [115]. Même l'institutrice s'écarte devant les enfants de « *la langue de Perrault et de la comtesse de Ségur* » : « *Ça va tomber les punitions ! Il y en a qui ne savent pas la fermer !* » [40]. Les « expressions stereotipadas » (« *"bon !", "et bon !", "tu vois !", "si tu veux !"* ») qui caractérisent le français des étudiants ou des lycéens de terminale sont relevées [94].

[21] À noter que la même phrase (« Coma vodretz, mossur le mèra »), à quelques détails près (« Coma vodrètz, Mossur le mèra ! »), reviendra, placée cette fois dans la bouche de Sandrine, l'une des nièces du maire, « en simplejar » avec son oncle [141]. Cette phrase, peut-être devenue proverbiale dans la famille, est suivie d'une parenthèse explicative : « (Sandrina e Virginia avon retengut quauques mots de patoés que los grands eschanjon quauque còp, istoara de simplejar, lhis maitot. Mai lhora prononciacion es bona, mas destachon e accentuon totas las silabas.) » On a là une ébauche certaine, bien que tout à fait marginale, de maintien de la transmission ; voir ici § 2.3.2.

[22] Échec par manque de public du club d'occitan proposé par l'héroïne : « Ai renonçat, tanben, a badar un club d'Occitan : degun lai volia venir a part ma fidèla amia Catarina, que, d'alhors, coneis pas res a l'escritura de la linga mas que demandava mas a apréner » [83].

[23] Cf. la figure du dernier félibre (Martel 2007).

[24] À la fin du livre : « Par la rèsta, lo monde es çò que z-es, lo monde son çò que son. Chanjaron pas, o gaire, o pas vite. Ai mai que l'age de z-o compréner » [150], et les projets de l'héroïne : « animacion per los lèsers e la cultura » et tourisme [149]. Cf. surtout la dédicace : « D'a Tiène Codert, / companhon de tota [*sic*] las lutas justas / e perdudas d'avança » [13].

[25] Signalons par parenthèse que Roger Teulat, le spécialiste français de l'« *Occitan de référence* » (cf. Teulat 1972), enseignait, en 1998, à l'Université de Clermont-Ferrand.

[26] Cf., par exemple, Alibèrt (2000) : « escriurem los mots jos lor forma etimologica completa » [XXXV], « per restablir la puretat primitiva, cal [...] practicar nòstres tèxtes ancians » [XXXVII], « una lenga literària compòrta necessàriament una part d'artifici e d'arcaïsme » [XXXVIII].

[27] Cité par Wilmet (1997, p. 23).

[28] Un texte qu'un auteur qui a été « professor de francés pendant maitas annadas » (rabat de la première page de couverture) ne peut évidemment pas ignorer. Cf. aussi, en matière d'intertextualité française, sous forme d'énigmes soumises à la sagacité du lecteur : « *Déjà plus d'une feuille sèche / Parsème les gazons jaunis... / L'automne qui descend des collines voilées / Fait sous ses pas pressants tressaillir notre cœur...* » [30-31] (quatre vers, mais deux auteurs : Théophile Gautier et Albert Samain) et « L'enfern quò es los autres » [136].

[29] Hugo 1968 [1827], p. 97.

[30] Le traitement *post mortem* des textes de Boudou peut, par exemple, en témoigner (voir Chambon, 2012). Le « moment grammatical » est mis en scène par Boudou dans *La Santa Estèla del Centenari* (Boudou 1960, p. 47).

[31] Voir le livre de Philippe (2002) ; citation p. 218.

[32] Alén Garabato (2009, p. 98).

[33] Le chapitre XIII [113-126] décrit la manifestation éponyme du livre, au sens premier du mot ("rassemblement de personnes sur la voie publique, destiné à exprimer une revendication").

[34] Voir citation ci-dessus, n. 22.

[35] Le récit a pour cadre « *un bled perdu au fond de l'Auvergne* » [66], le village (« borg ») de « La Nauvada » (quinze maisons) [19], où se trouvaient des mines d'antimoine ayant cessé leurs activités il y a « mai de quaranta ans » [64, 105].

[36] « [...] *à Paris ils se foutent bien d'assassiner un coin d'Auvergne, ça se comprend sans peine. L'Auvergne, ils la méprisent comme ils méprisent les Auvergnats* » [66].

[37] En ce qui concerne les grammairiens, voir ci-dessus § 1.2.5. ; cf. aussi le texte de deux des pancartes brandies lors de la manifestation : « *Nucléaire = danger = mort* », « *Respect de la nature = respect de la vie* » [115].

[38] « Mai z-age emploiat le mot, quò es pas exactament un jornau. M'i botava quand z-aviai le temps, dos o tres còps per mes, o ben un pauc pus sovent. Z-ai notat çò que s'es passat d'important per ieu dins la quinzena o la semana ; despuei le jorn ente ribetèi a La Nauvada, jusca... » [15].

[39] Kremnitz (1993, p. 244).

[40] Il ne sera d'ailleurs pas concédé de majuscules à « nòrd-occitana ».

[41] Gardy (1996, p. 35).

[42] Voir, par exemple, *Ce temps ne sera pas perdu, roman auvergnat 1912-1920*, de Georges Berthon (1977) ; *Martial Rieupeyroux, maître d'école*, de Daniel Borzeix (1988) ; *Jeantou Supaud. Manant auvergnat*, de René Eckert (1995) ; *Quel temps faisait-il en Auvergne ?*, de Claude Fourneyron (1991) ; *Marie d'Auvergne au temps des Huguenots*, de Philippe Gouttefarde (1998) ; *Le Cheire des Anges* (1999), de Philippe Roucarie. Œuvres passéistes dont *La Manifestacion* entend prendre le contre-pied. – En 2012, les « romans de terroir » forment une catégorie du catalogue de la FNAC.

[43] Les « cassaires »/« *casseurs* » [120] sont néanmoins dénoncés avec une constance de bon aloi ([117-118, 118, 119, 121, 131, 132]).

[44] Ayant contracté durant deux ans [31] un mariage « maleirós o mancat » [49], divorcée depuis douze ans [32, 133] et sans enfant [49], l'héroïne ne s'est pas remariée [49] : elle a « decidat un còp per tota » de vivre seule et de réussir « aitau sa vita » [109]. Bien qu'elle apparaisse ainsi comme le parangon de la femme moderne indépendante (cf. en particulier p. 32), à trente-six ans [32], elle n'en ressent pas moins la solitude [31, 49, 109, 136] et elle se prend à envier « las autras, embei lhor òme, embei lhor lhors enfants, lhora familha » (« de las pensadas un pauc nècias », souligne-t-elle) [109]. À « La Nauvada », elle s'est éprise d'un homme (non marié), « bon garçon pas tròp preissat » [50], dont le statut (c'est le maire) est en rapport avec le sien. Mais, faute d'avoir su « acceptar [le] conformisme, [l]a dimension d'òme ordinari » de son soupirant, elle pense, en un premier temps, n'avoir pas su saisir sa chance [109]. « La prima èra tornada. Erai ieu capabla de ne'n tirar un pauc de bonaür ? » [136], telle est alors la question. La « granda enveja de bonaür » ressentie au printemps par l'héroïne [137] sera comblée dans le *happy end* [149-150], où celle-ci parviendra à atteindre un bonheur simple, familial et campagnard, et pourra dire à nouveau « mon òme » [150].

[45] Cf. « un monde tot par le còp pretensiós, violent, sens referenças moralas », où les enfants, grâce à la télévision, ont vu « bicar, coma si quò z-aviá quasi gran d'importança » [49] ; voir aussi le *happy end* (ci-dessus n. 44).

[46] Bodon (1963, p. 58).

[47] Manciet (1996). – Le mot *sauvage* vient naturellement, comme adjectif, sous la plume des censeurs de Manciet et de sa langue : « bien qu'il ait été un moment secrétaire général de l'I.E.O., il répugne à perdre dans une régulation linguistique les aspects sauvages de son parler aberrant. Manciet est d'ailleurs un anti-méditerranéen. Il choisit la Gascogne comme il choisit le Nord. De plus, son nom-conformisme intellectuel agressif se retourne contre l'occitanisme militant. [...] Son œuvre est au centre de la production occitane un peu comme un négatif nécessaire et violent » (Lafont/Anatole, II, p. 791). Cf. Latry (1990, p. 107).

[48] « Filha d'artisan maçon » [49], l'héroïne est née « dins un gròs borg de dos mila abitants, tan vau a dire a la campanha », où elle a vécu jusqu'à l'âge de quinze ans [43].

[49] Pour l'usage résiduel de quelques mots ou phrases en patois, sur le mode plaisant, voir la citation ci-dessus n. 21.

[50] À sa manière, la graphie « sauva(t)ges* » [18] (citation ci-dessus § 2.8.1.) témoigne aussi, dans l'étrangeté de sa parenthèse, de cette tentative. L'astérisque – le premier rencontré dans le texte – qui suit cette forme renvoie à l'article *sauva(t)ge* [152], le plus long du glossaire. Voici cet article (ou pseudo-article), qui fonctionne comme une sorte de note à la préface actoriale autorisant la reprise de l'argumentation de la préfacière :

> **Sauva(t)ge :** *Nous avons écrit* sauvages*, vialage*, *prétendant que la prononciation très douce de la finale* -age *dans notre parler, ne saurait s'accommoder d'un* t. *D'une manière générale, nous avons supprimé bon nombre de lettres qui ne se prononcent pas et ne pouvaient que compliquer la lecture de notre parler, fussent-elles étymologiques.*

[51] Nos remerciements s'adressent à Geneviève Brunel-Lobrichon et à France Lagueunière pour leurs corrections et leurs remarques sur une première version de notre texte.

Références bibliographiques

Textes littéraires

Bodon (Joan), 1963. « LO LIBRE DELS GRANDS JORNS. Roman de Joan Bodon », *Oc, revista trimestrala de las letras occitanas*, 227-228 (genier-junh de 1963), p. 42-72 ; 229-230 (julhet-desembre de 1963), p. 30-62.

Boudou (Joan), 1960. LA SANTA ESTELA DEL CENTENARI, *un conte de Joan BODOU*, s. l./Rodez, Edicions del Cabraboc/Éditions Subervie.

Collectif, 1991. *A Fonts mescladas*, Aurillac, Institut d'estudis occitans/Ostal del libre.

Conheràs (Francés), 1998. *La Manifestacion*, Aurillac, Ostal del libre/Institut d'estudis occitans.

Hugo (Victor), 1968 [1827]. *Cromwell*. Chronologie et introduction par Annie Ubersfeld, Paris, Garnier-Flammarion, 1968.

Lafont (Robèrt), 1969-1970. « Practica de la desalienacion », *Viure* 18-19, p. 1-15.

Manciet (Bernat), 1978. « Orientacion », *Oc* 55/1, p. 3-5.

Manciet (Bernard), 1996. *L'Enterrament a Sabres*. Seconde édition établie par Guy Latry, Bordeaux, Mollat.

Grammaire et lexicographie renaissantistes

Alibèrt (Louis), 1965. *Dictionnaire occitan français d'après les parlers languedociens*, Toulouse, Institut d'études occitanes.

Alibèrt (Loís), 2000 [1935-1937[1] ; 1976[2]]. *Gramatica occitana segon los parlars lengadocians*. Facsimil de la segonda edicion de 1976 deguda a Ramon Chatbèrt, Barcelona/Tolosa, Institut d'estudis occitans/Institut d'estudis catalans.

Teulat, Roger. 1972. *Grammaire de l'occitan de référence (les sons, les mots, les formes)*, thèse de troisième cycle présentée devant la Faculté des Lettres de Clermont-Ferrand, Villeneuve-sur-Lot, Forra borra.

Études de langue et de littérature

Alén Garabato (Carmen), 2009. *Langues minoritaires en quête de dignité. Le galicien en Espagne et l'occitan en France*, Paris, L'Harmattan.

Bec (Pierre), 1963. *La Langue occitane*, Paris, Presses universitaires de France.

Chambon (Jean-Pierre), 2012. « Le traitement éditorial *post mortem auctoris* des textes de Jean Boudou : problèmes philologiques d'une œuvre occitane du XXᵉ siècle », *Estudis Romànics* 34, p. 231-257.

Forêt (Jean-Claude), 2009. « L'auteur (occitan) et son double (français ?) », *in* : James Sacré (éd.), *L'aujourd'hui vivant de la poésie occitane*, supplément à *Triages* (Tarabuste Éditions), p. 149-152.

Fourié (Jean), 2009. *Dictionnaire des auteurs de langue d'oc de 1800 à nos jours*, édition revue et actualisée, Aix-en-Provence, Felibrige Edicioun.

Gardy (Philippe), 1996, *L'Écriture occitane contemporaine. Une quête des mots*, Paris, L'Harmattan.

Gardy (Philippe), 1997, *Histoire et anthologie de la littérature occitane*, t. II : *L'âge du baroque (1520-1789)*, Montpellier, Les Presses du Languedoc.

Gardy (Philippe) / Pic (François), éd., 1990. *Vingt Ans de littérature d'expression occitane, 1968-1988. Actes du Colloque international (Château de Castries, 25, 26, 27 et 28 octobre 1989)*, Montpellier, Section française de l'Association internationale d'études occitanes

Genette (Gérard), 2002 [1987¹]. *Seuils*, Paris, Éditions du Seuil.

Kremnitz (Georg), 1990. « Conditions psycholinguistiques et sociolinguistiques de l'écriture occitane actuelle », *in* : Gardy / Pic 1990, p. 16-25.

Kremnitz (Georg), 1993. « Langue littéraire et langue parlée en occitan. Réflexions sur le passé et questions pour l'avenir », *in* : Hervé Guillorel / Jean Sibille (dir.), *Langues, dialectes et écriture. (Les Langues romanes de France.) Actes du colloque de Nanterre des 16, 17 et 18 avril 1992*, s. l., I.E.O. / I.P.I.E. (Université de Paris X-Nanterre), p. 240-246.

Kremnitz (Georg), 2004. « Réflexions sur le contexte social de la création littéraire récente en langue dominée, principalement en occitan », *Lengas* 56, p. 231-252.

Lafont Robert, 1997. *Histoire et anthologie de la littérature occitane*, t. I : *L'âge classique (1000-1520)*, Montpellier, Les Presses du Languedoc.

Lafont (Robert) / Anatole (Christian), 1970. *Nouvelle histoire de la littérature occitane*, 2 vol., Paris, Presses universitaires de France.

Lanly (André), 1962. *Enquête linguistique sur le Plateau d'Ussel*, Paris, Presses universitaires de France.

Latry (Guy), 1990. « Bernard Manciet, de B à M », *in* : Gardy / Pic 1990, p. 103-107.

Martel (Philippe), 2007. « Le dernier des félibres ? », *Lengas* 61, p. 13-31.

Pfeffer (Wendy) / Taylor (Robert A.), 2011. *Bibliographie de la littérature occitane : trente années d'études (1977-2007)*, Turnhout, Brepols.

Philippe (Gilles), 2002. *Sujet, verbe, complément. Le moment grammatical de la littérature française (1890-1940)*, Paris, Gallimard.

Ronjat (Jules), 1930-1941. *Grammaire istorique des parlers provençaux modernes*, 4 vol., Montpellier, Société des langues romanes.

Schlieben-Lange (Brigitte) 1971. « La conscience linguistique des occitans », *Revue de linguistique romane* 35, p. 298-303.

Wilmet (Marc), 1997. *Grammaire critique du français*, Louvain-la-Neuve, Duculot.

CRITIQUE

Le Prince en son « miroir ». Littérature et politique sous les premiers Valois, Actes de la journée d'études organisée par le Laboratoire HLLI (Histoire, Langues, Littératures, Interculturel) à Dunkerque (Univ. du Littoral – Côte d'Opale) le jeudi 22 oct. 2009, édités par Jean Devaux et Alain Marchandisse.

La dizaine d'études du Colloque international de Dunkerque d'octobre 2009 fait l'objet principal du fasc. 3-4/2010 de la revue *Le Moyen Âge* (Univ. de Liège) éditée par De Boeck (t. CXVI). Elles sont placées sous le signe spéculaire et politique du « miroir », terme couramment employé à l'époque médiévale et à la Renaissance pour désigner un traité d'éthique gouvernementale. Ces contributions se situent en droite ligne d'un précédent recueil sur le même thème, *Le Prince au miroir de la littérature politique…* (F. Lachaud et L. S. Scordia, dir., 2007), portant sur un registre temporel plus étendu, de l'Antiquité aux Lumières, et d'un travail plus ancien, *Le Miroir du Pouvoir* de C. Beaune, sur des manuscrits des rois de France au Moyen Âge.

Les Valois ou les princes régnants ont un rôle éminent dans des écrits de diverses natures qui tiennent à la fois, et avant la lettre, de la biographie, de l'hagiographie, de la chronique, voire du tableau de mœurs : en tête de ces grandes figures – à une époque où « la politique en vient progressivement à être reconnue comme une science à part entière » (introduction de J. Devaux, p. 538) et où l'on peut véritablement parler d'une « écriture du politique », y compris dans le cadre poétique, « la poésie se faisant, en l'occurrence, miroir du pouvoir », sous la plume par exemple d'Eustache Deschamps (étude de M. Lacassagne) –, Charles V et Charles VI, en raison de leur goût prononcé pour les traductions et les bibliothèques riches en manuscrits (p. 535 et 569). Le lien du politique à l'éthique est dominant et exige de la prudence et de la sagesse, si l'on veut que le pouvoir s'inscrive dans la durée et déploie son efficacité, de la concorde aussi, si nécessaire pour promouvoir la paix, y compris sous sa forme encore plus élitiste, le souci de « perfection » ou celui de « bonne réputation ».

L'optique méthodologique autant que figurative du « miroir » dans le domaine politique répond dans ce volume d'Actes à trois sortes d'objectifs. Elle s'interroge d'abord, *a priori* comme *a posteriori*, sur la mise en forme, sous la vêture d'un « traité », d'une œuvre dogmatique et didactique : c'est le cas du très célèbre *De Regimine principum* de la fin du XIIIe siècle de Gilles de Rome, objet de l'étude de N. L. Perret, « dont les traductions françaises rencontrent un succès véritablement international » (p. 565). *In vivo* ensuite, elle examine l'observation d'un témoin contemporain comme l'est Christine de Pizan, sollicitée successivement par A. Velissariou et par J. Devaux, un témoin qui peut être direct ou indirect, proche de son modèle comme Philippe de Mézières (p. 608) au point de le servir et de partager son quotidien mais également de l'observer de près, *in medias res*. Elle use de la comparaison, enfin, en croisant les regards, par exemple, pour Charles V et Charles VI (Brigitte Roux, p. 679-697).

Bien entendu, et les participants sont unanimes là-dessus, la visibilité d'ordre méthodologique n'est pas à l'abri de dérives, dont les plus fréquentes sont dues à la parabole, à la métaphore ou, plus généralement, au langage allégorique ; ce que l'introduction de J. Devaux dénonce par avance (p. 540), et que des participants, par la suite, vérifieront à propos de leur objet d'études, comme Alain Marchandisse pour Philippe de Mézières, pourtant privilégié par une position de proximité (p. 608 et 609).

Dans de très nombreux cas, les « miroirs » comportent des « portraits », des portraits déformés, à variables notables, volontairement ou inconsciemment gauchis, et qui n'ont que peu à voir avec les portraits ultérieurs des peintres, qui visent, en Italie, en Espagne et en Allemagne, à magnifier et à immortaliser papes, empereurs ou princes. « L'écriture du politique », à cette époque, dénonce autant qu'elle édifie, déconstruit autant qu'elle exalte et encense.

En prolongeant au siècle suivant, et plus concrètement chez les penseurs politiques de la première moitié du XVIᵉ siècle, on pourrait ajouter que la leçon des « miroirs » ne sera pas perdue, en Italie avec Machiavel qui use du terme de « spiraculo » (cf. Fredi Chiapelli, Firenze, Le Monnier, 1952, p. 12), et en Espagne, avec Antonio Guevara et son *Relox de principes,* qui troque pour la circonstance le miroir contre une « horloge » (« relox »).

De très nombreuses notes, chez certains auteurs (J. Devaux, N. L. Perret, A. Velissariou jusqu'à B. Roux), viennent enrichir le texte de leur communication et les prolongent ou les complètent sous plusieurs angles (lexical, historique, critique, etc.). Une bibliographie thématique et textuelle mêle des œuvres littéraires ou plus spécifiquement historiques à d'autres ouvrages relevant d'autres littératures (anglaise notamment). On y constatera que trois auteurs dominent cette bibliographie : Christine de Pizan, Philippe de Mézières et Eustache Deschamps, en précisant même, pour la première nommée, le très ancien ouvrage de critique « piza-nienne » de R. Thomassy, 1838 (p. 705).

Enfin, une série de deux (p. 677-678) puis de cinq reproductions (p. 691 *sqq.*) en noir et blanc, mais assez peu lisibles, sont heureusement accompagnées, à la fin du volume, par une autre série de cinq illustrations plus lumineuses et plus flatteuses à l'œil (en couleurs éclatantes) aux pages 879- 886.

Jean Lacroix
Université Paul-Valéry,
Montpellier III

Jean-Marie Fritz, *La Cloche et la Lyre. Pour une poétique médiévale du paysage sonore* « Publications romanes et françaises » CCLIV, Genève, Droz, 2011, 472 p.

Le titre accrocheur proposé par Jean-Marie Fritz pour sa poétique du paysage sonore ne laisse pas de surprendre *a priori*, étant donné que « paysage » semble tributaire de l'organe sensoriel primitif, les yeux et à leur faculté de voir, beaucoup plus que des oreilles et à leur faculté d'entendre. L'ouïe se révèle toutefois complémentaire et même indissociable de la vue, par la suite, dans l'appréhension et dans la divulgation des traditions et des rites textuels, romanesques, épiques, poétiques en général, hagiographiques, etc.

Les trois parties de cet ouvrage proposent un inventaire raisonné des bruits, naturels ou artificiels, culturels, dans la littérature médiévale, c'est-à-dire au sein d'un Moyen Âge « qui découvre le divers et le multiple » (chap. 2, p. 111).

La première de ces enquêtes exploite le « grand chant courtois » où la présence de tels bruits diversifiés est loin d'être la règle générale ; ceux-ci, en effet, font le plus souvent figures de notations narratives, poétiques et prosaïques, elliptiques et ponctuelles.

L'épopée, à ce titre, est loin d'être un texte pléthorique en matière de bruits, excepté les cris de ralliement ou le fracas des armes qui s'entrechoquent, deux topoi certes récurrents dans ce genre friand d'affrontements guerriers et de conflits divers. La *Chanson de Roland* n'échappe pas à cette relative indigence de « paysages sonores », *Les Aliscans* également, alors qu'en sens inverse, la musique des eaux ou les « voix » prêtées aux bestiaires (gazouillis des oiseaux p. ex.) sont infiniment plus présentes dans la lyrique d'oc et d'oïl. J.-M. Fritz parle même à leur sujet de « monopole écrasant » (chap. l, p. 30). Ainsi, le « latin » de la gent ailée convoque l'ouïe du lecteur (fût-ce de manière dérivée), de Guillaume IX à Charles d'Orléans, alors que, dans la chanson de geste, on serait bien en peine de rencontrer un animal emblématique identifiable à des sons, à son « chant ». On saura gré à J.-M. Fritz, dans de telles enquêtes au sein de genres si différents, d'avoir su commenter l'indigence flagrante, la carence notoire de « paysages sonores » (cadre animal, végétal ou climatique) autant que la présence obsédante de « bruits » dans d'autres situations narratives, dans d'autres contextes.

Il en va de même, ou peu s'en faut, lorsqu'on aborde le problème dans sa version et dans sa facture sentimentales, artificielles sauf – à une exception encore là – en ce qui concerne le couplage « trompettemusette » où peut même se détacher l'une d'elles, le « tuba », comme il advient chez Dante dans la phase la plus musicale de son « voyage de la vie » de l'an 1300 (Par. XXX, 35), remarque faite par J.-M. Fritz (p. 36). De même, Roland ne doit qu'à son seul « cor », et encore sur la fin de la *Chanson* carolingienne, de soigner, de façon d'ailleurs autant visualisée que sonorisée, sa stature de héros sacrifié, en « sonnant » de l'« olifant » ; un terme qui rime avec sa propre identité pronominale comme le fait justement remarquer J.-M. Fritz. On pourrait suivre ainsi plutôt la fonction spécifique de tel ou tel instrument appelé à s'identifier à un genre poético-musical comme la flûte, dans le domaine géorgique, ou comme la harpe, dans le domaine bucolique.

On le constate déjà au vu de ces exemples empruntés à des genres bien différents : le « paysage sonore » est loin d'occuper une place essentielle dans la littérature médiévale. De plus, et contre toute attente encore, chez d'autres poètes ou prosateurs que ceux précédemment cités, comme Guillaume d'Aquitaine, Bernard de Ventadour ou Thibaud de Champagne, ou, en Italie, comme Pétrarque (p. 13), on ne découvrirait en guise de réel et efficace « paysage sonore » qu'un lexique des plus pauvres suscité par l'ouïe. Et pourtant, pour en revenir un instant au contexte épico-guerrier auquel il a été fait allusion précédemment, musique et guerre ont, dans le monde médiéval, partie liée avec Mars (p. 44), combats, combattants, affrontements du début à la fin pouvant être interprétés comme autant d'échos de Mars. J.-M. Fritz fait remarquer que, dans de telles situations forcément bruyantes au quotidien, le « paysage sonore » peut se voir limité, emblématisé uniquement par un instrument, le tambour étant à peu près inconnu du monde chrétien, par un instrument (le cor) ou par des cris anarchiques, inarticulés.

Ainsi sont passés en revue, à l'aune de la musique des voix ou des instruments, la majorité des genres poétiques et prosaïques à une époque – paradoxe – où la mise en traité de l'importance de la musique en général s'impose encore comme celle de la voix divine et celle de l'*ecclesia*, sous une forme chorale avant tout, et où le chant (avec la danse) est une composante des festivités et des rites courtisans dont a si bien su parler Boccace, dans le cours de ses cent nouvelles comme dans la programmation ludique et hédoniste de ces veillées après une après-midi de récits. Bien après le traité de Plutarque sur ce thème, les traités médiévaux de Boèce au VIe siècle (*De institutione musica*), d'Aribon au XIe siècle (*De Musica*) ou de Gerson aux XIVe-XVe siècles (*Tractatus de canticis*), parmi d'autres, sont là pour en témoigner.

La conclusion provisoire de cette première partie met en évidence 1a grande diversité, l'hétérogénéité, l'élasticité des présences-absences qui prouvent amplement que « le paysage sonore n'est point stable » et que la littérature de cette époque « n'est pas un miroir » (p. 72).

Après cette partie si éclairante pour la suite de l'enquête, il reste aux deux autres parties à interroger les lieux et les figures, c'est-à-dire à décrypter une topique d'abord, une poétique ensuite, qui permettront de préciser et de commenter les modalités et la finalité de tels « paysages sonores ».

La deuxième partie fait place aux portraits (humains) et aux paysages (ceux de l'environnement humain immédiat ou plus lointain). « Rien ne vient singulariser ou spécifier la voix » (p. 157) de l'*auctor*, qui paraît s'effacer devant son « dit », si bien qu'on ne perçoit que « l'haleine de [sa] parole silencieuse » (p. 16). À la rigueur, il peut être fait état de « douceur » comme chez Boccace dans le *De Mulieribus claris*, panégyrique de la gent féminine postérieur d'une bonne dizaine d'années au *Décaméron*, qu'une réédition de poche, en 1996, avec traduction en français, a mis à la disposition du public peu versé dans la langue latine (Petite Bibliothèque Ombres, Toulouse), malheureusement sous forme d'extraits, de morceaux choisis.

Au-delà de ce que peut révéler un texte, le souci de peindre, affirme J.-M. Fritz dans la section intitulée « Locus amoenus », l'emporte de beaucoup sur la faculté de percevoir et d'identifier les/des sons, et devient même le registre sensoriel textuel prédominant. Ainsi, le couple rime « bruire : déduire » gomme l'origine acoustique au profit de la seule sensation de plaisir. Même l'enfer, chez Dante par exemple, ici mentionné, s'il justifie la complicité entre vue et ouïe, privilégie en fait l'odeur et le toucher bien au-delà de la cacophonie et de l'anarchie qui blessent et la vue et l'ouïe (p. 191). Plus tard au cours de son voyage, ce même Dante, dont il est bien précisé qu'il se soucie de divers cris d'animaux ou de créatures monstrueuses, aura plutôt tendance à confondre le visuel et l'auditif, dans les sphères et les ciels paradisiaques, s'y acheminant alors vers une sorte d'« homophonie » qui était déjà celle de l'étape intermédiaire du Purgatoire.

Pour conforter, s'il en était besoin, la relative discrétion d'un usage musical des êtres et des choses, J.-M. Fritz prend soin d'ajouter, dans la littérature médiévale italienne, la part également très réservée de la musique chez Pétrarque (p. 190) qui ne retire que le profit de la vue dans la contemplation du panorama provençal du haut du Ventoux qu'il vient d'escalader (avril 1336).

Dans la troisième partie, J.-M. Fritz ouvre la porte aux « merveilles sonores » et finit par songer, vu que la frontière entre *realia* et *mirabilia* est devenue bien fragile, à esquisser une poétique, celle des figures. Dès lors, il est question de « bruitage » (p. 293), dans un sens éloigné de celui qu'il peut avoir de nos jours au cinéma, d'« onomastique » (p. 294), de *voces animalium*, sortes de terminologie symbolico-métaphorique qui, en aucun cas, ne peuvent prétendre à « imiter » au plus près les cris spécifiques des animaux : chez Chrétien de Troyes (p. 299) à l'imitation lointaine d'Ovide ou, comme avant lui, chez Chaucer dans ses *Canterbury Tales*. À ce sujet, apparaît la notion d'« affect » dont l'examen est entrepris à la page 301, terme déjà apparu chez Quintilien, rappelle J.-M. Fritz, mais avec un tout autre sens dans la littérature médiévale.

Il est aussi question de synesthésie, c'est-à-dire de recomposition et non de *realia*, comme ce que Baudelaire évoquera au XIXe siècle pour ses « correspondances ». On se trouve alors, bien avant l'heure, sous l'influence de ce que J.-M. Fritz appelle encore « polyesthésie » (p. 338), sur la voie opératique « où l'œil écoute », bien au-delà du « sonore » à proprement parler accolé au substantif de « paysage » (sous-titre de la page 34), bien au-delà du « son bestourné » (autre sous-titre p. 366).

La conclusion de l'ouvrage pose légitimement une question : le son est-il un signe ou un pouvoir ? Quoi qu'il en soit de sa « nature », il ressort de l'enquête de J.-M. Fritz qu'il s'accorde néanmoins à « la voix de l'écriture ».

Trois sortes d'ajouts auraient pu compléter le riche déploiement de références bibliographiques.

– le premier eût enrichi le contexte informatif des voix (humaines) et celui de la diffusion d'une telle information, certes anonyme, indéfinissable, vraie ou fausse, fictive ou plus historicisée. Il s'agit du volume collectif intitulé *La Rumeur au Moyen Âge* et sous-titré « du mépris à la manipulation, V^e-XVe siècle », édité par les P.U. de Rennes, sous la direction de Maïté Billoré et Myriam Soria, coll. « Histoire », 2011, 351 p. La première partie (« La Rumeur, matériau des constructions historiographiques et littéraires », pp. 33-100) est particulièrement instructive ;

– le second concerne un auteur, Olivier Cullin, spécialiste de musicologie et d'esthétique musicale, pourtant cité par deux fois (p. 442) : de ce même auteur, signalons l'existence du très maniable

« bréviaire », de 2002, intitulé *Brève histoire de la musique au Moyen Âge*, Fayard, coll. « les chemins de la musique », 190 p.

– enfin, dernier ajout éventuel et concernant à la fois Dante, Pétrarque et Boccace souvent cités, qu'un seul et même ouvrage a réunis dans une thèse de 2010 sous le titre *Funzioni semantiche e metatestuali della musica in Dante, Petrarca e Boccaccio* de Marco Cerocchi (Biblioth. Archiv. Romanicum, série I, n° 373, Firenze, Leo S. Olschki, 158 p.). Pour Boccace, précisément, il eût peut-être été utile de rappeler, au-delà des informations qui en ont été données, que la musique intervenait encore directement, sous forme de distiques (refrains ? *Décaméron*, IV, 5 ou X, 6) ou même de composition poético-musicale plus développée à l'intérieur d'un récit (*Décaméron*, X, 7).

Jean Lacroix
Université Paul-Valéry,
Montpellier III

Michel Pastoureau, *Bestiaires du Moyen Âge*, Paris, Seuil, 2011, 236 p.

C'est une véritable encyclopédie que vient de nous livrer Michel Pastoureau dans ce beau volume richement illustré, grâce à ce qu'a pu colliger l'auteur dans des manuscrits anglais, danois, écossais, russes, hollandais, etc. : plus de deux cent cinquante animaux, sauvages et domestiques, repérables dans la zoologie animale tant exotique qu'environnementale, ou fabuleux et monstrueux, fruits d'un imaginaire débridé. Un détail iconographique de la couverture de l'ouvrage offre une entrée en matière saisissante, avec une créature mi-oiseau mi-mammifère, apparentée à quelque dragon (?), qui vient de capturer un bouc (?) et s'apprête à le dépecer.

Que la bête sous tous ces aspects, avec toutes ses fonctions fasse partie de l'univers humain à la fois micro- et macroscopique relève du truisme. C'est sous une distribution quintuple que M. Pastoureau a regroupé tant de représentants d'une animalité qui n'en finit pas de faire parler d'elle si l'on en juge par les avatars de ce qu'on a pu appeler une zoophilie insatiable, incarnée par autant de spécimens aisément ou plus difficilement identifiables à première vue.

En premier lieu, figurent les quadrupèdes sauvages avec leur roi, le lion, et le loup dont le phantasme est demeuré dans le langage enfantin comme dans les mentalités populaires, notamment par le loup garou. À leurs côtés figurent des animaux fabuleux comme la licorne ou la manticore, moins connue. Sont absents de cette première partie le tigre et la panthère, celle-ci ayant pourtant été tôt intronisée dans la littérature médiévale, par Dante par exemple, qui en fait l'une des trois bêtes maléfiques à paraître au seuil de l'Enfer (chant I).

Du monde sauvage et/ou fabuleux, M. Pastoureau nous fait passer en second lieu aux quadrupèdes domestiques qui nous rapprochent d'un environnement familier et « contrôlable » par l'approche sensorielle multiforme (la vue et l'ouïe, mais aussi l'odorat voire le toucher si nécessaire à la domestication des animaux de garde, de trait, ou d'accompagnement) : cheval, bœuf, âne, accompagnés par d'autres animaux nourriciers comme la chèvre ou le mouton, aussi indispensables que les gardiens, le chat et le chien. Bien sûr, une juste place revient à l'animal de lisière qu'est le renard, entre la basse-cour et la ferme et la proche et lointaine forêt, et qui est sans doute, dans beaucoup de cultures, le « héros » à double facette du fameux *Roman de Renart* et des textes qu'il a inspirés.

À la tête du monde des oiseaux – qui font la liaison entre ciel et terre et assurent une relation toujours renouvelée entre le divin et l'humain –, il y a un roi, l'aigle, animal théophanique, politique par excellence, incarnant un pouvoir fort, absolu et presque universel, comme en témoigne l'héraldique de nombreuses monarchies et de nombreux empires européens ou non. Entre le monde naturel et le monde de l'imaginaire se côtoient le pélican – dont M. Pastoureau nous rappelle qu'il fut l'oiseau de la résurrection, comme l'est la salamandre pour le feu – et le phénix, symbole aviaire de la souffrance du Christ sur la croix et d'une forme de résurrection : s'illustre ainsi l'éminent caractère téléologique que le monde animal peut présenter, au sens quasiment pictural et décoratif du terme (en tapisserie par exemple, ou en héraldique de manière plus stylisée). Notons que la polyvalence de la créature animale est très tôt entrée en littérature, en Italie notamment, après saint François d'Assise et son « sermon aux oiseaux », où l'animal est devenu l'hôte privilégié d'une poésie d'humaniste (Pétrarque, Boccace, Dante), oiseau-protée en quelque sorte.

Dans les deux dernières parties de l'ouvrage, se dévoile la mixité du monde animal, par nature ou par l'évolution des familles de l'air, de l'eau et de la terre ; mixité sous forme de composés à la fois positifs et négatifs comme le Géryon de Dante, l'« oiseau qui nage », ou la chauve-souris privée de la vue mais non de l'ouïe pour se déplacer, en vraie créature chtonienne, au fond des grottes, ou encore, dans le domaine des poissons, des animalcules représentant un absolu négatif, celui d'enfermement que nous décrit si bien, comme pendant à l'envers des oiseaux de saint François d'Assise, le portugais Antonio Vieira dans son *Sermon de saint Antoine aux poissons* de 1654. Apôtres instinctifs de la privation mais aussi de l'exubérance, les poissons et autres mammifères aquatiques comme la baleine, elle-même le pendant d'un homologue terrestre, l'éléphant, ont su parallèlement, par les sortilèges de l'imaginaire du *Moby Dick* d'H. Melville (1851) ou du *Pinocchio* de l'Italien Collodi (1878), rendre active, au positif et au négatif, leur héroïne (la baleine).

Le Moyen Âge a largement fait école en matière de bestiaires dans les siècles ultérieurs, les animaux ayant eu des héritiers et des descendants prestigieux, dans tant de pays et dans tant de cultures. C'est aussi la leçon à tirer de ce beau volume de bestiaires médiévaux.

Pour clore cet inventaire coloré, il reste le serpent, si proche du dragon. Avec le serpent, on tient peut-être – M. Pastoureau y a beaucoup insisté – l'animal le plus sujet à de stupéfiantes métamorphoses. Animal sans pattes mais mobile, de la terre (sous-sol compris), de l'eau et de l'air (les grands reptiles), la créature serpentine, outre les cercles qu'elle peut évoquer en se lovant, sait en même temps être immobile par excès de fascination visuelle ; mais sa mobilité, comme celle de l'oiseau, est imprévisible. Très anciennement semi-divinité chtonienne, le serpent (du Quetzalcoatl ou serpent-oiseau de la civilisation précolombienne au caducée d'abord symbole magique d'Hermès puis bienfaiteur de l'art médical) est aussi héritage du Mal dans sa version biblique et scripturaire, devenu le démon tentateur à la fois latent et découvert, celui de la faute originelle, et plus généralement, « travaillant » dans deux ordres de la création, l'ordre microcosmique et l'ordre macrocosmique.

À ce sujet justement et dans le domaine de l'infiniment petit, le bestiaire de M. Pastoureau n'oublie pas de faire figurer et les abeilles (qui volent) et les fourmis (attachées au sol) : deux manières d'être et de se comporter, les premières, par leur miel nourricier, s'imposant, à proximité de l'homme et domestiquées par lui, comme des animalcules bienfaisants ; les secondes, au ras du sol et même au sous-sol, symbolisant, à l'image du monde humain des cités, une finalité manœuvrière féconde de par leur organisation grégaire opiniâtre et presque interminable.

Malgré ou à cause de la richesse inépuisable des bestiaires, une encyclopédie de cette envergure ne pouvait que difficilement se permettre d'en dire plus en matière bibliographique. La réimpression fréquente de bestiaires, parfois très antiques comme Les animaux du Man.yô-shû, bestiaire japonais de la première moitié du VIIIe s. (éd. Claude Péronny, De Boccard, 2007, 245 p.) ou, beaucoup plus près de nous, celle du Bestiaire de Pierre de Beauvais (version longue, éd. Craig Baker, Champion, 2010, 464 p.), est un signe de la vitalité des bestiaires dans la culture moderne, si cultivés en France, mais pas seulement à l'époque moderne, de Louis Pergaud à Maurice Genevois, de Pierre Gascar à Saint-John Perse. L'autre signe patent de la grande vitalité de ce genre est aussi le nombre de revues qui, dans des numéros spéciaux, ont célébré l'animal et l'animalité comme Critique (1978, 375), Circé (1982, 12) ou Poésie (1978, 50) et nous nous en tiendrons à ces trois références.

L'ouvrage de M. Pastoureau, fruit d'actives recherches d'archives, dépasse de beaucoup des ouvrages de même nature comme celui de Janetta Rebold Benton, cité p. 233, paru en 1992 (Ière édition), les Actes du colloque toulousain de mai 1984 intitulé Le Monde animal et ses représentations au Moyen Âge (XIe-XVe siècles) ou les monographies consacrées à tel ou tel animal : l'ours de G. Issartel (2010) ou de ce même M. Pastoureau (2007), le loup de D. Bernard (1981) ou celui de M. Praneuf (1989), l'âne de M. Bochet (2010) ; ou les ouvrages cantonnés à des catégories sociologiques, institutionnelles comme le bestiaire des clercs, des deux testaments (P. Cazin), des pharaons (P. Vernier et J. Yoyotte), du divin, plus haut mentionné (Duchaussoy), de l'Église (Élizabeth de Fontenay), voire, tout récemment... de l'Insolite (2010, J.-P. Fleury).

Une dernière catégorie particulièrement prisée de nombreux chercheurs reste, bien entendu, les bestiaires qui relèvent de l'Art, sous toutes ses formes (tapisserie, héraldique, peintures murales, médaillons, sculptures sur bois, en pierre, en métal, etc.) ; ces bestiaires-là sont légion. Le propos de l'ouvrage de M. Pastoureau, si ouvert à l'animal, quels que soient le pays et la culture, rassemble ici un incomparable matériau, où texte et image font corps.

Jean Lacroix
Université Paul-Valéry,
Montpellier III

Jacques Le Goff, *Le Moyen Âge et l'argent : essai d'anthropologie historique*, Paris, Perrin, 2010, 245 p.

L'organisation et l'intensification des échanges commerciaux à l'époque médiévale, tant par voie terrestre que par voie maritime, ont transformé la vie des cités et des micro-états en Italie notamment. Depuis les études pionnières de Jacques Le Goff lui-même avec ses *Marchands et banquiers du Moyen Âge* (1ère édition 1956, rééd. P.U.F. Quadrige, 2011), d'Armando Sapori et d'Yves Renouard, les recherches en ce domaine se sont intensifiées et enrichies avec d'autres productions, par exemple celles d'Étienne Fournial, de Marie-Christine Bailly-Maitre, d'Albert Rigaudière, ou, plus récemment, de Philippe Norel et, en Italie, de Giacomo Todeschini.

La quinzaine de chapitres que comporte ce nouvel ouvrage propose un vaste tableau qui débute par l'examen de l'héritage de l'Empire romain, suivi de celui de la situation féodale carolingienne, de l'essor de l'argent et des progrès monétaires au XIIIe, de la crise démographique et spirituelle des XIVe et XVe siècles. J. Le Goff réserve naturellement une juste place au binôme argent-Église (optique du christianisme, et surtout de la Papauté), au sein duquel la notion de thésaurisation, directe ou indirecte, joue un rôle important tant au niveau technico-commercial qu'au niveau spirituel.

À la croisée des deux grandes périodes et en citant Dante dès son introduction (p. 15) au sujet de la riche famille des Scrovegni dont un des représentants, Reginaldo, est damné (Inf. XVII, 64), repérable par son emblème, la bourse qu'il porte au cou, J. Le Goff remarque l'extrême indigence des mots-rimes qualifiant la monnaie : on pourrait ajouter que chez Dante, tant préoccupé par le vice destructeur de l'avarice (*avarizia*), on ne relève aussi que deux occurrences en *-izia*.

Ce qui nous amène à reconnaître, comme le fait prudemment J. Le Goff, que l'évolution ou mieux les progrès effectués et notés par les contemporains, auteurs ou témoins, n'offrent rien de bien continu, de bien systématique, de bien structuré. En effet, d'une manière générale, le haut Moyen Âge laisse voir des fragmentations, des fluctuations, et surtout une notable hétérogénéisation de l'usage et des représentations monétaires. L'attitude de Dante ou celle de Pétrarque qui, dès des premières compositions du *Canzoniere* (sonnet VII, 11), parle d'une « turba al vil guadagno intese » (populace attachée au gain vil) est moins rare qu'on ne pourrait le penser, surtout dans l'optique d'un humanisme élitiste dominé par le « secret » (chez Pétrarque) ou d'une conception téléologique heuristique (chez Dante), qui fait que l'argent devient l'agent corrupteur par excellence, au rôle si néfaste pour le rachat d'une humanité viciée, peccamineuse, à sauver coûte que coûte. Même Boccace – cité à tort par J. Le Goff à la place de Pétrarque (p. 212) à propos du traité *Remèdes de l'une et de l'autre fortune* –, dans le cadre pourtant profane, pragmatique et ludique de son *Décaméron*, et en bon fils de marchand au demeurant, sait décrier l'argent qu'il voue aux gémonies dans la célèbre formule et condamnation qui clôt la nouvelle 4 de la VIIe journée : « E viva amore, e muoia soldo, e tutta la brigata » (Et vive Amour, et meure la guerre et toute la boutique !).

De ces considérations émerge une série de problèmes qui se posent au sujet de la circulation monétaire pour commencer, et qui peuplent chroniques, nouvelles ou autres écrits de cette époque : par exemple, le rôle du juif préteur, souligné par J. Le Goff (p. 78 et 100) ; le rôle de l'argent dans la préparation des croisades comme dans leur déroulement, mais cela plus en théorie qu'en pratique (p. 179) car la croisade s'est révélée un gouffre financier, disproportionné par rapport à l'ambition du projet de reconquête des Lieux Saints (p. 147) ; est pris en considération aussi le rôle prépondérant de l'Art en tant qu'actant plus qu'adjuvant, et de la promotion des arts figuratifs (p. 163), liée à l'institution du culte du purgatoire (Concile de Lyon, 1274) et à la période de double crise majeure, démographique (peste noire entre autres) et spirituelle, romaine et pontificale (le long exil avignonnais de trois quarts de siècle environ).

En dépit de l'essor et du rayonnement des monnaies, à Venise (ducat) et à Florence (florin), J. Le Goff n'a point négligé la polémique antimonétaire, filon constant de la plus haute antiquité (Aristote, la Bible) aux siècles médiévaux (de saint François et de saint Thomas jusqu'à Savonarole au minimum) ; et ce d'autant plus que nombre de cités ou de micro-états ont dû leur fortune et leur prestige, avec les cours qui les accompagnaient (Este de Ferrare, Médicis de Florence, Sforza et Visconti de Milan, etc.), à une élite oligarchique éprise d'esprit mercantile et de luxe (p. 185) : comme chez les Bardi, les Peruzzi, les Scrovegni et plus tard les Alberti (p. 64 et 153).

Car c'est bien l'Italie qui, au sein du Moyen Âge (XIIIe s. et suivants), a eu un rôle moteur avec ses prestigieuses monnaies d'or et leur durable maintien. Indispensable au développement et au progrès politico-économique, l'argent constitue un relais entre chaque cité et son environnement immédiat, le « contado », entre « cittadini » et

« contadini », ce dont les nouvelles du *Décaméron* de Boccace le Toscan ont si bien su rendre compte vers le milieu du Trecento. Et si cette énergique politique de l'argent, à divers échelons de la société et de la géographie italienne, se heurte longtemps à un éloge de la pauvreté (p. 41 et 117), elle permet l'émergence de grands pôles urbains et régionaux, Florence, Milan, Rome et Naples, sans compter une nébuleuse de microsatellites « entre ville et campagne » comme Sienne, Pise, Ferrare, Urbino, etc., et, dans cette perspective évolutive, les ports et leurs régimes autonomes, comme Amalfi ou Gênes. J. Le Goff a bien montré que l'Italie, plus que tout autre pays à ces époques, est un exemple de précocité, de technicité, d'organisation du monde des échanges par ses compagnies et par ses comptoirs, parfois fort éloignés de la cité mère (p. 128).

La réputation, certes encore relative, d'une cité ou d'une région à l'intérieur de l'Europe et du bassin méditerranéen, s'est répandue par la diffusion de nombreux traités ou manuels liés à la « mercatura » ; résultante de tant de contrats (p. 62), à l'instar de ceux du Vénitien Zibaldone da Canal (vers 1320) ou du Florentin Pegolotti (vers 1340). À l'avènement d'une telle « trattatistica » d'essence financière et mercantile, peut s'ajouter l'apport des nouvellistes, au rang desquels figure en bonne place, avec son *Décaméron*, Boccace, qui, fils de riche marchand, peuple son recueil de nombreuses silhouettes de marchands, sans doute les personnages les plus représentés.

On retiendra enfin de l'examen de la puissance d'argent dans le monde médiéval, tel que l'a brossé J. Le Goff, le concept majeur de *ratio* (p. 70), terme lui aussi terriblement marqué à l'aune de l'humaine raison, de celle qui évalue, calcule, pèse et soupèse et dont l'Italie a su garder le souvenir jusque dans le domaine architectural à vocation civique, avec ses « palazzi della Ragione », dans le nord notamment. Une *ratio* léguée comme héritage de la politique et des rites commerciaux de Byzance et, plus tard, de la Rome antique et de son *jus*, règle très pragmatique du bon fonctionnement de la société des villes.

Trois aspects fondamentaux de l'enquête de J. Le Goff peuvent ainsi être résumés :

– en premier lieu, la grande hétérogénéité monétaire à ces époques-là, en rappelant ici la double étymologie caractéristique du monde des monnaies : étrangère et orientale avec le vocable « denaro » (dinar), et technique et autochtone avec le « zecchino » (le sequin), encore en vigueur dans le lexique moderne, dérivé du nom de l'hôtel qui frappe les monnaies en question (la Zecca) ;

– en second lieu, la relative lenteur avec laquelle l'argent a imposé sa puissance aux XIVe et XVe siècles, et, encore une fois, l'Italie a pris dans ce domaine de pénétration politico-économique un net avantage par rapport à d'autres aires, maritimes elles aussi (pays anglo-saxons ou nord-européens, Danemark, Suède, etc.) ou plus étendues comme l'empire russe ou les contrées africaines (l'or du Soudan, p. 67) ;

– en dernier lieu, on aura apprécié la prudence méthodologique de J. Le Goff à respecter la très grande inégalité d'évolution micro- ou macro-géographique dans la gestion, dans la promotion, dans la divulgation de la technique et des rites d'échanges commerciaux, à quelque échelon que ce soit. J. Le Goff n'écrit-il pas, à ce sujet : « Le Moyen Âge des villes ne fut pas le Moyen Âge de l'argent » (p. 164), sauf peut-être, une fois encore, en territoire transalpin, mais là aussi d'inégale façon. Quoi qu'il en soit, on retiendra que l'argent a mis fort longtemps à être, textuellement, « le nerf de la guerre », chez Machiavel notamment, et que, dans ce domaine, il fallut en Italie et chez les historiens patienter jusqu'au début du XIXe siècle, avec Vincenzo Cuoco, pour le voir explicitement être considéré de cette façon.

Pour terminer, un détail à propos du flottement dans la datation du Tumulto dei Ciompi, « moto » des cardeurs de laine florentins (p. 145 et 191) : le « moto » a duré trois mois seulement, de juin à août 1378.

Jean Lacroix
Université Paul-Valéry,
Montpellier III

Jean-Yves Casanova, *Historiographie et littérature au XVIe siècle en Provence : l'œuvre de Jean de Nostredame*, Turnhout, Brepols, 2012, coll. « Publications de l'Association internationale d'études occitanes », 504 p.

La publication de cet ouvrage est aussi bienvenue que tardive. À son origine se trouve la thèse soutenue en 1990 par Jean-Yves Casanova, actuellement plus connu pour ses travaux sur Frédéric Mistral (*Frédéric Mistral, l'enfant, la mort et les rêves*, 2014). Comme nous en prévient l'auteur, la version éditée de cette thèse est conforme à celle soutenue en son temps, soit vingt-cinq ans (et non « vingt », p. VII) auparavant car la perspective d'une réécriture partielle ou totale a effrayé – on le comprend – l'auteur. En complément de la bibliographie finale de 1990, un « appendice bibliographique » donne au lecteur des années 2010 un « aperçu » des travaux accomplis depuis cette date sur l'auteur, la période et l'espace étudiés.

L'importance de la figure et de l'œuvre de Jean de Nostredame est reconnue depuis longtemps, depuis les origines, précisément, de cette œuvre, pourrait-on dire. Cette notoriété, Nostredame la doit à la double publication, en 1575, à Lyon, en italien puis en français, des *Vies des plus célèbres et anciens poètes provensaux* (*Le Vite delli più celebri et antichi primi poeti provenzali*). On sait de quelles conséquences seront les forgeries provençalistes de Nostredame tant pour la réception des troubadours en France, voire en Europe, que pour la naissance de l'histoire de la littérature de langue occitane dont c'est là le premier jalon. C'est sur des bases faussées que se sont élevées, pendant de nombreuses décennies, les traditions historiographiques provençale, d'oc et, partant, française. En 1913, le masque, qui ne tenait déjà plus que par un fil, est définitivement tombé. Dans une édition indépassée, les romanistes réputés et médiévistes reconnus Camille Chabaneau et Joseph Anglade, ont dressé – non sans quelque cruauté, il faut bien le dire – la liste de toutes les falsifications dont Nostredame, renvoyé, pour les médiévistes comme pour les modernistes, au rang de faussaire et d'usurpateur, avait pu se rendre coupable. Un siècle plus tard, très exactement, les travaux de Jean-Yves Casanova imposent de procéder à une réévaluation dont le but ne saurait être d'exonérer l'historien de toute responsabilité ou, pire, de l'encenser à nouveau, mais simplement, en menant une lecture contextualisée de la totalité de son œuvre, de comprendre les fondements de son geste.

Dans leur édition, Chabaneau et Anglade ont donné une description étonnament embrouillée des manuscrits laissés par Nostredame et ils en ont tout de même édités quelques-uns. Le caractère définitif de leurs travaux et le parfum sulfureux attaché aux *Vies* avaient empêché les chercheurs de s'intéresser à Nostredame et à ces textes tenus pour secondaires jusqu'à ce qu'en 1987 J.-Y. Casanova découvre au Musée Arbaud d'Aix-en-Provence un manuscrit autographe de Nostredame, les *Mémoires historiques*. Ce texte permet de compléter la série de manuscrits de Nostredame dont la liste peut s'établir ainsi, suivant l'inventaire proposé par l'auteur (p. 217-221) :

- une *Vie de saint Hermentaire* (Aix, Musée Paul Arbaud, MO 163, copie de Raynouard), texte en français édité par Chabaneau (*RLR* 1886) ;

- un texte historique en provençal désigné par ses premiers mots, *So que s'es pogut reculhir dels Comtes de Prouvensa* (abrégé en SQS), conservé à la Bibliothèque Inguimbertine de Carpentras, édité par Chabaneau et Anglade (1913, 205-220)

- le texte des *Mémoires historiques* (M) retrouvé par J.-Y. Casanova en 1987 (Aix, Musée Paul Arbaud, MO 122), ici édité, texte en provençal et en français ;

- la traduction en français de ces *Mémoires* (Inguimbertine, ms. 534-535, abr. CF 534-535), texte partiellement édité par Chabaneau et Anglade (1913, 221-259) ;

- une autre version de cette traduction (Inguimbertine, ms. 536, abr. CF 536), inconnue de Chabaneau et Anglade ;

- une série de brouillons (Inguimbertine, ms. 1883), parmi un grand nombre de papiers divers ; langue non précisée (apparemment occitan), textes inédits ;

- divers papiers (Aix, Méjanes, ms. 761) copiés par César de Nostredame, le neveu de Jean, dont le glossaire (487 entrées) établi par son oncle, inédit, et une table des *Vies* publiée par Chabaneau et Anglade (1913, 160-1).

La chronologie de ces différents travaux, restituée par Jean-Yves Casanova à partir d'indices factuels, fait remonter aux années 1540-1550 l'intérêt de Nostredame pour la matière historique provençale. La *Vie de saint Hermentaire* datée dans son titre de 1540 pourrait ne pas être antérieure à 1550. Le texte de SQS précéderait celui plus élaboré des *Mémoires* auquel Nostredame travaille visiblement au début des années 1560. Dans les deux textes, il se sert du provençal. Puis, vers 1565-1570, Nostredame change de langue et passe au français, ce qui explique la présence des deux langues dans les *Mémoires*. Les deux traductions sont, elles, postérieures à ce changement de langue, CF 534-535 représentant une version plus aboutie que CF 536. Elles ont été rédigées parallèlement aux *Vies* qui paraissent en 1575 en français et en italien. L'ouvrage qui a assuré la célébrité de Nostredame ne représente donc que la partie émergée d'un ensemble plus vaste, de nature historiographique, dont les *Mémoires* constituent le pivot. L'édition de ce texte si longtemps inconnu constitue l'un des apports les plus manifestes de ce travail.

Cette édition est menée avec soin. Le texte de Nostredame est divisé par l'éditeur en notices (ou parties) numérotées, au nombre de 560. Le manuscrit comporte quatre types d'écritures. Les deux premiers sont le fait de Nostredame lui-même. Celui-ci utilise en effet une écriture dite aldine, très lisible, majoritaire, en concurrence avec une cursive plus difficile à déchiffrer. Le choix de ces écritures semble indépendant du choix de langue. À ces deux écritures s'ajoute celle de l'érudit Pierre de Galaup-Chasteuil qui a un temps (fin XVIIᵉ-début XVIIIᵉ s.) possédé le manuscrit et l'a annoté, en français, et celle d'un inconnu, probablement un autre possesseur du manuscrit (fin XVIIIᵉ-début XIXᵉ s.). Pour distinguer ces différentes écritures, l'éditeur a recours à un jeu entre caractères romains, italiques et soulignés qui ne nuit en aucune façon à la lecture. Les nombreuses corrections (biffures avec ou sans remplacements, ajouts…) que Nostredame fait subir à son texte sont rassemblées dans un apparat critique baptisé « établissement du texte » (p. 359-391). Pour éclairer le texte, l'éditeur a cru bon de distinguer entre notes historiques (« Commentaire historique », p. 393-438) et des notes linguistiques (« Note linguistique », p. 453-459), celles-ci précédant un rapide glosssaire (p. 461-463) ainsi que deux index (*nominum* et *locorum*) établis sur le texte des *Mémoires*. Entre les notes historiques et linguistiques, dont la lecture, du fait de cette séparation, n'est pas toujours très commode, l'éditeur a inséré la liste des sources utilisées par Nostredame dans ses *Mémoires*, classées par ensembles linguistiques ou, plus exactement, culturels (sources occitanes, françaises, italiennes, germaniques, latines et aragonaises). Nostredame, en effet, consulte de nombreux documents d'archives provençaux, des manuscrits et des imprimés. Dans la partie où sont analysées ces sources – et où est justifié leur classement – (p. 144-154), l'éditeur fait apparaître l'étendue de la bibliothèque de Nostredame mais aussi ses limites : curieusement, les *Recherches* de Pasquier en sont absentes, et, plus étonnant encore, dans les *Mémoires* nulle mention n'est faite des *Prose* de Bembo qui serviront pourtant beaucoup à ses successeurs (Fauchet, Caseneuve…) et… à Nostredame lui-même dans les *Vies*. Il faut dire que, dans ces *Mémoires*, les troubadours ne sont pas au centre de l'attention de l'historien provençal.

L'édition des *Mémoires*, texte (non traduit) et notes, n'occupe que la seconde moitié de l'ouvrage. Elle suffirait amplement à justifier des mérites de l'entreprise. La première partie, particulièrement riche, est constituée par une vaste étude (p. 11-214) qui permet de restituer au projet de Nostredame toute sa cohérence en le situant dans le contexte – problématique – de l'humanisme provençal et de la substitution linguistique qui s'opère progressivement durant le XVIᵉ siècle. Chemin faisant, c'est à une véritable synthèse sur l'histoire de la langue et de la littérature occitanes en Provence au XVIᵉ siècle que nous convie J.-Y. Casanova, la seule, finalement, dont on dispose à ce jour, après celle, à présent ancienne, livrée par Robert Lafont dans sa *Renaissance du Sud* (1970). C'est justement aux travaux de Lafont que J.-Y. Casanova est redevable, notamment pour deux dimensions fondamentales : la prise en compte des contraintes sociolinguistiques, exprimées à travers le concept de diglossie, d'une part, et, d'autre part, la catégorisation de la production occitane écrite du XVIᵉ siècle. La typologie que propose – implicitement, il est vrai – l'auteur, reprise de Lafont, méritera sans doute d'être discutée. Pour lui, la voie qu'emprunte Nostredame en rédigeant son texte historique en provençal le situe dans la voie « haute » de l'écrit occitan. Le sérieux de cette œuvre scientifique (ou proto-scientifique, si on préfère, eu égard aux talents de méta-historien de Nostredame) se distingue de la voie « médiane » empruntée, à la fin du siècle, par des poètes comme Bellaud et ses successeurs (Paul, Ruffi, Tronc, sans doute aussi Brueys qui n'est pas pris en compte), tous unis par un type d'écriture commun mêlant modèles élevés et trivialisation. Ces classifications sont intéressantes et demandent à être approfondies mais on ne peut que rester sceptique, en 2015, sur l'existence d'une « voie popularisante ». Celle-ci serait représentée par des chansons (*Carrateyron*, 1530) ou les poésies macaroniques d'Arena (et sans doute Germain, non pris en compte) du début du siècle. On sait à présent que les chansons peuvent ne rien avoir de « populaire », concept bien flou au demeurant. Quant aux compositions macaroniques, l'imbrication de latin et de provençal correspond à un jeu d'érudits par nature éloignés d'éventuels milieux « populaires » à qui ces textes ne sont de toute façon pas destinés. La chronologie que propose l'auteur de cette création poétique, en tout cas, même si elle ignore l'activité théâtrale, rendra de grands services, comme les fines analyses d'œuvres encore relativement peu étudiées (Tronc, Ruffi), voire pas même éditées (Paul), dont on lira d'utiles extraits. Les pages consacrées à la graphie de l'occitan de Nostredame doivent être considérées, quant à elles, comme une contribution à cette histoire des usages graphiques qui fait à ce jour si cruellement défaut à nos études, particulièrement pour la période intermédiaire.

Le concept de diglossie, mis en faveur, comme on sait, par Robert Lafont, n'est plus paré de nos jours des mêmes vertus herméneutiques que lorsqu'il fut introduit et appliqué aux études littéraires occitanes. Les travaux de Philippe Gardy et de ses successeurs ont tendu à en affiner les contours, voire à en réduire la portée. Ce qui vaut cependant pour le XVIᵉ siècle dans la partie occidentale du domaine occitan et pour les XVIIᵉ et XVIIIᵉ siècles dans leur ensemble, s'applique peut-être moins à la Provence de Nostredame. Le fait est que le changement de langue auquel procède l'historien aixois ne peut guère s'expliquer autrement – l'auteur y insiste à de nombreuses reprises – que par la mise en conformité avec un cadre général qui privilégie le français au détriment du latin et, *a fortiori*, de l'occitan. Ce qui dès lors peut paraître surprenant n'est pas tant que Nostredame passe au français, mais plutôt que, dès les années 1550, lorsqu'il entame ses premiers travaux historiographiques, il choisisse le provençal. De tous ses homologues provençaux, il est bien le seul. L'historiographie, en Provence, se fait en latin (Maure, Quiqueran de Beaujeu, Clapiers, son ami Soliers) ou en français (Poldo d'Albenas), pas en provençal. Le changement de langue, s'il intervient bien dans les années 1565-1570, comme le suggère de façon convaincante J.-Y. Casanova, survient, qui plus est, bien tard, à un moment où, de fait, il est vrai, l'usage administratif du provençal ne subsiste plus que de façon sporadique et où la poésie provençale moderne n'est pas encore sortie des limbes. L'abandon du provençal est en ce sens plus facile à expliquer que son adoption et son maintien tardifs. Partant, cette question du choix linguistique initial débouche sur une autre, tout aussi essentielle : pour qui écrit Nostredame ? Ses liens avec le milieu parlementaire auquel il appartient lui-même sont connus et la cohérence du projet historio-graphique, dans lequel entrent pour partie l'exhumation et l'exhibition des troubadours, est évidente : Nostredame sert une ambition de restauration culturelle au bénéfice de la Provence et de ses familles titrées, parfaitement articulée avec un sentiment d'appartenance à l'ensemble politique et culturel français. L'usage de la belle écriture aldine suggère peut-être bien, comme l'envisage J.-Y. Casanova, un projet d'impression, mais celui-ci ne peut aboutir. La double édition lyonnaise des *Vies/Vite* ne peut se faire que grâce au mécénat d'une famille non pas provençale, mais italienne, les Cibo. Dans son temps, Nostredame est un homme seul qui se bat, comme plus tard, en moins isolé, Mistral – qui ne s'y trompera pas en ne le désavouant jamais vraiment – pour une certaine idée de la Provence, son histoire, sa culture, sa langue. Le choix initial du provençal et les forgeries historiques et poétiques procèdent en ce sens, pourrait-on dire, de la même démarche : l'illustration d'une Provence à laquelle il s'agit de redonner toutes ses *lettres* de noblesse.

La création de poèmes apocryphes, attribués, comme on sait, à différents troubadours, fait de Nostredame *nolens volens* un poète provençal. Ses faux poèmes de troubadours sont les vrais poèmes d'un auteur du XVIe siècle écrivant à la manière des troubadours et à ce titre ils sont destinés, comme le suggère l'auteur, à enrichir le corpus de la poésie provençale de cette époque. L'étendue de ce petit massif nostradamien (p. 173-178) ne peut faire débat mais un point reste pendant au sujet de trois sonnets, présents dans le chansonnier *f* (BnF, ms. fr. 12472) ayant appartenu à la famille comtadine des Lauris et à Nostredame. Suivant, comme Lafont, l'opinion de Meyer et de Chabaneau, J.-Y. Casanova a d'abord édité et commenté ces sonnets dans un article de *Lengas revue de sociolinguistique* (1990) en les attribuant à Nostredame. Dans un article ultérieur, également publié dans *Lengas* (1996) et inséré dans l'ouvrage comme un chapitre, il est revenu sur cette attribution. Les trois poèmes sont des sonnets (douze alexandrins, rimés *cde cde*, *cde cde* et *cde dce*), attribués dans le manuscrit, par une main différente, respectivement aux troubadours (attestés) Jacme Mote, Blacasset et Bertran d'Alamanon. Arguant de la différence d'écriture et d'un état de langue jugé postérieur à l'époque des troubadours mais antérieur au XVIe siècle, J.-Y. Casanova retire ces sonnets à Nostredame et il en attribue la paternité à des poètes du XIVe ou du XVe siècle. On obtient ainsi les premiers sonnets écrits dans une langue autre que l'italien, un bon siècle, si ce n'est plus, avant ceux en français de Mellin de Saint-Gelais et de Clément Marot ou ceux en occitan de Bernard Du Poey. La démonstration demanderait à être reprise, peut-être en partant de la perspective inverse : rien dans ces textes n'interdit de penser qu'ils aient pu être écrit au XVIe siècle, tant pour ce qui est du lexique que de la morpho-syntaxe. Un bon connaisseur des troubadours, familier de certains tours, pourrait faire office d'auteur. On ne dira pas que si ce n'est pas Nostredame, ce sera donc son frère, au demeurant également poète en provençal – on l'oublie trop souvent – pour deux quatrains des *Centuries*, mais on jugera, plus sérieusement, qu'une écriture, pour un familier des archives... et des forgeries, c'est bien quelque chose qu'on peut imiter. L'enquête doit continuer.

Les pistes que permettent de dégager cette vaste étude et l'excellente édition qu'elle contient sont nombreuses et toutes stimulantes. Au chapitre des regrets, on déplorera l'état lacunaire du complément bibliographique déjà signalé. Principalement occupé par les publications de l'auteur (sur Ruffi, Paul, Honorat Rey, la littérature provençale du XVIᵉ siècle...), cet « appendice » ne mentionne que trois travaux scientifiques postérieures à l'an 2000 (*Au risque de Babel* de J. Eygun (2002), éd. Courouau / Gardy 2003 de la *Requeste*, éd. Chabaud 2010 de Bellaud), il omet l'éd. Vernet 2006 de Zerbin et surtout l'article absolument remarquable que François Pic a consacré en 1998 à la diffusion des *Vies* (« Contribution bibliographique à l'étude de la postérité des troubadours. Les *Vies*... de Nostredame (1575) », *in* Anton Touber (éd.), *Le rayonnement des troubadours. Actes du Congrès de l'AIEO, Amsterdam, 16-18 octobre 1995*, Amsterdam, Rodopi, 1998, 185-200) qui aurait pu remplacer la note de la p. 137 où cette publication est annoncée comme un chantier. Nostredame n'a pas été oublié dans les travaux qu'Emmanuelle Mortgat-Longuet a consacrés à la naissance de l'histoire littéraire française (*Clio au Parnasse. Naissance de l'« histoire littéraire » française aux XVIᵉ et XVIIᵉ siècles*, Paris, Champion, 2006). Ces quelques omissions ne prétendent rien enlever aux mérites proprement considérables de ce travail dont la publication tombe à point, remarquons-le pour finir, au moment où l'œuvre de Nostredame fait l'objet d'une attention renouvelée. Récemment, deux chercheurs, Michel Jourde (« Diglossie et auctorialité au XVIᵉ siècle en France méridionale : sur la figure du transfuge », *in* Marie-Sophie Masse et Anne-Pascale Pouey-Mounou (éds), *Langue de l'autre, langue de l'auteur. Affirmation d'une identité linguistique et littéraire aux XIIᵉ et XVIᵉ siècles*, Genève, Droz, 2012, 107-124 ; « Jean de Nostredame et les troubadours (1575) : l'archive, la fiction et l'actualité littéraire », *in* Pascale Mounier et Colette Nativel (éds), *Copier et contrefaire à la Renaissance. Faux et usage de faux*, Paris, Champion, 2014, 217-236) et Gilles Couffignal (« Jean de Nostredame, Vies de poètes et vie littéraire », *in* Matteo Residori, Hélène Tropé, Danielle Boillet, Marie-Madeleine Fragonard (éds), *Vies d'écrivains, vies d'artistes (Espagne,*

France, Italie, XVIᵉ-XVIIIᵉ siècles), Paris, Sorbonne Nouvelle, 2014, 55-69) ont également, chacun à sa façon, souligné la cohérence *littéraire* du projet nostradamien. Non seulement Nostredame est un humaniste provençal, mais c'est aussi un littérateur de son temps, sensible aux enjeux dont la littérature est l'objet (sa place sociale, le rapport à la féminité), pétri par la lyrique française contemporaine. D'autres contributions sont attendues dans une série sur la réception des troubadours en Provence où devrait revenir la figure de Nostredame, passeur, cette fois, de vérités (G. Noto) et fabriquant de lexique métalittéraire (M. Jourde). Il faut savoir gré à J.-Y. Casanova de permettre à présent à ces nouvelles recherches de se déployer, en nous donnant à nouveau de quoi repenser une histoire littéraire d'oc toujours en chantier et en nous rendant plus présente l'étonnante figure d'un humaniste et d'un poète très malmené par cette même histoire.

Jean-François Courouau
Université Toulouse-Jean-Jaurès
PLH-ELH / LAHIC (IIAC, CNRS)

Hervé Terral, *Figure(s) de l'Occitanie. XIXᵉ-XXᵉ siècles*, Paris, L'Harmattan, 2013, 257 p.

Sociologue, spécialiste de l'éducation et notamment de l'enseignement au XIXᵉ siècle (*Les savoirs du maître*, 1998 ; *Les idéaux scolaires et l'institution pédagogique*, 2002 ; *Paul Lapie. École et société*, 2003 ; *Éduquer les pauvres, former le peuple*, 2009), Hervé Terral s'intéresse depuis quelque temps déjà à la question, récurrente depuis la IIIᵉ République, de la place des langues de France, et singulièrement de l'occitan, dans le système éducatif français. Les présentations qu'il a pu faire de textes, revendicatifs ou pas, produits par des défenseurs ou des adversaires de cet enseignement, sont précieuses. Depuis *La langue d'oc devant l'école*, de la Révolution à la loi Deixonne (IEO, 2005), préfacé par Robert Lafont, Hervé Terral semble se rapprocher de plus en plus d'une figure précise, celle de l'instituteur tarn-et garonnais Antonin Perbosc, sur lequel est centré un autre de ses ouvrages, *Les langues de France à l'école* (Trabucaire, 2006) et, en même temps, diversifier une approche de l'Occitanie culturelle des XIXᵉ et XXᵉ siècles que sa formation de sociologue lui permet d'aborder sous des angles relativement inhabituels dans le paysage des études occitanes, très marqué, comme on sait, par les travaux des spécialistes de littérature et de linguistique.

Cet ouvrage rassemble quatorze articles qu'Hervé Terral a publiés dans des revues ou des actes de colloques entre 2001 et 2012. Comme son titre, *Figure(s) de l'Occitanie. XIXᵉ-XXᵉ siècles*, l'annonce fort bien, ce sont différents acteurs de la vie culturelle de langue occitane qui forment à chaque fois le sujet de ces articles. Même lorsqu'on s'attendrait à un traitement synthétique, ce sont toujours ces personnalités fortes et singulières sur lesquelles le regard se concentre. Ainsi, lorsqu'il s'agit d'étudier l'occitanisme dans le Tarn-et-Garonne à l'occasion du bicentenaire de ce département, on n'est pas surpris de retrouver cette figure fascinante d'Antonin Perbosc (1861-1944), instituteur à la fois profondément républicain, laïc, et défenseur, contre un félibrige conservateur de petits notables, d'un occitan authentiquement populaire. L'action de Perbosc ne peut se comprendre toutefois qu'en la mettant en relation avec les efforts entrepris par d'autres éducateurs, des hauteurs du Collège de France (Michel Bréal) aux simples écoles de Provence (Savinian), de Bigorre, de Béarn (Victor Lacoste), de Languedoc (Estieu, le complice de Perbosc, Fourès, leur inspirateur commun). Ce ne sont pas en effet que les grands noms du mouvement renaissantiste d'oc que l'on rencontre dans ces pages. Hervé Terral sait s'intéresser à ceux qui, sans être des figures centrales de l'occitanisme – ou du provençalisme – militant n'en contribuent pas moins à la vitalité – parfois relative – de l'action revendicative. Son livre grouille de noms – un index aurait d'ailleurs été bien utile ! – qui forment autant d'éléments qui composent à leur tour une *figure*, bien difficile à saisir, de l'Occitanie culturelle. Le jeu entre singulier et présent affiché dans le titre renvoie donc à l'articulation, ici toujours problématique, entre l'action individuelle, en apparence atomisée, et un ou des projets collectifs censément fédérateurs dont l'analyste se charge de restituer tant la cohérence que les lignes de fracture.

En regoupant ces quatorze articles en trois parties, Hervé Terral s'est livré à un exercice difficile, peut-être un peu artificiel, sinon vain. Dans la première partie en tout cas, « Du pays à l'espace-monde », la question centrale, étudiée à partir de la problématique linguistique, est celle des rapports entre le local et un supra-local dont l'extension et l'épaisseur varient en fonction des époques et des situations. En ce sens, on ne pouvait mieux commencer l'ouvrage qu'en rappelant la place faite par les grands historiens français du siècle, Michelet et Lavisse, à l'idée régionale et au plurilinguisme. La position d'un Jean Jaurès en qui l'on voit encore fréquemment le héraut de la tolérance linguistique ne se distingue pas fondamentalement, nous rappelle Hervé Terral, de la la doxa française que Michelet et Lavisse, précisément, chacun suivant ses propres modalités, contribuent à forger. C'est sur ce fond idéologique relativement consensuel et dominant que se développent des entreprises littéraires originales. Hervé Terral, dans cette première partie, en retient trois, en plus de celle, omniprésente, représentée par Perbosc. La première est illustrée par le roman *Pierre Patient,* rédigé par l'écrivain Léon Cladel (1834-1892), né à Montauban, dans le Tarn-et-Garonne comme Perbosc qui traduira un de ses poèmes. Rédigé en 1860 mais publié seulement sous la IIIᵉ République (1883) en raison de l'« apologie de l'assassinat politique » que les censeurs du Second Empire y ont décelée, ce roman marque la fascination qu'exerce Paris, capitale mystique des idéaux républicains, sur un auteur qu'on associe plutôt au roman régionaliste (*Le Bouscassié*, 1869 ; *La Fête votive de Saint-Bartholomée Porte-Glaive*, 1872). La seconde voie est celle qu'emprunte un auteur dont l'œuvre romanesque paraît un peu oubliée de nos jours – elle a en tout cas suscité moins de recherches que son rapport au judaïsme –, représentant en plein XXᵉ siècle de la communauté israélite de l'ancien

Comtat-Venaissin : Armand Lunel (1892-1977). Petit-fils d'un ami de Mistral, connaisseur du provençal et de sa littérature, Armand Lunel publie en 1926 un roman, *Nicolo-Peccavi ou l'Affaire Dreyfus à Carpentras*, qui remporte le premier prix Théophraste Renaudot. Hervé Terral met en relation cette œuvre particulièrement attachante qui retrace, à mi-chemin entre fiction et souvenirs autobiographiques, les secousses engendrées par l'affaire Dreyfus au sein de la petite capitale comtadine, avec les témoignages laissés par deux grands sociologues du XXe siècle, Georg Simmel et Norbert Elias, tous deux confrontés à l'instabilité du statut d'étranger. Car qu'est-ce que l'étranger ? Le beau roman d'Armand Lunel qu'Hervé Terral nous invite à relire donne quelque pistes de réponse, peut-être utiles à la réflexion sur l'altérité qu'il conviendrait de mener à la suite de certains funestes événements récents. La figure de William-Charles Bonaparte-Wyse (1826-1892) pose, du reste, la même question sur les limites des sentiments d'appartenance. Petit-neveu de Napoléon Ier, né Irlandais, Bonaparte-Wyse, en rencontrant Frédéric Mistral, épouse une langue et une poésie qu'il n'aura dès lors de cesse d'illustrer et de soutenir. Ce personnage haut en couleurs, jusque là étonnamment peu étudié, fervent partisan de l'idée latine, incarne splendidement la force d'attraction que peut exercer le renaissantisme provençal.

La seconde partie, « Langue(s) », rassemble quatre contributions. Après une synthèse bienvenue sur la question de l'occitan à l'école envisagée d'un point de vue théorique à partir des positions politiques, des mesures effectives et des réalisations concrètes, Hervé Terral nous fait découvrir les enquêtes de terrain réalisées dans l'Aude et deux départements voisins par Félicien Pariset, sociologue lorrain disciple de Frédéric Le Play, à la fin du XIXe siècle (*Mœurs et usages du Lauragais (Aude et Haute-Garonne)*, 1867 ; *Économie rurale. Industrie, Mœurs et usages de la Montagne Noire (Aude et Tarn)*, 1882). On pourrait rapprocher Pariset d'un autre sociologue, Henri Lefebvre (1901-1991), né à Hagetmau, dans les Landes, d'un père breton et d'une mère béarnaise qui parlait le basque et mort à Navarrenx, en Béarn. Lefebvre n'est pas *a priori*, comme Pariset, un homme de terrain mais Hervé Terral nous rappelle qu'il a consacré sa thèse à la vallée de Campan dans laquelle il a enquêté à partir de 1941. L'attachement de Lefebvre pour les Pyrénées se manifestera deux ans après la publication (tardive) de sa thèse, dans un livre méconnu, *Pyrénées* (Lausanne, éd. Rencontre, 1965). Dans ce guide pour visiteurs cultivés, fruit d'une commande d'éditeur, Lefebvre se montre attentif aux hommes et à leurs langues – à défaut de l'être à la littérature occitane qu'il ne semble pas connaître. L'existence de cette littérature, tel avait pourtant été le combat fondateur, au début du XXᵉ siècle, de Perbosc et Estieu à travers deux revues successives dont Hervé Terral décrit le contenu et les orientations : *Mount-Segur* (1896-1904) et *Occitania* (1905).

Le mot *Estrambòrd*, « enthousiasme » dans la phraséologie mistralienne et occitaniste, sert de titre à la troisième partie, davantage centrée sur quelques entreprises majeures ou représentatives de la vie culturelle de langue occitane. Trois des cinq chapitres qui forment cette partie voient émerger une personnalité sur laquelle Hervé Terral a raison d'attirer l'attention, l'abbé Joseph Salvat (1889-1972), figure incontournable de la culture occitane à Toulouse et dans sa vaste région. Tour à tour sont analysées la fondation du Collège d'Occitanie, en 1927, en collaboration, avec Prosper Estieu, l'enseignement de l'occitan au sein de l'Institut catholique, dans le cadre d'une étude de l'enseignement supérieur de l'occitan à Toulouse, et la création du pèlerinage occitan à Lourdes en 1958. Placé au centre d'un réseau très étendu – on possède 21 000 lettres reçues par Salvat, à présent déposées, comme l'ensemble de la bibliothèque du Collège d'Occitanie, au CIRDOC, à Béziers –, Salvat possède une personnalité complexe. Son admiration pour le maréchal Pétain ne le sert pas aux yeux de la postérité, c'est un fait et il convient de le rappeler, mais Hervé Terral souligne aussi une implication et une énergie considérables (cours, sermons, émissions de radio…) mises au service de la langue occitane. Double de Perbosc dont il représente peut-être la figure inversée, Salvat demandait qu'on s'intéresse à lui plus qu'on ne l'a fait jusqu'à présent. Enfin, Hervé Terral termine par deux contributions dont la thématique est plus proche de nous et qu'il aborde moins en sociologue et historien qu'en sociologue tout court. Depuis le milieu des années 1980, le groupe Fabulous Trobadors est au centre d'une « nébuleuse organisationnelle », étudiée ici à partir d'une entrevue accordée par Claude Sicre, son fondateur, à une étudiante de master, M.-C. Coulon. Pour finir, le dernier regard est porté sur la cérémonie organisée en 2008 à Lavaur en hommage à une martyre de la croisade des Albigeois et de Simon de Montfort, la châtelaine Guiraude (Na Geralda en occitan, nous dit-on) jetée vivante au fond d'un puits le 3 mai 1211. La cérémonie associe les occitanistes locaux mais aussi des Amérindiens, venus du Canada (Québec), des États-Unis (Oklahoma) et de Guyane française dans le cadre d'une célébration « écolo-spiritualiste » des puissances de la nature, signe peut-être d'une évolution du combat occitaniste.

En guise de conclusion, Hervé Terral nous gratifie d'un programme de recherches rejeté par le CNRS. On pourrait s'en étonner ou en sourire mais il est clair que si cette institution ne voit pas d'intérêt à ces projets, le lecteur, lui, serait reconnaissant à Hervé Terral qu'il les mène tous à réalisation. Car il reste bien des figures – et des gestes, serait-on tenté d'ajouter – à explorer parmi lesquels on peut citer, avec l'auteur, outre des héritiers de Le Play, pas toujours très connus, mais aussi des sociologues comme Gabriel Tarde, né à Sarlat, le Corrézien Yvon Bourdet ou encore le Béarnais Bourdieu dont Hervé Terral donne une première analyse de son rapport au béarnais (p. 165) qu'il s'agirait à présent d'approfondir. Malgré quelques défauts techniques (absence d'index – déjà signalée – et de distinction claire entre les niveaux de titres, un plan contestable), ce recueil d'articles mérite la plus grande attention pour qui s'intéresse à ce que Lefebvre appelait – il n'est pas le seul – la « civilisation méridionale », représentée dans ce beau travail, aussi foisonnant, que stimulant par des historiens, des éducateurs, du primaire au supérieur, des écrivains, poètes et prosateurs, en français et en occitan, des sociologues, des chanteurs, des militants…

Jean-François Courouau
Université Toulouse-Jean-Jaurès
PLH-ELH / LAHIC (IIAC, CNRS)

Pierre Roumégous, *Leutres à l'Henri* / Lettres à Henri, chroniques politiques gasconnes du *Travailleur Landais* (1936-1948). Présentées par Micheline Roumégous et traduites par Guy Latry. Pessac, Presses universitaires de Bordeaux, coll. Saber, 2014. 410 p. 27 €.

Les circonstances qui entourent l'édition des *Leutres à l'Henri*, telles qu'elles sont présentées par la fille de l'auteur, Micheline Roumégous, universitaire bordelaise, retiennent vivement l'attention du lecteur avant même qu'il entame la lecture des lettres. Elle raconte comment elle a découvert tardivement l'existence de ces « Lettres » écrites par son père, Pierre Roumégous, instituteur à Mimizan, qui sont des chroniques en gascon signées *Peyrot* et publiées de 1936 à 1948 dans *Le Travailleur Landais*, l'hebdomadaire de la Fédération socialiste des Landes. Cette découverte l'atteint de manière poignante, en lui révélant un père dont elle ignorait le passé militant et à qui elle s'adresse de manière posthume dans trois belles « Lettres à Peyrot » qui constituent un préambule autobiographique et méthodologique. Car très vite l'historienne qu'elle est relie la mémoire intime à la mémoire profonde du siècle : les chroniques surgies des Archives des Landes font entendre une de ces « voix d'en bas » qui témoigne de ce que furent, au jour le jour, les luttes et les interrogations d'une génération qui avait trente ans dans les Landes sous le Front Populaire. « En politique quotidienne et en gascon. Acteurs et scripteurs de votre histoire. Comment la « grande » Histoire pourrait-elle ignorer vos points de vue retrouvés ? »

La lecture de la centaine de lettres écrites de 1936 à 1939 fait entrer de plain-pied dans le monde des résiniers (*geumés*) et métayers landais dont Peyrot est très proche par ses origines – il est d'une famille de métayers –, par son implantation géographique et par ses choix linguistiques et politiques. Henri, destinataire virtuel des lettres, est le nom d'un cousin métayer qui lui rend visite en fin d'année, quand il va apporter à son propriétaire le chapon symbolique de la sujétion féodale qui persiste dans la société landaise à travers les contrats de métayage et dont Peyrot se raille. Henri est censé poser, se poser les questions qui appellent les réponses pleines de sens : le procédé épistolaire, s'il n'est pas nouveau, apporte un relief et une vérité dans le discours qui évite la convention de la « bonne parole », d'autant que parfois sont publiées, dans la rubrique, des lettres, vraies ou fausses, d'autres scripteurs, des poèmes, des dialogues, des anecdotes sur fond de culture populaire partagée. Dans la bataille pour le statut des gemmeurs, Peyrot a pour modèle de discours efficace celui de Lamarque-Cando, directeur du journal et leader politique SFIO, homme des meetings, des réunions électorales, des prises de parole inspirées : « *Oh ! praoube de tu ; si l'aoués euntenut, bos que te dise, ne pus pas t'at racounta !* / Oh ! pauvre de toi, si tu l'avais entendu, tu veux que je te dise, je ne peux pas te le raconter ! » Peyrot a lui aussi un beau sens de la formule et une conviction de classe qui oppose violemment les deux mondes : le monde des bérets, « les gemmeurs, les papetiers, les muletiers, ceux du bâtiment, les chasseurs de pibales, les instituteurs et les cantonniers (ceux que les fainéants appellent des chômeurs et qui travaillent comme des forçats) », et le monde des chapeaux, les bourgeois, le syndicat des patrons, cette droite locale aspirée, comme dit Micheline Roumégous, par l'extrême droite fascisante. Mais ce qui frappe le plus dans ces lettres, c'est l'extrême tenue de la langue, un gascon oral et familier, comme il se doit, mais sans excès de connivence, accédant aisément à l'abstraction du raisonnement historique, avec une souplesse de registre bien rendue en français par la traduction de Guy Latry : « *Et leus propriétats pribades de s'agrani, et lous communaous de dispareuche.* [...] *Te magines si quaouqu'un a diouüt paga lou sucre a boun counde !* / Et les propriétés privées de s'agrandir, et les communaux de disparaître. [...] Tu imagines s'il y en a qui se sont sucrés à bon compte ! »

Peyrot soutient le Front Populaire et les lois sociales votées dont les militants, ne cesse-t-il de répéter, doivent exiger l'application sur le terrain. Il dénonce les discours droitisants sur le déclin de la République et explique inlassablement les enjeux électoraux. Mais il ne cache pas ses inquiétudes voire ses rages : le suicide de Salengro, le mur d'argent, le départ de Blum, la dérive des radicaux, l'obstruction des « vieillards du Sénat » à toute avancée démocratique. Il dénonce la faiblesse coupable envers La Rocque et les Cagoulards : « *Henri tout aco n'eus pas cla. Cagoularts peur ci, facistes peur là, réacs eunta tout bort...* » Des crises parlementaires de 1938, il n'occulte pas la gravité : « *Qu'y a un oradge sus nos pays* ». Il fait sentir, de manière concrète, en décrivant la violence des rapports sociaux, l'état de guerre civile larvée qui déchire le pays. Il essaie de comprendre et de faire comprendre une situation de plus en plus complexe qu'il ne peut que comparer à celle de la Révolution Française. Il ne cache pas non plus son désarroi devant les dissensions internes de la SFIO au congrès de Nantes, en juin 1939, désolé de ne pas voir se dégager, dans un moment aussi périlleux, une discipline majoritaire. Sa position de socialiste résolument anticapitaliste – ne dit-il pas, dès 1936, qu'il ira vers le communisme si les socialistes ne réussissent pas ? – est celle d'un honnête homme qui s'interroge sur son engagement personnel dans une belle lettre, le 15 mars 1938. S'il milite, écrit-il, c'est par esprit de contradiction, par mauvaise humeur de famille : « *touts ataou de machan puou, aqueure race dous Hillots* / Tous comme ça de mauvaise humeur, cette engeance des Landais ». C'est aussi par esprit de « l'autre famille », celle du travail et des solidarités ouvrières. C'est enfin pour « vivre en homme et non comme un misérable ».

De nombreuses lettres ont pour sujet la guerre d'Espagne, un cauchemar qui n'en finit pas, une obsession grandissante : le sang qui coule tous les jours dans un pays proche, Franco soutenu par Mussolini et Hitler pendant que l'aide internationale aux Républicains se tarit. « Pourquoi les soviets ont-ils abandonné la partie à Barcelone ? » écrit-il en février 1939. Certes, il mesure le danger que représente au niveau international le renforcement des dictatures fascistes, mais il veut croire, un temps, que les peuples résisteront à la guerre, reprendront l'idée de Jaurès. Son pacifisme, il le sait, est fragile et quelque peu utopique. Munich l'a laissé plus mort que vif. Ce qui est le plus attachant dans les lettres de Peyrot de cette période, c'est sa capacité à dire, en toute franchise, qu'il ne comprend plus, qu'il se contredit, qu'il n'y voit plus clair, ou que ce qu'il voit de plus clair c'est que les forces démocratiques en Europe vont suivre le chemin des républicains espagnols, que Munich, finalement, lui a tout l'air « d'une petite combine contre le communisme ». Micheline Roumégous, qui met les événements en perspective historique, insiste sur l'aspect subjectif et fluctuant, mais authentique, de ce témoignage. Ce que certains historiens traitent à coups de concepts abstraits : pacifisme contre antifascisme, lui apparaît, à la lumière de cette conscience éclairée mais partiellement informée, qui est celle de Peyrot, comme une fausse contradiction qu'il est facile de poser de loin, « quand on connaît la suite ». Peyrot résiste autant que faire se peut à l'idée de la guerre qui représente la ruine de ses valeurs, de son monde et peut-être de sa vie. Mais il aperçoit bien « de quelle formidable comédie nous sommes les victimes. » Sachant la guerre inévitable, il poursuit sa chronique, vit intensément le dernier automne de la chasse à la palombe, se donne du courage « *eun euscoutans leu tride et leu peurincle,* / en écoutant la grive et la mésange », organise la dernière fête du parti à Mimizan. Rappelé le 26 août 1939, il passe la « drôle de guerre » dans l'Est puis est fait prisonnier et, dénoncé comme « faisant partie d'un groupement communiste », il passe le reste de la guerre en captivité près de Dresde.

À son retour, les lettres paraissent à nouveau, avec une irrégularité peut-être due aux lacunes de la conservation du journal, peut-être à la difficulté de reprendre pied dans une ville, Dax, bien peu changée par la guerre et la Libération. Peyrot est possédé par « la rogne » en observant une société où les collabos paradent, où les fonctionnaires de Vichy sont toujours en place et où, tandis que le marché noir prospère, le pain et la viande manquent.

Après un blanc de plus d'un an, les quatre dernières lettres éditées par les auteurs et datées de la fin de 1948 renouent avec le fil du journalisme politique d'avant-guerre : ampleur de la vision retrouvée, vivacité des commentaires personnels. La plume de Peyrot est sûre, toujours en occitan, et son jugement n'a pas perdu ses repères. En disciple de Jaurès, il attend des grandes grèves qui témoignent de la « force de la classe ouvrière » qu'elles confortent la paix du monde, une paix que l'internationalisation de la Ruhr et les prémices de la guerre froide semblent déjà menacer. Car la plaie est à vif : « *N'am un hart de guerre* / Nous en avons jusque là de la guerre ». Les plaisirs d'autrefois fugitivement évoqués, parties de pêche, chasse au lièvre ou à la bécasse, sont à présent réservés aux vacances. Le monde en construction, où la guerre s'inscrit en creux, requiert de tous vigilance et lucidité et le chroniqueur contribue pour sa part à l'édification d'une culture syndicale et politique de haut niveau. Telle apparaît, dans ses *Leutres à l'Henri*, la mission publique du citoyen Peyrot, républicain gascon et homme libre.

Claire Torreilles
Université Paul-Valéry
(Montpellier III)
LLACS-EA 3020

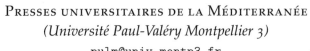

Presses universitaires de la Méditerranée
(Université Paul-Valéry Montpellier 3)
pulm@univ-montp3.fr
www.PULM.fr

Dépôt légal : août 2015   N° imprimeur : 071552090

Imprimé en France par Présence Graphique - Monts